HANS-JOACHIM WELZEL

Der Jahresabschluß von Versicherungs- unternehmen in Frankreich

Schriftenreihe des Instituts für Versicherungswissenschaft an der Universität Köln

Begründet von Professor Dr. jur., Dr. phil. W. Rohrbeck †
Fortgeführt von Professor Dr. sc. pol. P. Braeß

Neue Folge Heft 29

Der Jahresabschluß von Versicherungsunternehmen in Frankreich

Darstellung und Vergleich zur Regelung in der Bundesrepublik Deutschland

Von

Dr. Hans-Joachim Welzel

DUNCKER & HUMBLOT / BERLIN

Gedruckt 1972 bei Buchdruckerei Bruno Luck, Berlin 65
Printed in Germany
ISBN 3 428 02729 9

Vorwort

Im Wintersemester 1964/65 veranstaltete das Seminar für Versicherungslehre der Universität zu Köln eine Arbeitsgemeinschaft über die Rechnungslegung von Versicherungsunternehmen im Ausland, an der sich etwa in gleichem Verhältnis interessierte Fachkräfte aus der Praxis und ausgewählte Studenten beteiligten. Die Untersuchungen über die einzelnen Länder, von Assistenten und anderen Mitarbeitern des Seminars durchgeführt, sind 1967 unter dem Titel *Rechnungslegung von Versicherungsunternehmen im Ausland* als Heft 74 der Veröffentlichungen des Deutschen Vereins für Versicherungswissenschaft erschienen.

Der Teilnahme an dieser Seminarveranstaltung verdanke ich auch die Anregung zu der vorliegenden Untersuchung. Dafür sei dem Initiator und Leiter dieser Arbeitsgemeinschaft, meinem verehrten Lehrer, Herrn Prof. Dr. Paul Braeß, ebenso Dank gesagt wie für das wohlwollende Interesse und die großzügige Förderung, die er dieser Arbeit hat zuteil werden lassen.

In dankbarer Anerkennung sei auch die freundliche Hilfsbereitschaft vermerkt, die ich bei meinen Untersuchungen von der Auslandsabteilung und der Direktion Paris der NORDSTERN Versicherungsgesellschaften erfahren habe. Mein ganz besonderer Dank gilt schließlich M. Kauffmann, Commissaire-contrôleur der französischen Versicherungsaufsicht, dessen hervorragende Fachkenntnis und unerschöpfliche Geduld in der Beantwortung schwieriger und oft recht komplexer Fragen mir in ganz entscheidendem Maße geholfen haben.

Köln, im Januar 1972

Hans-Joachim Welzel

Inhaltsverzeichnis

Abkürzungsverzeichnis

AF	=	Ancien Franc
AfP	=	Reichsaufsichtsamt für Privatversicherung
AG	=	Aktiengesellschaft
AktG	=	Aktiengesetz
Art.	=	Article
BÜ	=	Beitragsüberträge
EGAktG	=	Einführungsgesetz zum Aktiengesetz
HUK	=	Haftpflicht, Unfall, Kraftverkehr
J. O.	=	Journal Officiel
NF	=	Nouveau Franc
OECD	=	Organization for Economic Cooperation and Development
p. a.	=	per annum
RAP	=	Règlement d'Administration Publique (Aufsichtsgesetz vom 30. 12. 1938)
ReV L	=	Rechnungslegungsvorschriften des Bundesaufsichtsamtes (Lebensversicherungsunternehmen)
ReV Sch	=	Rechnungslegungsvorschriften des Bundesaufsichtsamtes (Schaden- und Unfallversicherungsunternehmen)
Tz	=	Textziffer
VAG	=	Versicherungsaufsichtsgesetz
VerBAV	=	Veröffentlichungen des Bundesaufsichtsamtes für das Versicherungs- und Bausparwesen
VO	=	Verordnung

Nullus est liber tam malus,
ut non aliqua parte prosit.
Plinius

Einführung

A. Gegenstand und Aufgabe der Arbeit

Der Jahresabschluß der französischen Versicherungsgesellschaften, wie er sich nach dem Dekret vom 29. 7. 1939 seit nunmehr knapp drei Jahrzehnten in nahezu unveränderter Form präsentiert, wird ab Geschäftsjahr 1970 in neuer Fassung erscheinen.

Die Einzelheiten der Neuregelung, die am 1. 1. 1970 in Kraft getreten ist, bestimmen das Dekret vom 29. 8. 1969[1] und der anschließende Erlaß vom 1. 9. 1969[2], der neben einem speziellen Kontenrahmen für die Versicherungswirtschaft auch darauf aufbauende Formblätter für den Jahresabschluß der Lebens- und Schadenversicherung im Anhang enthält.

Unsere Aufgabe soll zunächst darin bestehen, den Jahresabschluß der Lebens- und Schadenversicherungsgesellschaften, wie er der Öffentlichkeit vorzulegen ist, in seiner neuen formalen und materiellen Ausgestaltung darzustellen und zu untersuchen, wobei den versicherungsspezifischen Tatbeständen naturgemäß besonderes Gewicht zukommt. Die bisher gültige Regelung soll bei der Darstellung lediglich als „Projektionshintergrund“ dienen, um die Schwerpunkte der Reform sichtbar werden zu lassen. Obwohl die neuen Rechnungslegungsvorschriften bis auf geringfügige Ausnahmen die geltenden Bewertungsregeln für die Kapitalanlagen und die Bilanzierungsbestimmungen für die versicherungstechnischen Passiva unberührt lassen, sollen sie in unsere Untersuchung einbezogen werden, da frühere Untersuchungen[3] zu diesem Ge-

---

[1] Décret du 29 août 1969 „Comptabilité des compagnies d'assurances et de capitalisation“ (J. O., 13 septembre 1969).

[2] Arrêté du 1er septembre 1969 relatif aux catégories d'assurance et états à produire par les sociétés d'assurance et de capitalisation (J. O., 20 novembre 1969 — édition des documents administratifs).

[3] Insbesondere: *Ketter*, Karl: Rechnungslegung und Prüfung der französischen Versicherungsunternehmen im Vergleich zur Regelung in Deutschland, Diss. Köln 1956.

genstand inzwischen durch die gesetzgeberische Entwicklung überholt oder lückenhaft sind. Die Kenntnis des Bewertungssystems erscheint uns vor allem unerläßlich für das Verständnis gewisser Eigenheiten und Zusammenhänge in der französischen Erfolgsrechnung. Aktualität und Bedeutung des Untersuchungsgegenstandes lassen angesichts der fortschreitenden Integration des Gemeinsamen Marktes wohl auch ein Interesse der traditionell international orientierten Versicherungspraxis vermuten.

Wenn wir im zweiten Abschnitt der Arbeit das französische Konzept der deutschen Rechnungslegung gegenüberstellen, so geschieht das nicht zuletzt in der Absicht, durch eine schwerpunktartig ausgelegte „Standortbestimmung" der Publizität deutscher Versicherungsunternehmen Anregungen und Lösungsmöglichkeiten für deren künftige Neugestaltung zu gewinnen. Wir glauben, daß dem französischen Konzept als „Muster" auch von seiner Zielsetzung her eine besondere Bedeutung zukommt, da die deutschen Reformbestrebungen unter anderem ebenfalls darauf abzielen, die Rechnungslegung der Versicherungsunternehmen von einigen überkommenen Eigenheiten zu befreien und auf die aktienrechtliche Regelung abzustimmen[4]. Das gilt jedoch auch im Hinblick auf eine spätere Harmonisierung der Rechnungslegung im EWG-Raum. In der offiziellen Begründung zu Art. 19 der EWG-„Schadendirektive"[5] heißt es: „Die Gestaltung der Bilanz sowie der Gewinn- und Verlustrechnung der Versicherungsgesellschaften bleibt einer Regelung im Rahmen weiterer Koordinierungsmaßnahmen vorbehalten." Unter diesem gewiß langfristigen Aspekt erscheint es uns ratsam, sich auf deutscher Seite mit der französischen Regelung nicht nur vertraut zu machen, sondern auch die anstehende Reform darauf abzustellen. Das kann und darf nun allerdings aus rechtlichen und wirtschaftlichen Gründen nicht auf eine Kopie des französischen Musters hinauslaufen. Bei einer Reihe von Punkten jedoch könnte eine Annäherung von deutscher Seite unserer Meinung nach den Grundstein einer akzeptablen gemeinsamen Lösung bilden.

Gürtler, Franz: Die Rechnungslegung von Versicherungsunternehmen in Frankreich, in: Rechnungslegung von Versicherungsunternehmen im Ausland, hrsg. von Paul Braeß, Berlin 1967, S. 21 ff. (Veröffentlichungen des Deutschen Vereins für Versicherungswissenschaft, H. 74).

[4] Vgl. Geschäftsbericht des Gesamtverbandes der Versicherungswirtschaft e. V. 1966/67, S. 40.

[5] Vgl. Bundestagsdrucksache V/805 vom 2. 7. 1966.

B. Die Reform der Rechnungslegungsvorschriften für Versicherungsunternehmen in Frankreich durch das Dekret vom 29. 8. 1969

I. Zielsetzung der Reform

Als die bisher gültigen Rechnungslegungsbestimmungen[6] am 29. 7. 1939 erlassen wurden, bildeten sie den Höhepunkt und vorläufigen Abschluß einer Entwicklung, die ein Jahr zuvor die allgemeine materielle Staatsaufsicht über das Versicherungswesen in Frankreich begründet hatte.

Dabei wurden die in anderen Ländern (insbesondere der Schweiz) auf diesem Gebiet gesammelten Erfahrungen bei der Gesetzgebung verwertet, gleichzeitig aber auch eigenständige Lösungen verwirklicht.

Einen ähnlichen Höhepunkt markieren auch die neuen Rechnungslegungsvorschriften. Ging es 1939 um die Schaffung eines speziellen Rechnungslegungssystems für die Versicherungswirtschaft, so sind die neuen Vorschriften darauf ausgerichtet, die Rechnungslegung der Versicherung der der übrigen Wirtschaftszweige anzunähern. Demzufolge ist der neugeschaffene Kontenrahmen und der darauf abgestellte Jahresabschluß weitgehend an die Systematik des 1947 in der übrigen Wirtschaft eingeführten plan comptable général angelehnt. „Sehr viele Unternehmen der staatlichen und privaten Wirtschaft bedienen sich seiner: die Leiter der betreffenden Unternehmen, die Aufsichtsbehörden, soweit es sie gibt, die Wirtschaftsdienste der Nation finden darin die erforderlichen Posten für die Erfolgsanalyse, für Studien und Prognosen.

Seit seiner Ausarbeitung im Jahre 1946 wurde er ständig überprüft, verbessert, ergänzt und modernisiert, so daß er eine äußerst wertvolle Konstruktion für Lehre und Praxis darstellt. Es ist demnach nur natürlich, daran zu denken, ihn auch in der Versicherungswirtschaft einzuführen", heißt es dazu in der von den französischen Aufsichtsbehörden herausgegebenen Einführung zu den neuen Rechnungslegungsvorschriften[7].

Zudem war es notwendig geworden, das Rechnungslegungsdekret von 1939 terminologisch zu modernisieren und den veränderten wirtschaftlichen Gegebenheiten in der Versicherungswirtschaft selbst anzupassen. „Die Probleme haben sich weiterentwickelt, die Ziele haben sich geändert", heißt es weiter in der oben zitierten Einführung. „So sind seit

---

[6] Décret du 29 juillet 1939 fixant la comptabilité des entreprises d'assurances de toute nature et de capitalisation (J. O., 17 octobre 1939).

[7] Commentaire technique du projet de plan comptable de l'assurance, hrsg. von der Direction des Assurances, Paris, August 1968, S. 2 — in der Übersetzung des Gesamtverbandes der Versicherungswirtschaft e. V., vgl. Rundschreiben 293/68 vom 4. 9. 1968.

1939 neue Fragen aufgetaucht, wie z. B. die Beteiligung der Versicherungsgesellschaften an verschiedenen Vorsorgeinstituten; andere sind zwar nicht völlig neu, haben jedoch eine Bedeutung erhalten, die sie früher nicht hatten, wie die Mitversicherung von Großrisiken, die sich auf zahlreichen Gebieten um ein Vielfaches vermehrt haben.

Andere Geschäfte haben dagegen im Vergleich zu früher an Bedeutung verloren, z. B. die Verwaltung der Arbeitsunfallrenten, die, außer bei den landwirtschaftlichen Versicherungsvereinen, fast ganz an Bedeutung verloren haben.

Auch die Verhandlungen, die auf europäischer Ebene im Bereich der Versicherungswirtschaft stattfinden, machen einige Überprüfungen notwendig: unter anderem ist die Notwendigkeit zu nennen, die Definition der Schadenversicherungskategorien der von der OECD mit Zustimmung Frankreichs empfohlenen Gliederung anzupassen."

Die angestrebte Vereinheitlichung der Rechnungslegung konnte und sollte allerdings nicht eine schematische Übernahme der für die übrigen Wirtschaftszweige geltenden Systematik bedeuten. Vielmehr hat man sich erklärtermaßen bemüht, den plan comptable und den darauf aufbauenden Jahresabschluß „den Bedürfnissen der Versicherungswirtschaft anzupassen, unter sorgfältiger Berücksichtigung der diesem Wirtschaftszweig eigentümlichen technischen Aspekte und wirtschaftlichen Struktur, d. h. einmal der besonderen Art der Verbindlichkeiten (Art ihrer Bewertung, ihre bedeutende Höhe, verbunden mit dem erheblichen Umfang der Kapitalanlagen, die Länge der Fristen, nach denen sich der Erfolg eines Geschäftsjahres abzeichnet), zum anderen des internationalen Charakters des Versicherungs- und Rückversicherungsgeschäfts mit seiner eigenen Terminologie und seinen Gewohnheiten, von denen unmöglich abgewichen werden kann".

II. Gegenstand der neuen Rechnungslegungsvorschriften

Das in fünf Titel gegliederte Dekret vom 29. 8. 1969 enthält *allgemeine* Bestimmungen bezüglich der Buchführung und Dokumentation, der Berichterstattung gegenüber der Aufsichtsbehörde (Finanzminister) und der Öffentlichkeit. Ein besonderer Abschnitt ist der Rechnungslegung bei Mitversicherungs- und Poolgeschäften gewidmet. In den Grundzügen wird hier auf die Bestimmungen vom 29. 7. 1939 zurückgegriffen.

Nahezu unberührt von der Reform bleiben die Bestimmungen über die bilanzielle Bewertung der Kapitalanlagen und den Ansatz der versicherungstechnischen Passiven. Hier bleibt es bei der geltenden Regelung, die durch eine Vielzahl spezieller Dekrete und Erlasse bestimmt ist und im Laufe der Zeit zahlreiche Änderungen erfahren hat.

Als wichtigste seien hier nur kurz angeführt das Aufsichtsdekret vom 30. 12. 1938 für die bilanzielle Bewertung der Kapitalanlagen und die Dekrete vom 17. 8. 1941 und 15. 10. 1962 für die Bilanzierung der versicherungstechnischen Passiva[8].

Die übrigen Bestimmungen und die näheren Einzelheiten werden wir im Zusammenhang mit der Erörterung der entsprechenden Bilanzposten behandeln.

Der zweite Punkt betrifft den neugeschaffenen, sich in 9 Klassen gliedernden Kontenrahmen für die Versicherung sowie die zugehörigen Erläuterungen. Hier sind auch die Schemata für die Bilanz und die Allgemeine Gewinn- und Verlustrechnung (als Abschlußkonten) aufgeführt, auf die wir uns bei den folgenden Untersuchungen stützen.

Die Abstimmung des Jahresabschlusses auf den Kontenrahmen und die Erläuterungen zu den einzelnen Kontenklassen und -gruppen ermöglichen es nunmehr dem Außenstehenden, den Jahresabschluß der Versicherungsgesellschaften inhaltlich exakter als bisher zu fixieren.

Der letzte Punkt betrifft die verschiedenen Nachweisungen und statistischen Tabellen sowie die Definition der verschiedenen Sparten in der Lebens- und Schadenversicherung, für die eine gesonderte Erfolgsrechnung zu erstellen ist. Hier werden mit wenigen Ausnahmen die herkömmlichen Schemata verwendet.

Wie bisher wird auch in den neuen Rechnungslegungsbestimmungen zwischen Lebens- und Schadenversicherungsunternehmen unterschieden, wobei zur zweiten Kategorie auch die Unfall- und Krankenversicherung zählen, die in Frankreich von den Schadenversicherern betrieben werden. In Deutschland gelten dagegen für die (selbständig zu betreibende) Krankenversicherung besondere Rechnungslegungsvorschriften.

Das Dekret vom 29. 8. 1969 betrifft nicht die professionellen Rückversicherer, da sie nicht unter die Aufsichtsbestimmungen vom 14. 6. 1938 fallen. Die Bestrebungen der Reformer, die Rechnungslegung der Versicherungswirtschaft in das allgemeine System einzugliedern, haben gleichzeitig auch zu einer spürbaren Verringerung der bestehenden Unterschiede zwischen dem Jahresabschluß der Lebens- und Schadenversicherung (einschließlich Krankenversicherung) geführt. So gelten künftig für beide Branchen einheitliche Schemata für die Bilanz (bilan) und die Allgemeine Gewinn- und Verlustrechnung (compte général de pertes et profits). Unterschiede zeigen sich in der neugeschaffenen Betriebsrechnung (compte d'exploitation).

---

[8] Eine chronologische Aufstellung der gesetzlichen Bestimmungen für die Rechnungslegung der Versicherungsunternehmen befindet sich im Anhang dieser Arbeit.

Der zu veröffentlichende Druckbericht umfaßt nach Art. 18 des Dekrets in beiden Branchen:

Die Bilanz — bilan

nebst Auszug der Kontenklasse 0 (besondere Haftungsverhältnisse) und einer Beteiligungsübersicht[9]

Die Allgemeine Gewinn- und Verlustrechnung — compte général de pertes et profits

Die Gesamtbetriebsrechnung — compte d'exploitation général

Die Spartenbetriebsrechnung — compte d'exploitation par catégories et sous-catégories (Etat A-1)

Die Gewinnverwendungsrechnung — compte des résultats en instance d'affectation

Die Nachweisung zu den Kapitalanlagen — liste détaillée des placements (Etat A-5)

Schadenabwicklungsübersicht der Kraftfahrhaftpflichtversicherung — montant des règlements de sinistres effectués depuis l'exercice de survenance et de la provision pour sinistres à régler constituée au titre du même exercice au 31 décembre de l'année d'inventaire (Etat A-10)

Nachweisung über die im Geschäftsjahr eingetretenen Veränderungen der Zahl der Verträge und der Versicherungssummen (Kapital und Renten) in der Lebensversicherung (direktes Geschäft) — mouvement au cours de l'exercice inventorié des polices, capitaux ou rentes assurés (Etat A-20)

Diese Unterlagen sind nach Art. 18 auf Verlangen *jedermann* gegen eine Gebühr von höchstens 3 F auszuhändigen. Insoweit deckt sich die Berichterstattung gegenüber der Aufsichtsbehörde und der Öffentlichkeit, so daß das „Publizitätsgefälle" zwischen diesen beiden Adressatenkreisen in Frankreich hier geringer ist als etwa in Deutschland.

---

[9] "Tableau des renseignements concernant les filiales et les participations établi selon le modèle annexé au décret n° 67-236 du 23 mars 1967 sur les sociétés commerciales."

Hauptteil

Erster Abschnitt

Der Jahresabschluß der französischen Versicherungsunternehmen

A. Die Bilanz

I. Die Gliederungskonzeption

Im Unterschied zur bisherigen Regelung sehen die neuen Rechnungslegungsvorschriften ein *einheitliches* Bilanzschema für Lebens- und Schadenversicherungsgesellschaften vor.

Diese Vereinheitlichung, wenngleich nicht gänzlich ohne Auswirkung auf die Gliederungsstruktur, ist jedoch insofern von untergeordneter Bedeutung, als auch im alten System die Bilanz in den beiden Branchen im Gegensatz etwa zur deutschen Rechnungslegung nur geringfügige Unterschiede zeigte. Differenzen ergaben sich hauptsächlich bei der Untergliederung der versicherungstechnischen Rückstellungen und dem getrennten Ausweis der aus dem Betrieb der (gesetzlichen) Arbeitsunfallversicherung resultierenden technischen Verpflichtungen und Vermögensanlagen in den Bilanzen der Schadenversicherer.

Das neue Bilanzschema zeigt sich in diesen Punkten weniger differenziert. Hinzu kommt, daß die versicherungstechnischen Rückstellungen aus dem indirekten Geschäft künftig nicht mehr gesondert in der Bilanz ausgewiesen werden.

Die zuletzt genannte Einschränkung bedeutet jedoch keinen Informationsverlust. Der Grund dafür liegt in einer wohl versicherungsspezifischen Eigenheit in der ausweistechnischen Gestaltung der Erfolgsrechnung, dem sogenannten Umsatzprinzip, die es ermöglicht, die obengenannten Passiva in der bisherigen bilanziellen Aufgliederung der Gewinn- und Verlustrechnung zu entnehmen. Wir werden auf diesen Umstand noch eingehend im Zusammenhang mit dem Erfolgsausweis eingehen.

Beibehalten wurde im neuen System die *Bruttokonzeption* hinsichtlich der passiven Rückversicherung; die versicherungstechnischen Verbindlichkeiten werden einschließlich der auf das abgegebene Geschäft entfallenden Anteile aufgeführt. Der Ausweis der Rückversichereranteile und Depots soll ebenfalls in einem gesonderten Abschnitt behandelt werden, zumal sich gerade im Hinblick auf die Rückversicherungspublizität grundsätzliche Unterschiede zur deutschen Rechnungslegung ergeben, die angesichts der Bedeutung dieses Gegenstandes einer eingehenden Untersuchung bedürfen.

Im übrigen läßt das neue Bilanzschema deutlich die Bestrebungen der Reformer erkennen, den Bilanzaufbau soweit als möglich nach den für die übrige Wirtschaft geltenden Prinzipien zu gestalten. Augenfälligstes Ergebnis dieser Angleichungsbestrebungen ist die grundsätzlich *liquiditätsorientierte* Gliederung der Bilanz. Aktiva und Passiva werden nach der Dauer der Kapitalbindung bzw. -überlassung gruppiert.

Da die versicherungstechnischen Rückstellungen und die korrespondierenden Rückversichereranteile auf der Aktivseite sich nur sehr schwer — wenn überhaupt — nach diesen Kriterien einordnen lassen, hat man sie zusammengefaßt; auf der Passivseite rangieren sie gleichsam als Verpflichtungen sui generis zwischen den Blöcken der lang- und mittelfristigen und der kurzfristigen Verbindlichkeiten. Entsprechend werden die Rückversichereranteile an den technischen Passiven auf der Aktivseite vor den kurzfristig realisierbaren Forderungen und Barmitteln aufgeführt.

Eine weitere Ausnahme bilden die zur Bedeckung der technischen Verbindlichkeiten bestimmten mobilen Kapitalanlagen. Sie werden ungeachtet ihrer — zumindest teilweise — sehr kurzfristigen Liquidierbarkeit in unmittelbarer Nähe des Grundbesitzes aufgeführt und rangieren damit in der Skala als langfristige Kapitalbindungen, was auch in der Bezeichnung der Hauptposition „Autres valeurs immobilisées en France" zum Ausdruck kommt. Nach den Erläuterungen zur Kontenklasse 2 (comptes de valeurs immobilisées) sind darunter zu verstehen „tous les biens et valeurs destinés à rester durablement sous la même forme dans l'entreprise". Sie werden also in Ansehung ihrer Deckungsfunktion als langfristige Kapitalanlagen deklariert.

Man mag diese Ausnahme aus dem „Affektationsprinzip" der alten Regelung erklären, wonach die Kapitalanlagen unter dem Gesichtspunkt ihrer Zuordnung zu bestimmten versicherungstechnischen Verpflichtungen untergliedert wurden[1].

Optisch besser gestaltet ist im neuen Schema die Trennung von Eigen- und Fremdkapital. Das Grundkapital wird wie bisher mit dem Nominal-

---

[1] Vgl. *Gürtler*, Franz: Die Rechnungslegung von Versicherungsunternehmen in Frankreich, S. 27.

betrag passiviert; ausstehende Einlagen werden bei den kurzfristigen Forderungen („Actionnaires") aufgeführt.

Der Liquiditätsaspekt in der Gliederung hat wohl auch dazu geführt, daß die immateriellen Aktiva aus der transitorischen Abgrenzung vorausgezahlter Abschlußprovisionen, bestimmter Anschaffungsnebenausgaben und etwaiger Errichtungs- und Einrichtungsausgaben gesondert an erster Stelle auf der Aktivseite erscheinen, wodurch der besondere Charakter dieser Investitionen auch liquiditätsmäßig gekennzeichnet wird.

II. Der Ausweis der Kapitalanlagen

1. Die Gliederung

Die Untergliederung der zur Bedeckung der versicherungstechnischen Verpflichtungen dienenden Kapitalanlagen in der Bilanz der französischen Versicherungsgesellschaften weicht auch nach den neuen Rechnungslegungsvorschriften prinzipiell von der im deutschen Jahresabschluß ab, wenn auch eine gewisse Annäherung stattgefunden hat.

Die *bisherige* Aufteilung zeigte folgendes Bild:

I. Bei der „Caisse des dépots et consignations" hinterlegte Werte und Barbestände;

II. Bei fremden Staaten oder Institutionen hinterlegte Werte und Barbestände;

III. Werte zur Bedeckung der Arbeitsunfallrenten;

IV. Werte ohne spezielle Bindung;

   1. Werte zur Bedeckung der Verpflichtungen gegenüber Versicherungsnehmern,
   2. sonstige Werte ohne spezielle Bindung;

V. Hypothekarisch belastete oder als Garantie hinterlegte Werte für andere Geschäfte als übernommene Rückversicherungen;

VI. Von Rückversicherern gestellte Wertpapierdepots;

VII. Andere Anlagewerte.

Es wurde also nicht wie im deutschen Jahresabschluß nach Anlagegegenständen unterschieden, sondern nach dem Gesichtspunkt der (juristischen) Verfügbarkeit und der Zweckbindung.

Die Zweckbestimmung der Kapitalanlagewerte als Gliederungskriterium, von Braeß als „Fondsprinzip" bezeichnet[2], ist im neuen Bilanz-

[2] Vorwort zu: Rechnungslegung von Versicherungsunternehmen im Ausland, hrsg. von Paul Braeß, Berlin 1967 (Veröffentlichungen des Deutschen Vereins für Versicherungswissenschaft, H. 74).

schema grundsätzlich aufgegeben worden. Allerdings werden noch immer zur Bedeckung der technischen Verbindlichkeiten nicht zugelassene Darlehen und Wertpapiere von den deckungsfähigen Kapitalanlagen getrennt und unter den „kurzfristig realisierbaren oder disponiblen Werten“ in den Unterpositionen „Prêts non admis en représentation des provisions techniques“ bzw. „Titres de placement divers“ aufgeführt.

Bei den übrigen Kapitalanlagen werden wiederum die im *Ausland* von Zweigniederlassungen gehaltenen Anlagewerte gesondert in einer Position ausgewiesen ebenso wie die von den Rückversicherern als Depot hinterlegten Papiere.

Die von der Gesellschaft selbst im *Inland* angelegten Kapitalanlagen werden künftig unterteilt in:

1. Grundbesitz (einschließlich Anteile an Immobiliengesellschaften);
2. Zur Bedeckung der versicherungstechnischen Verbindlichkeiten zugelassene Werte (außer Beteiligungen);
3. Zur Bedeckung der versicherungstechnischen Verbindlichkeiten zugelassene Darlehen und ähnliche Werte;
4. Beteiligungen;
5. Gestellte Depots (aus indirektem Geschäft) und Kautionen[3].

Als Beteiligungen gelten Anteile von mehr als 10 % (!) des Grundkapitals einer anderen Gesellschaft.

Darüber hinaus werden nach den Erläuterungen zur Kontenklasse 2 alle Anteile, die eine Versicherungsgesellschaft an einer anderen Versicherungsgesellschaft hat, *unabhängig* vom Anteilsatz als Beteiligungen angesehen.

Die im Rahmen des indirekten Geschäfts bei den Vorversicherern gestellten Wertpapierdepots werden abweichend von der deutschen Handhabung in der Bilanz der aktiv rückversichernden Gesellschaft als „Dépots“ und nicht als Wertpapiere ausgewiesen. Das geschieht, um eine Doppelzählung dieser Papiere in den Bilanzen (und damit im Bestand) der Versicherungswirtschaft zu vermeiden, da die Zedenten sie ihrerseits unter dem Wertpapierbestand ausweisen („Valeurs remises par les

---

[3] Falls Lebensversicherungsgesellschaften mit staatlichen Vorsorgeinstitutionen gem. Art. L 4 Code de sécurité sociale Kapitalanlagegeschäfte betreiben, kann hier in einer zusätzlichen Position der verwaltete Wertpapierbestand aufgeführt werden. Ein entsprechender Gegenposten erscheint dann auf der Passivseite neben den versicherungstechnischen Rückstellungen als „Engagements envers les Institutions de prévoyance ou relatifs aux Fonds de placement gérés par l'entreprise“. Werden die Papiere aus Gründen der Verwaltungsvereinfachung zwar von den Versicherungsgesellschaften gehalten, jedoch auf den Namen der Kassen eingetragen, dann erscheinen sie auf der Aktivseite „unter dem Strich“ als „Den Vorsorgeinstitutionen gehörige und zurückzuerstattende Wertpapiere“.

réassureurs"). Im alten Bilanzschema wurden die gestellten Bar- und Wertpapierdepots unter „Créances pour valeurs et espèces remises aux cédants en représentation des engagements techniques de réassurances acceptées" aufgeführt und somit als Forderungen deklariert.

Für deutsche Verhältnisse mag die bilanzielle Untergliederung der Vermögensanlagen auch nach der Neuregelung vergleichsweise dürftig anmuten, vor allem durch den globalen Ausweis der im Rahmen der Rückversicherungsbeziehungen gestellten und einbehaltenen Wertpapiere und der im Ausland gehaltenen Anlagewerte. Zum Ausgleich dafür werden diese Posten in der Nachweisung zu den Kapitalanlagen (Etat A-5) inhaltlich näher erläutert. Darin werden die oben angeführten Globalposten entsprechend dem Schema, wie es in der Bilanz für die in Frankreich von der Gesellschaft *selbst* gehaltenen Vermögenswerte gilt, untergliedert.

Die im Besitz des Unternehmens befindlichen inländischen Anlagewerte werden entsprechend ihrer bilanziellen Reihenfolge näher bestimmt. Dabei wird — um nur die wichtigsten Unterscheidungen zu nennen — der Grundbesitz unterteilt in Gebäude und im Bau befindliche Anlagen. In beiden Gruppen werden wiederum die für den eigenen Geschäftsbetrieb bestimmten Gebäude gesondert aufgeführt.

Bei den Wertpapieren wird grundsätzlich zwischen börsennotierten und nichtnotierten Papieren unterschieden. Aktien werden von festverzinslichen Werten (bons et obligations) getrennt. Bei den Darlehen wird unterschieden zwischen Hypotheken, Darlehen an Gebietskörperschaften, Policedarlehen und sonstigen.

Darüber hinaus zeigt die Nachweisung A-5 auch, welchen Verpflichtungen die Anlagewerte als Deckung zugeordnet sind. Obwohl die Nachweisung zu den Kapitalanlagen in der neuen Fassung weniger detailliert ist als die frühere, die „jedes Papier, das die Gesellschaft in ihrem Portefeuille hat"[4], aufführte und schon einem Auszug aus der Anlagenbestandsliste gleichkam, steht sie doch informatorisch dem deutschen Ausweis nicht nach, wie im späteren Vergleich noch gezeigt werden soll.

2. Die geltenden Bewertungsvorschriften

Während in Deutschland die Bewertung der Vermögensgegenstände in den Bilanzen der Versicherungsaktiengesellschaften und Gegenseitigkeitsvereine den aktienrechtlichen Bestimmungen folgt[5], wobei nach

---

[4] *Ketter*, Karl, a.a.O., S. 88.

[5] Das galt auch vor dem neuen Aktienrecht auf Grund der aufsichtsgesetzlichen Bestimmungen in § 36 a (Gegenseitigkeitsvereine) und § 55 (Aktiengesellschaften), die nunmehr in der Fassung von § 37 (1) Nr. 3 und Nr. 7 EGAktG gelten.

§ 56 VAG für Wertpapiere[6] das Niederstwertprinzip i. S. von § 155 AktG gilt, mußten in Frankreich dafür besondere Bestimmungen geschaffen werden, da weder das französische Aktiengesetz von 1867 noch der Code de commerce von 1807 Bewertungsvorschriften enthalten[7].

Für die Kapitalanlagen gelten daher die Bilanzierungsregeln in den Art. 169 ff. des Aufsichtsdekrets vom 30. 12. 1938[8].

Eine Sonderregelung gilt für die im Rahmen der Rückversicherungsbeziehungen gestellten und einbehaltenen Wertpapierdepots. Sie werden zum Kurswert am Bilanzstichtag bilanziert (Art. 9 des Dekrets vom 29. 7. 1939)[9].

Ebenfalls zum Kurswert bilanziert werden die nicht nach den Anlagebestimmungen in den Artikeln 153 bis 155 RAP als Deckung zugelassenen Wertpapiere. Sie fallen jedoch in den Bilanzen der französischen Versicherer kaum ins Gewicht. Gegenstände der Betriebseinrichtung und Abrechnungsguthaben aus dem laufenden Geschäftsjahr werden nach den allgemeinen Regeln (droit commun) mit dem Anschaffungs- bzw. Nominalwert abzüglich Abschreibungen oder Wertberichtigungen bilanziert. Dabei bestimmen oft auch steuerliche Vorschriften, auf die wir hier nicht eingehen können, den Ansatz.

Bis auf eine Ausnahme lassen die neuen Rechnungslegungsvorschriften die oben angeführten Bewertungsbestimmungen unangetastet. Der bislang umstrittene Anschaffungswertbegriff[10] umfaßt nach den Erläuterungen zur Kontenklasse 2 künftig nicht mehr die Anschaffungs*neben*kosten.

Die beim Kauf von Wertpapieren eventuell zu entrichtenden Provisionen, Courtagen, Umsatzsteuern u. ä. Nebenausgaben sind also im Gegensatz zum deutschen Recht im Jahr der Anschaffung voll erfolgsmindernd abzusetzen.

Davon ausgenommen wiederum sind Grundstücke. Hier besteht für die entsprechenden Nebenausgaben wie Notar-, Umschreibungsgebühren

---

[6] Zum Wertpapierbegriff vgl. *Prölss*, Erich R.: Versicherungsaufsichtsgesetz, 5., stark veränd. Aufl., München und Berlin 1966, Anm. 2 I zu § 56, S. 468.

[7] Vgl. *Ketter*, Karl, a.a.O., S. 36. Vgl. *Klinkel*, Helmut: Die Bewertung in der französischen Jahresbilanz, Wiesbaden 1961, S. 17 (Betriebswirtschaftliche Beiträge).

[8] Décret du 30 décembre 1938 portant règlement d'administration publique pour la constitution des sociétés d'assurances et de capitalisation, des tontines et des syndicats de garantie et pour le fonctionnement et le contrôle de ces organismes (J. O., 31 décembre 1938), Zitiert: RAP.

[9] Diese Bestimmung ist nach Außerkrafttreten des Rechnungslegungsdekrets vom 29. 7. 1939 in Art. 170 RAP aufgenommen worden durch Décret n° 69-837 du 29 août 1969 modifiant et complétant le décret du 30 décembre 1938 (J. O., 13 septembre 1969).

[10] Vgl. *Klinkel*, Helmut, a.a.O., S. 34.

und Maklerprovisionen künftig ein Aktivierungs*wahlrecht*. In der Bilanz sind sie *getrennt* unter „Frais d'acquisition des immobilisations" auszuweisen.

a) Die Einzelbewertung gem. Art. 169 RAP

Grundsätzlich gelten für die Kapitalanlagen der Lebens- und Schadenversicherungsgesellschaften dieselben Bewertungsregeln.

Eine Ausnahme bilden jedoch die nach Art. 153 RAP unbeschränkt zur Deckung versicherungstechnischer Verpflichtungen zugelassenen Rentenwerte (valeurs mobilières amortissables admises sans limitation) der Lebensversicherungsunternehmen. Es handelt sich bei diesen Werten vornehmlich um Staatsanleihen und entsprechende Titel, die mit Bürgschaften der Gebietskörperschaften versehen sind. Sie unterliegen nach Art. 169 RAP dem Prinzip der *Einzel*bewertung und dürfen höchstens zum Anschaffungswert bilanziert werden. Liegt dieser jedoch über dem Rückzahlungsbetrag, so ist der anzusetzen. Sollte der niedrigste Börsenkurs am Bilanzstichtag über dem Rückzahlungswert notieren, so erfolgt die Bewertung zum Börsenkurs, falls dieser sich noch unter dem Anschaffungswert bewegt.

Daraus folgt, daß für diese Gruppe von Anlagen die Gesellschaften in der Regel den Anschaffungswert als dauernden Bilanzansatz beibehalten. Dadurch wird einerseits der Ausweis von Kursverlusten vermieden[11], zu dem das Niederstwertprinzip zwingen würde; andererseits wird durch die absolute Höchstgrenze des Anschaffungswertes die Bildung stiller Reserven ermöglicht.

b) Das Gesamtniederstwertprinzip gem. Art. 170 RAP

Die Anlagen der Schadenversicherer und die übrigen Vermögenswerte der Lebensversicherungsunternehmen sind nach den Vorschriften des Art. 170 RAP zu bewerten. Dabei wird der *Gesamt*wert der Kapitalanlagen nach zwei verschiedenen Verfahren ermittelt; der jeweils niedrigere der beiden Globalwerte bestimmt den Bilanzansatz. Im folgenden sollen die beiden Bewertungsmethoden skizziert werden.

Die Bewertung nach Art. 170, 1° RAP

1. Die Wertpapiere und sonstigen beweglichen Werte werden mit dem Anschaffungspreis erfaßt; soweit Papiere darunter sind, die Kurs-

[11] Dieses „Bewertungsprivileg" ist vermutlich dem wirtschafts- und finanzpolitischen Motiv entsprungen, Staatspapiere als Anlagewerte in der Lebensversicherung attraktiver zu gestalten.

verluste von 75 % (!) und mehr des Anschaffungswertes erlitten haben, wird der niedrigste Börsenkurs am Bilanzstichtag gewählt[12].

2. Darlehnsforderungen werden mit dem Nominalbetrag angesetzt.

3. Der Wert von Grundstücken, an denen zwar ein Eigentumsrecht, jedoch kein Nießbrauch besteht (nues propriétés), sowie von Grundstücken, an denen zwar ein Nießbrauch, aber kein Eigentumsrecht besteht (usufruits)[13], wird unter Zugrundelegung eines Zinsfußes von 4,25 % nach einem besonderen Bewertungsverfahren ermittelt[14]. Der danach bestimmte Wert darf den Anschaffungswert um nicht mehr als 5 % überschreiten.

4. Die (sonstigen) Grundstücke werden mit den Anschaffungs- oder Herstellungskosten angesetzt abzüglich eines Mindestabschreibungssatzes von 0,5 % (!) des Anschaffungswertes p. a. (Art. 172 RAP)[15]; Kosten der laufenden Unterhaltung dürfen nicht aktiviert werden.

Im wesentlichen geht man bei diesem Verfahren also vom Anschaffungs- oder Herstellwert aus.

Die Bewertung nach Art. 170, 2° RAP

Hier wird für börsennotierte Werte der niedrigste Kurs am Bilanzstichtag gewählt. Die nicht notierten Papiere werden ebenso wie die Grundstücke entsprechend dem ersten Verfahren zum Anschaffungspreis abzüglich Abschreibung gem. Art. 172 RAP bewertet, es sei denn, daß Grundstücke gem. Art. 176 RAP auf Anordnung der Aufsichtsbehörden oder auf Verlangen der Gesellschaft in einem kontradiktorischen Bewertungsverfahren durch Sachverständige[16] neu bewertet werden. Hypotheken auf Grundstücken, deren Wert unter den Betrag der noch ausstehenden Belastung gesunken ist, sind entsprechend niedriger in der Bilanz anzusetzen.

---

[12] Das Gesetz läßt offen, ob solche Papiere wieder zum Anschaffungswert bilanziert werden dürfen, wenn der Kurs die „25 %-Marke" wieder überschreitet.

[13] Sie spielen heutzutage kaum mehr eine Rolle als Anlagewerte.

[14] Die Einzelheiten sind geregelt durch: Arrêté du 7 août 1941 fixant les règles d'estimation des nues propriétés et des usufruits compris dans l'actif du bilan des sociétés d'assurances ou de capitalisation (J. O., 17 août 1941).

[15] Nach Picard-Besson sind dabei Grund und Boden mit hälftigem Anteil anzusetzen, so daß sich für die Gebäude ein Abschreibungssatz von 1 % p. a. ergibt.

Vgl. *Picard,* Maurice - *Besson,* André: Les Assurances terrestres en droit français, 2. Aufl., T. 2, Paris 1965, S. 116.

[16] Décret du 2 août 1941 fixant les conditions d'expertise de la valeur de l'actif des sociétés d'assurances ou de capitalisation (J. O., 17 août 1941).

Bei der zweiten Methode, mit der zweifellos ein größerer Arbeitsaufwand verbunden ist, erfolgt die Gesamtwertermittlung mithin weitgehend auf Tageswertbasis.

Die nach den oben beschriebenen Methoden ermittelten *Global*werte der Vermögensanlagen werden miteinander verglichen, und der *niedrigere* bestimmt den Bilanzansatz.

Während die einzelwertbezogenen Abschreibungen und Wertminderungen bilanziell in der Vorspalte „Amortissement et provision pour dépréciation" abgesetzt werden, sind die aus dem Gesamtniederstwertprinzip gem. Art. 170 RAP resultierenden Wertminderungen gesondert am Schluß der Kapitalanlageposten als Abzugsposten (Provision pour dépréciation des titres) aufzuführen.

c) Vergleich mit dem Niederstwertprinzip gem. § 155 AktG

In der Bestimmung des Bilanzansatzes durch den jeweils niedrigeren zweier Werte mag die Konzeption des Art. 170 RAP dem Niederstwertprinzip in § 155 AktG ähneln; doch besteht zwischen beiden Formen ein recht gewichtiger Unterschied: das Niederstwertprinzip deutscher Prägung ist *einzelwert*orientiert, während die französische Form *gesamtwert*orientiert ist. Im ersten Fall bestimmt sich der Gesamtwert nach Ansatz der jeweils niedrigeren Einzelwerte, wobei im einzelnen der Anschaffungswert nicht überschritten werden darf, während im zweiten Fall der niedrigere Gesamtwert über den Bilanzansatz der einzelnen Vermögensgegenstände entscheidet, was nicht notwendigerweise auch den Ausschluß *über* dem Anschaffungswert liegender Individualwerte in der Bilanz bedeutet.

Das ist materiell insofern bedeutsam, als dadurch im französischen Jahresabschluß in bestimmten Grenzen nicht realisierte Kursgewinne und -verluste gegeneinander aufgerechnet werden können, während das Niederstwertprinzip deutscher Prägung eine solche Kompensation nicht gestattet. Das sei am Beispiel eines gemischten Wertpapierbestandes unterschiedlicher Kursentwicklung veranschaulicht:

Tabelle 1

Anschaffungswert	Kurswert am Bilanzstichtag			Bilanzwert § 155 AktG			Bilanzwert Art. 170 RAP		
	(1)	(2)	(3)	(1)	(2)	(3)	(1)	(2)	(3)
100	105	99	97	100	99	97	100	99	97
100	103	91	88	100	91	88	100	91	88
100	100	89	95	100	89	95	100	89	95
100	107	98	104	100	98	100	100	98	104
100	101	88	107	100	88	100	100	88	107
100	104	95	108	100	95	100	100	95	108
600	620	560	599	600	560	580	600	560	599

Wie aus dem vorstehenden Beispiel zu ersehen ist, decken sich die Bilanzansätze nach deutschem und französischem Niederstwertprinzip lediglich in den Extremfällen: wenn *alle Einzelwerte* über, unter oder gleich den Anschaffungswerten sind; dann sind sowohl die Einzelwerte als auch die Globalwerte der Vermögensanlagen in den Bilanzen beider Länder identisch[17].

In den übrigen Fällen jedoch liegen die Wertansätze in Frankreich *über* den in Deutschland zulässigen Grenzen, da im Rahmen der durch Art. 170, 1° RAP gesetzten Globalwertgrenzen auch über dem Anschaffungswert liegende Einzelwerte in die Bilanz eingestellt werden können. Dadurch ist es den französischen Gesellschaften ermöglicht, nicht realisierte Kursverluste durch nicht realisierte Kursgewinne auszugleichen. Derselbe Effekt läßt sich auch mit den Grundstücken erreichen: Etwaige Wertzuwächse, die im (kontradiktorischen) Sachverständigenverfahren gem. Art. 176 RAP festgestellt werden, sind im Rahmen der Globalwertermittlung gegen etwaige Kursverluste bei Wertpapieren aufrechenbar. Aus diesem Grunde wird eine Bewertung von Grundstücken nach dem Sachverständigenverfahren von den französischen Versicherungsgesellschaften in der Regel nur dann verlangt, wenn sich dadurch die Aussicht eröffnet, den Ausweis von Kursverlusten bei Wertpapieren zu vermeiden[18].

Insoweit werden also nach französischem Recht nicht realisierte Kursgewinne und -verluste *paritätisch* in der Erfolgsrechnung behandelt; wohingegen das den Bewertungsregeln in § 155 AktG immanente Imparitätsprinzip den vollen Ausweis nicht realisierter Verluste erzwingt, ohne einen Ausgleich durch unrealisierte Gewinne zu gestatten.

3. Die Neubewertung nach den Dekreten vom 2. August und 3. Dezember 1960

Um bei der bilanziellen Vermögensbewertung dem Währungsverfall in Frankreich Rechnung zu tragen, sind wiederholt besondere Vorschriften erlassen worden[19], speziell für Versicherungsunternehmen letztmals durch die Dekrete vom 2. August und 3. Dezember 1960[20].

---

[17] Abgesehen von den unterschiedlichen Anschaffungswertbegriffen und dem sogenannten Beibehaltungswahlrecht, das im Beispiel ausgeklammert wird. Vgl. dazu S. 118 f. dieser Arbeit.

[18] Vgl. *Picard,* Maurice - *Besson,* André, a.a.O., S. 118.

[19] Näheres vgl. *Picard,* Maurice - *Besson,* André, a.a.O., S. 119.

[20] Décret du 2 août 1960 relatif à la révision des bilans des sociétés d'assurance et de capitalisation soumises à l'impôt sur les sociétés (J. O., 7 août) modifié par le décret du 15 avril 1964 (J. O., 19 avril).

Danach waren alle Versicherungsgesellschaften, deren jährliche Bruttoprämieneinnahme aus dem Gesamtgeschäft einschließlich Nebenleistungen der Versicherungsnehmer im Durchschnitt der letzten drei Geschäftsjahre 500 Mill. AF überschritten hat, verpflichtet, bestimmte Vermögensanlagen neu zu bewerten. Den übrigen Gesellschaften stand es frei, gleichermaßen vorzugehen.

Der Kreis der davon betroffenen Anlagen umfaßt im wesentlichen Grundstücke und börsennotierte Wertpapiere, mit Ausnahme jedoch der nach Art. 153, 1° und 154, 1° RAP unbeschränkt zur Deckung zugelassenen Rentenpapiere.

Durch die Neubewertung sollte ein Teil der stillen Reserven, die sich durch die Begrenzung des Art. 170 RAP ergeben, aufgelöst werden; die Bewertungsgewinne konnten jedoch im Interesse der Versicherungsnehmer einer steuerlich abzugsfähigen (!) Rücklage (réserve de réévaluation) zugeführt werden. Dabei galten für die Neubewertung der Wertpapiere und der Grundstücke unterschiedliche Vorschriften. Die auf Grund der Neubewertung ermittelten Wertansätze traten bei der Bilanzierung nach Art. 170 RAP an die Stelle der Anschaffungs- bzw. Herstellungswerte.

a) Die Neubewertung der Wertpapiere

Die Neubewertung der Wertpapiere geschah in der Weise, daß zunächst alle Papiere mit ihrem Börsenkurswert zum 30. Juli 1959 erfaßt wurden; die aus dem Vergleich der jeweiligen Börsenkurswerte mit den Anschaffungs- bzw. Buchwerten[21] sich ergebenden Buchgewinne (plus-values) oder -verluste (moins-values) wurden in ihrer Gesamtheit gegeneinander saldiert.

Ein danach eventuell verbleibender Neubewertungsverlust (moins-values nette globale) ging voll zu Lasten der Gewinn- und Verlustrechnung. Verblieb jedoch — wie in der Regel der Fall — nach Ausgleich einzelner Bewertungsverluste *insgesamt* ein Bewertungsgewinn (plus-values nette globale), so war dieser zu einem *Drittel* in eine besondere réserve de réévaluation einzustellen. Zum Ausgleich wurde auf der Aktivseite der

---

Décret du 3 décembre 1960 portant règlement d'administration publique relatif à la révision des bilans des sociétés d'assurance et de capitalisation non passibles de l'impôt sur les sociétés (J. O., 8 décembre) modifié par le décret du 30 décembre 1961 (J. O., 31 décembre 1961).

Es handelt sich hier um Parallelbestimmungen für körperschaftsteuerpflichtige und -nichtpflichtige Gesellschaften, wodurch die einschlägigen Regelungen vom 6. 1. 1947, 19. 8. 1949, 28. 5. 1952 und 12. 8. 1959 außer Kraft gesetzt wurden.

Durch das Dekret vom 15. 4. 1964 wurde der Zeitraum, innerhalb dessen die Neubewertung in der Bilanz erfolgen mußte, um ein Jahr bis zum 31. 12. 1963 verlängert.

[21] Bei vorangegangenen Neubewertungen.

Bilanz derselbe Betrag *zuzüglich* der (nach obigem Verfahren ausgeglichenen) Bewertungsverluste (moins-values) denjenigen Wertpapieren zugeschrieben, deren Börsenkurswerte zum Stichtag (30. Juni 1959) über dem letzten Bilanzansatz lagen. Die Verteilung des Neubewertungsgewinnes auf die einzelnen Papiere richtete sich nach dem Anteil des individuellen Buchgewinnes (*Pi*) am Gesamtbewertungsgewinn *vor* Ausgleich mit den individuellen Bewertungsverlusten (*Mi*). Die übrigen von der Neubewertung betroffenen Wertpapiere wurden mit dem (niedrigeren) Börsenkurswert zum Neubewertungsstichtag bilanziert.

Das folgende Zahlenbeispiel mag zur Veranschaulichung des geschilderten Verfahrens dienen.

Tabelle 2

Bilanz-wert-31. 12. 1958	Kurswert am Bewertungsstichtag 30. 6. 1959	moins-values	plus-values	Bilanz-wert nach Neubewertung
B_a		M_i	P_i	B_n
(1)	(2)	(3)	(4)	(5)
100	70	30	—	70,00
110	86	24	—	86,00
105	205	—	100	142,04
100	405	—	305	212,97
103	202	—	99	139,67
100	94	6	—	94,00
100	305	—	205	175,93
102	443	—	341	228,31
100	100	—	—	100,00
100	130	—	30	111,11
1 020	2 040	60	1 080	1 360,03

Plus-value globale $= \sum (4) = 1\,080.$

Moins-value globale $= \sum (3) = 60.$

Plus-value globale *nette* $= \sum (4) - \sum (3)$

$= 1\,080 - 60 = 1\,020.$

Réserve de réévaluation: 1/3 plus-value globale nette

$= 1/3 \cdot 1\,020 = 340.$

Gesamtbetrag der Aktiv-Zuschreibung auf die Werte mit gestiegenem Kurswert: $340 + 60 = 400.$

Bilanzwert nach Neubewertung:

a) Werte mit niedrigerem Kurswert (éléments en baisse): Kurswert zum Neubewertungsstichtag.

b) Werte mit höherem Kurswert (éléments en hausse): Anschaffungswert bzw. alter Bilanzwert + Anteil an der Neubewertungszuschreibung.

Der individuelle Zuschreibungsbetrag (*Zi*) läßt sich durch folgende Formel bestimmen:

$$Zi = \frac{P_i}{\sum P_i} \cdot \left(1/3 \sum P_i + 2/3 \sum M_i\right)$$

Erfolgte die bilanzielle Neubewertung der Papiere bis zum 31. 12. 1962, so durfte der Bilanzansatz, wie er sich auf Grund des beschriebenen Verfahrens ermittelte, den jeweiligen Kurswert der Papiere zum 30. 6. 1959 (Bewertungsstichtag) nicht übersteigen[22].

Erfolgte die bilanzielle Neubewertung nach dem 31. 12. 1962[23], bildete der Kurswert zum Bilanzstichtag die Obergrenze für den Neubewertungsansatz. Der in die réserve de réévaluation einzustellende Betrag verringerte sich entsprechend. Die späte Neubewertung führte also unter Umständen zur Schmälerung der steuerfreien Zuschreibungsgewinne verglichen mit den Beträgen bei einer Neubewertung vor dem 31. 12. 1962.

b) Die Neubewertung der Grundstücke

Bei den Grundstücken erfolgte die Neubewertung mit Hilfe von Koeffizienten; der neue Wertansatz[24] ergab sich aus der Multiplikation der Anschaffungs- oder Herstellkosten mit den für die jeweiligen *Anschaffungs-* oder *Herstelljahre* bestimmten Koeffizienten. Im Bau befindliche Gebäude wurden analog auf der Grundlage der den einzelnen Jahren jeweils zuzurechnenden Herstellungskosten erfaßt. Die auf diese Weise ermittelten Grundstückswerte konnten bei der Bilanzierung um höchstens 25 % unterschritten werden[25]. Das galt jedoch nur für die steuerpflichtigen Gesellschaften im Sinne der Art. 39 und 40 des Gesetzes vom 28. Dezember 1959.

Der in die réserve de réévaluation einzustellende Betrag umfaßte die Differenz zwischen dem nach obigem Verfahren ermittelten Wert und dem Buchwert gem. Art. 170, 1° RAP (Anschaffungswert abzüglich Abschreibung auf Gebäude von 1 % p. a.). Bei zwischenzeitlich erfolgter Neu-

[22] Diese Bestimmung in Art. 4 des Dekrets vom 2. 8. 1960 war jedoch offenbar überflüssig. Wie man aus dem vorangegangenen Zahlenbeispiel und der daraus entwickelten Formel für die Wertzuschreibung ablesen kann, konnte dieser Fall nicht eintreten. Die Richtigkeit dieser Annahme wurde uns auf Anfrage von der französischen Aufsicht bestätigt.

[23] Vgl. oben Fußnote 20.

[24] Unbeschadet der Möglichkeit einer Bewertung nach Art. 176 RAP im (kontradiktorischen) Sachverständigenverfahren mit Zustimmung des Finanzministers.

[25] Ausnahmen waren in begründeten Fällen möglich.

Tabelle 3 (Koeffizienten)[a]

Jahre	Koeffizient	Jahre	Koeffizient
1914 und früher	29,8	1937	10,8
1915	28,4	1938	9,7
1916	27,9	1939	9,1
1917	27,3	1940	8,2
1918	26,8	1941	7,3
1919	26,1	1942	6,6
1920	25,1	1943	6,1
1921	24,6	1944	5,5
1922	23,9	1945	4,9
1923	23,2	1946	4,5
1924	22,4	1947	3,8
1925	21,6	1948	3,3
1926	20,9	1949	3,0
1927	20,0	1950	2,8
1928	19,2	1951	2,6
1929	18,2	1952	2,4
1930	17,3	1953	2,3
1931	16,4	1954	2,0
1932	15,5	1955	1,5
1933	14,5	1956	1,2
1934	13,5	1957	1,1
1935	12,7	1958	1,0
1936	11,8	1959	1,0

a) Art. 5 bzw. Art. 4 der Dekrete vom 2. August bzw. 3. Dezember 1960. – Diese Koeffiziententabelle hat F. Gürtler vermutlich zu dem Schluß verleitet, daß es sich hierbei nicht um eine einmalige, sondern eine laufende Neubewertung der Immobilien auf Indexbasis handelt. Vgl. *Gürtler*, Franz: Die Rechnungslegung von Versicherungsunternehmen in Frankreich, S. 27.

bewertung war statt des Buchwertes der entsprechende Neubewertungsansatz zugrunde zu legen.

Beispiel:

Ein Grundstück wurde zum 1. 1. 1954 für 100 000 F angeschafft.

Anschaffungswert: 1954 100 000 F

Bilanzwert: 1958 97 500 F

Gesamtabschreibung nach Art. 172 RAP:

5 · 0,5 % · 100 000 F = 2 500 F

Neubewertungsansatz zum 30. 6. 1959:

100 000 F · 2 = 200 000 F

Réserve de réévaluation: 102 500 F

Die nach den zuvor dargestellten Verfahren zu passivierende réserve de réévaluation ist gesondert von den entsprechenden Rücklagen aus früheren Neubewertungen auszuweisen.

Eine Auflösung der Neubewertungsrücklage ist nach den Bestimmungen des Dekrets vom 2. August 1960 nur zu bestimmten Zwecken gestattet; im wesentlichen zur Erhöhung des Grundkapitals, des Gründungs- oder Organisationsfonds und der réserve de capitalisation; nur in ganz bestimmten Ausnahmefällen darf sie auch zu einem Teil (max.

20 %) zum Ausgleich von Verlusten[26] herangezogen werden. Darin offenbart sich der Gedanke des Versichertenschutzes ebenso wie in dem Umstand, daß nur ein Teil der stillen Reserven in den Vermögensanlagen im Zuge der Neubewertung aufgedeckt und der Rücklage zugeführt wird: bei den Wertpapieren durch Beschränkung auf ein Drittel des gesamten „Nettomehrwerts" (plus-value nette globale) und bei den Grundstücken durch die Wahl „relativ niedriger"[27] Koeffizienten.

4. Die Bilanzierungshilfe vom 10. 2. 1967

Anläßlich der nachhaltigen Baisse am französischen Wertpapiermarkt in der Mitte der sechziger Jahre sah sich die Aufsichtsbehörde neuerlich gezwungen, für die Bewertung der Kapitalanlagen eine Ausnahmeregelung zu treffen.

Das in Art. 170 RAP fixierte Gesamtniederstwertprinzip hatte angesichts des allgemeinen Kursverfalls vor allem die Ergebnisse der Schadenversicherer mit beträchtlichem Abschreibungsaufwand belastet[28]. Um dem zu begegnen, wurden den Gesellschaften durch aufsichtsamtliches Rundschreiben[29] Bilanzierungshilfen eingeräumt, die erstmals für das Geschäftsjahr 1966 angewandt werden durften.

Von den beiden im Rundschreiben aufgezeigten Möglichkeiten bestand die *erste* darin, die nach Art. 170 RAP auszuweisenden (unrealisierten) Kursverluste auf einen Zeitraum von längstens drei Jahren zu verteilen.

Damit machte der Finanzminister von der Ermächtigung in Art. 177 RAP Gebrauch, in begründeten Ausnahmefällen von einer sofortigen erfolgsrechnerischen Berücksichtigung der aus dem Gesamtniederstwertverfahren resultierenden Wertminderung abzusehen, allerdings nur, falls „keine schwerwiegenden Fehler in der Geschäftsführung der betreffenden Unternehmen dem entgegenstehen". Die Inanspruchnahme dieser Bilanzierungshilfe bedurfte also der eingehenden vorherigen Prüfung der wirtschaftlichen Situation und der Genehmigung durch die Aufsichtsorgane, was naturgemäß einer schnellen Inanspruchnahme dieser Bilanzierungshilfe entgegenstand.

Die Bezugnahme auf Art. 177 RAP stellte klar, daß die Bewertungsmechanik des Gesamtniederstwertverfahrens im Sinne des Art. 170 RAP

---

[26] Das gilt jedoch nur für den Teil der Rücklage, der aus der Neubewertung der Grundstücke herrührt.

[27] Vgl. *Picard,* Maurice - *Besson,* André, a.a.O., S. 124.

[28] Die Lebensversicherer waren davon insofern weniger betroffen, als ein beträchtlicher Teil ihrer Kapitalanlagen nach den Regeln des Art. 169 RAP bilanziert wird.

[29] Lettre circulaire ministérielle relative à l'estimation des actifs au bilan du 10 février 1967.

durch die Bilanzierungshilfe nicht gänzlich außer Kraft gesetzt wurde; lediglich die materiellen Auswirkungen wurden durch den längeren Verteilungszeitraum von drei Jahren gemildert. Daraus folgte auch zwingend, daß bei zwischenzeitlicher Kurserholung die Tilgung des Verlustvortrages über entsprechende Zuschreibungen im Rahmen des Gesamtniederstwertverfahrens in einem kürzeren Zeitraum als dem oben genannten vorgenommen werden mußte.

Die *andere* im Rundschreiben vorgesehene Maßnahme, den Kursverlusten zu begegnen, bestand darin, sie durch Wertzuschreibungen auf den Grundbesitz erfolgsrechnerisch auszugleichen.

Damit wurde im Grunde genommen den Versicherungsgesellschaften keine zusätzliche Ausgleichsmöglichkeit geboten. Wie bereits dargelegt, stand es ja den Gesellschaften grundsätzlich offen, bei der Bestimmung des Gesamtwertes der Kapitalanlagen gem. Art. 170, 2° RAP den Grundbesitz statt zum Anschaffungspreis abzüglich Abschreibung mit dem (meist höheren) Verkehrswert anzusetzen, sofern dieser im Sachverständigenverfahren gem. Art. 176 RAP ermittelt wurde.

Die durch das Rundschreiben gewährte Erleichterung war in erster Linie *verfahrenstechnischer* Natur. Statt der zeitraubenden und wohl auch recht kostspieligen Sachverständigenschätzung konnte ein vereinfachtes Neubewertungsverfahren auf der Basis nachstehend aufgeführter Baukostenindizes gewählt werden. Die alternative Wahlmöglichkeit zwischen den beiden Methoden dürfte praktisch wohl nur für jene Gesellschaften relevant gewesen sein, in deren Besitz sich unbebaute Grundstücke befunden haben, auf die das Indexverfahren nicht anwendbar war. Hingegen wird man in allen übrigen Fällen das Indexverfahren angesichts des geringen Aufwandes, der mit ihm verbunden ist, dem Sachverständigenverfahren vorgezogen haben, selbst wenn daraus vergleichsweise niedrigere Wertansätze resultierten.

Tabelle 4: Baukostenindex des I.N.S.E.E.[a]
(1953 = 100)

Jahr	1. Quartal	2. Quartal	3. Quartal	4. Quartal	Jahresdurchschnitt
1959	142	142	142	142	142
1960	144	141	142	142	142,25
1961	143	144	145	147	144,75
1962	149	151	153	156	152,25
1963	159	168	170	171	167
1964	173	176	180	184	178,25
1965	186	188	189	190	188,25
1966	191	193	194		

a) Institut National de la Statistique et d'Etudes Economiques.

Bei der Neubewertung des Grundvermögens waren nach dem Rundschreiben zunächst zwei Gruppen von Grundstücken zu unterscheiden:

1. Grundstücke, deren Verkehrswert *nach* dem 30. 6. 1959[30] auf Grund eines Sachverständigenverfahrens gem. Art. 176 RAP ermittelt worden war.

   Sie wurden weiterhin mit diesen Werten unter Berücksichtigung zwischenzeitlicher Abschreibungen angesetzt.

2. Grundstücke, für die *nach* dem 30. 6. 1959 *keine* Verkehrswerte durch Sachverständige festgestellt worden waren.
   Sie konnten mit Hilfe der zuvor aufgeführten Baukostenindizes neubewertet werden[31], wobei im einzelnen folgende Regeln galten:

   a) Grundstücke, die im Zuge der Neubewertung zum 30. 6. 1959 mit Hilfe von Koeffizienten neue Wertansätze erfahren hatten, wurden entsprechend dem Anstieg der zuvor angeführten Baukostenindizes von 1959 bis 1966 hochgeschrieben[32].

      Bei Grundstücken, deren Verkehrswert zum 30. 6. 1959 nach den Regeln des Art. 176 RAP bestimmt worden war, erfolgte diese Zuschreibung nur mit hälftigem Steigerungssatz. Dadurch sollte offenbar dem Umstand Rechnung getragen werden, daß die Neubewertung zum 30. 6. 1959 auf der Basis der Neubewertungskoeffizienten generell zu niedrigeren Wertansätzen führte verglichen mit den Ergebnissen der Sachverständigenschätzungen nach Art. 176 RAP.

   b) Grundstücke, die nicht an der Neubewertung zum 30. 6. 1959 teilgenommen, sich aber zu diesem Zeitpunkt schon im Besitz der Gesellschaft befunden hatten, wurden nachträglich mit Hilfe der Neubewertungskoeffizienten der Dekrete vom 2. 8. und 3. 12. 1960 neubewertet. Auf die so ermittelten Werte wurde dann die Zuschreibung nach Maßgabe des Indexanstiegs der Baukosten wie bei den entsprechenden vorangegangenen Fällen unter a) bezogen.

   c) Grundstücke, die zwischen dem 30. 6. 1959 und dem 1. 1. 1964 angeschafft worden waren, erfuhren eine Zuschreibung auf ihren Anschaffungswert (abzüglich Anschaffungsnebenkosten) entsprechend

[30] Stichtag der Neubewertung des Grundvermögens nach den Bestimmungen der Dekrete vom 2. 8. 1960 bzw. 3. 12. 1960.

[31] Die Indizes waren nur auf den um die Anschaffungsnebenkosten verminderten Anschaffungspreis zu beziehen (prix d'achat ou de revient à l'exclusion des frais ou droit afférents à l'acquisition). Die Zuschreibung erfolgte jedoch auf den vollen Anschaffungswert (einschließlich Nebenkosten).

[32] Dabei wurde für 1959 der für das erste Quartal ermittelte Index in Höhe von 142 und für 1966 der Index des dritten Quartals in Höhe von 194 genommen.

dem Indexanstieg der Baukosten zwischen dem der Anschaffung vorangegangenen Quartal und dem 3. Quartal 1966.

d) Anteile an Immobiliengesellschaften (sociétés immobilières), die nicht an der amtlichen Kursnotierung einer Wertpapierbörse teilnahmen, konnten über eine entsprechende Neubewertung ihres Grundvermögens anteilige Wertzuschreibungen erfahren.

Ergab sich nun bei der Globalwertbestimmung der Kapitalanlagen gem. Art. 170, 2° RAP, daß die am Wertpapierbestand zu verzeichnenden Kursverluste durch diese Zuschreibungsgewinne aufgewogen oder überkompensiert wurden, so wurde insgesamt nach Art. 170, 1° RAP bilanziert, also zu Anschaffungskosten[33]. Dadurch blieben die Bewertungsgrenzen des Art. 170, 1° RAP unberührt. Kursverluste bei Wertpapieren von 75 % und mehr des Anschaffungswertes konnten also auch nach den Sonderbestimmungen des Rundschreibens *nicht* durch Zuschreibungen auf den Grundbesitz ausgeglichen werden. Ebensowenig war eine Verteilung auf drei Jahre für diese Kursverluste gestattet. Nicht eindeutig im Rundschreiben geregelt schien jedoch die Frage, ob die beiden Bilanzierungshilfen lediglich *alternativ* anzuwenden waren, bzw. ob im Falle eines unzureichenden Ausgleichs durch (indexbezogene) Zuschreibungen auf den Grundbesitz eventuell noch verbleibende Kursverluste ebenfalls vortragsfähig waren.

Auf eine diesbezügliche Anfrage bei den französischen Aufsichtsorganen wurde uns — ohne nähere Begründung — mitgeteilt, daß lediglich *eine* der beiden Möglichkeiten in Anspruch genommen werden durfte. Man mag darin eine gewisse Inkonsequenz sehen.

Wie bereits dargelegt, haben die französischen Versicherungsgesellschaften nach den Bilanzierungsregeln in Art. 170 RAP grundsätzlich die Möglichkeit, unrealisierte Kursverluste durch Neubewertung des Grundvermögens im Sachverständigenverfahren gem. Art. 176 RAP bis zu den Grenzen des Art. 170, 1° RAP zu kompensieren.

Angenommen nun, eine Gesellschaft hatte 1966 diese Möglichkeit bereits ausgeschöpft, dann konnte sie noch verbleibende Kursverluste auf maximal drei Jahre verteilen. Nach dem Wortlaut des aufsichtsamtlichen Rundschreibens war diese Bilanzierungshilfe für die Fälle gedacht, in denen der Gesamtwert der Kapitalanlagen nach Art. 170, 2° RAP unter

---

[33] Hierin lag auch der nach unserer Auffassung erhebliche materielle Unterschied dieser Neubewertung gegenüber der zum 30. 6. 1959, an die unmittelbar angeknüpft wurde. Während die zum 30. 6. 1959 ermittelten Wertansätze an die Stelle der Anschaffungswerte in Art. 170, 1° RAP traten und damit diese Bewertungsgrenze beträchtlich heraufsetzten, wirkte sich die Neubewertung vom 10. 2. 1967 nur innerhalb dieses durch den Gesamtanschaffungswert bestimmten Limits aus.

der in Art. 170, 1° RAP bestimmten Grenze lag. Genau das trifft in unserem Beispiel zu.

Wenn jedoch besagte Gesellschaft zum Ausgleich der Buchverluste am Wertpapierbestand nicht die „klassische" Ausgleichsmethode über eine Sachverständigenschätzung gewählt, sondern von der vereinfachten und kostengünstigeren (!) Neubewertung auf Indexbasis nach dem Rundschreiben Gebrauch gemacht hätte, wäre ihr nach der aufsichtsamtlichen Interpretation die Möglichkeit verwehrt gewesen, noch verbleibende Kursverluste wie im anderen Fall vorzutragen.

Diese Diskriminierung muß um so befremdender anmuten, als die Neubewertung auf Indexbasis nicht die Wertsteigerungen des Grund und Bodens erfaßt.

III. Die Bilanzierung der Abschlußkosten

Wie die Bewertung der Kapitalanlagen der Versicherungsunternehmen ist auch die Bilanzierung der Abschlußkosten — zumindest in den Grundzügen — bereits im Aufsichtsdekret vom 30. Dezember 1938 geregelt.

So eröffnet Art. 191 RAP allgemein eine Aktivierungsmöglichkeit für vorausgeleistete Abschlußprovisionen, die erfolgsrechnerisch mehrere Perioden betreffen. Sie sind gesondert zu bilanzieren und in einem Zeitraum von höchstens fünf Jahren abzuschreiben. Weitere Einzelheiten sind in einem besonderen Abschnitt (Titre IX) des Dekrets über die Rechnungslegung der Versicherungsgesellschaften vom 29. Juli 1939 fixiert[34], wobei zwischen Schaden- und Unfallversicherung einerseits und Lebensversicherung andererseits unterschieden wird.

1. Die Regelung für die Schaden- und Unfallversicherung

Nach Art. 57 des Dekrets vom 29. Juli 1939 erstreckt sich die Aktivierungsmöglichkeit lediglich auf Abschlußprovisionen, die für einen Vertragszeitraum von höchstens zehn Jahren vorausbezahlt sind.

Provisionsvorauszahlungen für Verträge mit weniger als fünfjähriger Laufzeit sind nicht aktivierungsfähig.

Der (vertragsindividuelle) Anteil der bilanzierten Abschlußprovisionen darf die Eigengehaltsprämien des Erstjahres nicht überschreiten. Die Abschreibung des Abschlußkostenaktivums ist in fünf gleichen Jahresraten vorzunehmen, beginnend mit dem ersten auf die Provisionszahlung folgenden Bilanzstichtag (Art. 58).

---

[34] Dieser Abschnitt (Art. 53 - 59) ist als einziger nicht durch die neuen Rechnungslegungsvorschriften vom 29. August 1969 ersetzt worden.

Die erfolgsrechnerische Korrektur bei (den üblichen) Überschneidungen zwischen Geschäftsjahr und Versicherungsjahr geschieht wie im Jahresabschluß der deutschen Schaden- und Unfallversicherer über die Beitragsüberträge. Sie werden um die anteiligen vorausbezahlten „äußeren Kosten", in denen auch Abschlußkostenanteile enthalten sind, gekürzt[35]. Die Abschreibungsmodalitäten in Verbindung mit den Bestimmungen über die Vertragslaufzeiten bewirken in dieser Form eine eigenartige Aufwandsverteilung. Bezogen jeweils auf die erste Abschreibungsperiode, ist sie bei Verträgen mit einjähriger Laufzeit naturgemäß periodengerecht, steigt dann proportional bis auf das (nahezu) Fünffache bei Verträgen bis zu fünf Jahren Laufzeit, erreicht mit Einsetzen des Aktivierungsrechts bei fünfjähriger Vertragsdauer theoretisch wieder den zeitanteiligen Satz, um danach wieder proportional bis zu zehnjährigen Laufzeiten und darüber hinaus überproportional anzusteigen. Während sich die stärkere Aufwandsbelastung der ersten Perioden bei den Verträgen mit längerer Laufzeit aus dem Vorsichtsprinzip rechtfertigen läßt, ist sie bei kurzfristigen Verträgen mit Laufzeiten bis zu fünf Jahren in dem Ausmaß kaum zu begründen. Eine „gleitende" Lösung wäre erfolgsrechnerisch vorzuziehen.

Im Hinblick auf die Begrenzung des gesamten Abschlußkostenaktivums dürfte dieses Verfahren durch das Herausschneiden des wohl stärkeren Blocks der kurzfristigen Verträge mit maximal fünfjähriger Laufzeit allerdings effizienter sein als eine entsprechende Kürzung bei den langfristigen Verträgen.

Für den Ausweis im Jahresabschluß bestimmt Art. 58, daß die aktivierten Abschlußprovisionen und die entsprechenden Abschreibungbeträge nach den einzelnen Jahrgängen (ihres Bilanzeintritts) aufzuschlüsseln sind. Die neuen Schemata weisen eine solche Unterteilung der Position „Frais d'acquisition des contrats" jedoch nicht mehr auf. Ebensowenig geschieht das in dem neuen Schema für die Betriebsrechnung. Es ist allerdings möglich, daß eine entsprechende Unterteilung von den Gesellschaften gegebenenfalls selbst vorgenommen wird.

2. Die Regelung für die Lebensversicherung

Für die Lebensversicherung hat die erfolgsrechnerische Behandlung der Abschlußkosten eine ungleich detailliertere und wohl auch kompliziertere Regelung erfahren, die zudem im Laufe der vergangenen Jahrzehnte zahlreichen Änderungen unterworfen wurde.

Die ursprünglichen gesetzlichen Vorschriften in dem bereits eingangs erwähnten Abschnitt des Rechnungslegungsdekrets vom 29. Juli 1939 in

---

[35] Vgl. Näheres auf S. 48 der Arbeit.

Verbindung mit den Rahmenvorschriften gem. Art. 7, 42 und 191 RAP behandeln lediglich die Abschlußprovisionen. Nach Art. 55 darf der Betrag der aktivierungsfähigen Provisionsvorauszahlungen, bezogen auf den einzelnen Vertrag, die folgenden Grenzen nicht übersteigen:

a) Barwert der (entsprechenden) Kostenzuschläge zuzüglich 10 %, bezogen auf die (Tarif-) Prämie des Vertrages. Diese Grenze gilt nicht für die lebenslängliche Todesfallversicherung (vie entière), Termfix- und gemischte Lebensversicherung. Die Aufsicht kann auf Antrag genehmigen, daß an Stelle des obigen 10 %igen Kostensatzes der Satz der effektiven Gemeinkosten (frais généraux) des jeweiligen vergangenen Geschäftsjahres angesetzt werden kann. Inkassokosten sind dabei einzubeziehen.

b) 5 % des Barwertes der Tarifprämien (primes brutes) des Vertrages.

c) Gesamtbetrag der (aufsichtsamtlich) erlaubten Abschlußkosten des Vertrages.

Die einzelnen Grenzen verstehen sich auf der Basis der Eigenbehaltsprämien. Zudem darf nach Art. 56 der Betrag der aktivierten Abschlußprovisionen die jeweilige Höhe der (individuellen) Deckungsrückstellung (réserve mathématique) nicht übersteigen.

Die in die Bilanz eingestellten Abschlußprovisionen sind ab dem zweiten auf die Vorauszahlung folgenden Bilanzstichtag in fünf gleichen Jahresraten abzuschreiben. Der Finanzminister kann auf Antrag diesen Abschreibungszeitraum auf maximal zehn Jahre verlängern (Art. 191 RAP). Scheiden Verträge durch Rückkauf oder Eintritt des Versicherungsfalles (Kapitalversicherung) aus oder werden Vertragssummen reduziert, sind die anteiligen bilanzierten Abschlußprovisionen sofort als Aufwand zu verrechnen.

Zusätzlich zu den genannten Möglichkeiten hat der französische Gesetzgeber den Lebensversicherungsgesellschaften in begrenztem Umfang auch eine Aktivierung über die Abschlußprovisionen hinausgehender Abschlußkosten (frais d'acquisition) gestattet, um den inflatorischen Entwicklungen in den Nachkriegsjahren Rechnung zu tragen. Die Beschränkung des Gesamtbetrages der aktivierten Errichtungs- und Einrichtungskosten (frais d'établissement)[36], Abschlußprovisionen und Geschäftseinrichtung auf den eingezahlten Teil des Grundkapitals bei Versicherungsaktiengesellschaften (Art. 7 RAP) bzw. den Gründungsstock bei Gegenseitigkeitsgesellschaften (Art. 42 RAP) mußte angesichts der rapiden

---

[36] Zum Begriff Frais d'établissement vgl. *Klinkel*, Helmut, a.a.O., S. 29 f. Für Gegenseitigkeitsgesellschaften (sociétés à forme mutuelle) definiert Art. 42 RAP: Les frais d'établissement comprennent toutes les dépenses des trois premières années prévue au plan financier et qui ne sont pas couvertes par les resources annuelles de la société.

Kostensteigerungen vor allem die Lebensversicherer besonders treffen. Da eine entsprechende Kapitalaufstockung in den Nachkriegsjahren kaum in Frage kam, waren diese Gesellschaften gezwungen, nunmehr einen vergleichsweise beträchtlich höheren Anteil ihrer Abschlußkosten sofort im Jahre der Vorauszahlung der Erfolgsrechnung zu belasten[37].

Wegen dieser Schwierigkeiten wurde durch Dekret vom 5. Mai 1947 den Lebensversicherungsgesellschaften gestattet, über die vorgenannten Grenzen hinaus weitere Abschlußkosten zeitanteilig zu verrechnen, allerdings nicht durch Bildung eines zusätzlichen Aktivums, sondern nach der auch in Deutschland gebräuchlichen Zillmermethode durch entsprechende Kürzung der Deckungsrückstellung (indirekte Aktivierung).

Nach einer Reihe weiterer Übergangsbestimmungen[38], die im einzelnen hier nicht weiter behandelt werden können, wurde im Jahre 1952 eine neue, abschließende Regelung[39] getroffen, die auch gegenwärtig gültig ist. Die Zillmermethode wurde dabei wieder zugunsten einer direkten Aktivierung aufgegeben. Allerdings steht die Möglichkeit, neben den Abschlußprovisionen weitere Abschlußkosten zu aktivieren, nunmehr nur noch besonders qualifizierten Gesellschaften offen, deren gesamte Betriebs- und Abschlußkosten bestimmte, im vorerwähnten Erlaß näher bestimmte Sätze nicht überschreiten.

"Pour la première fois dans le Droit Français en matière de contrôle des Entreprises d'Assurances apparaît une discrimination entre les Sociétés qui se trouvent classées, au vu de leurs coefficients d'exploitation, en deux catégories bien distinctes: celles que le Législateur estime mériter la faveur de certaines facilités et celles qu'il en juge indignes[40]."

Auf Antrag kann die Aufsicht in Ausnahmefällen von dem Nachweis dieser Qualifikation absehen.

Nach Art. 4 des Erlasses darf der im Abschlußjahr vorausbezahlte Betrag der Abschlußkosten (einschließlich der Provisionen) bis zur Höhe der in Art. 55 des Dekrets vom 29. Juli 1939 fixierten Grenzen aktiviert werden. Allerdings dürfen die über die Provisionen hinausgehenden Abschlußkosten dabei bestimmte Promillesätze der abgeschlossenen Versicherungssummen nicht überschreiten (je nach Lebensversicherungsform zwischen 1 und 2,5). Abweichend von den für die Abschlußprovisionen

---

[37] Vgl. *Olgiati,* Pierre: L'amortissement des frais d'établissement et d'acquisition dans les sociétés d'assurances sur la vie, in: Revue générale des assurances terrestres, Jg. 24, 1953, S. 365 f.

[38] Vgl. *Olgiati,* Pierre, a.a.O., S. 366 ff.

[39] Arrêté du 27 mai 1952 relatif au fonctionnement du compte spécial des frais d'acquisition à amortir pour les opérations d'assurances sur la vie (J. O., 10 juin 1952).

[40] *Olgiati,* Pierre, a.a.O., S. 371 f.

geltenden Bestimmungen von 1939, die bereits erörtert wurden, bestimmt der Erlaß vom 27. Mai 1952 für die übrigen bilanzierten Abschlußkosten eine Abschreibung in höchstens drei gleichen Jahresraten, beginnend mit dem dritten auf den Vertragsabschluß folgenden Bilanzstichtag. Angesichts dieser Beschränkungen und der Bedingungen, die der Gesetzgeber seit 1952 an die Aktivierung über die Provisionen hinausgehender Abschlußkosten knüpft, wird es kaum verwundern, daß „die Mehrzahl der Lebensversicherungsgesellschaften in Frankreich in der Praxis heute diese Abschlußkosten ausschließlich in dem Geschäftsjahr abschreibt, in dem sie verbucht wurden“[41]. Eine spürbare Verbesserung hat die Regelung von 1952 allerdings bewirkt, indem sie die in Art. 7 und 42 RAP fixierten Grenzen erhöht hat. Der Gesamtbetrag der bilanzierungsfähigen Abschluß*provisionen*[42], Errichtungs- und Einrichtungskosten zuzüglich der Geschäftsausstattung ist nunmehr limitiert durch den eingezahlten Teil des Grundkapitals bzw. den Gründungsstock *zuzüglich* der Rücklagen, soweit sie zum Ausgleich von Verlusten herangezogen werden können.

Der nach den Bestimmungen von 1952 aktivierte Betrag der (sonstigen) Abschlußkosten ist zudem zur Bedeckung der technischen Verbindlichkeiten zugelassen, so daß in dieser Hinsicht zumindest an die Zillmerregelung von 1947 angeknüpft wurde.

IV. Die versicherungsspezifischen Pflichtrücklagen

Um dem besonderen Schutzbedürfnis der Versichertenansprüche Rechnung zu tragen, hat der französische Gesetzgeber den Versicherungsgesellschaften die Bildung einer Reihe spezifischer Reserven vorgeschrieben. Sie sind teilweise bereits im Aufsichtsdekret vom 30. Dezember 1938 definiert, zum Teil aber auch später im Zuge neuer „Solvabilitätsbestimmungen“ geschaffen worden.

Das neue Bilanzschema weist diese spezifischen Rücklagen als „Réserves réglementées“ aus. Soweit für ihre Bildung und Auflösung besondere Vorschriften bestehen, sollen sie im folgenden eingehender dargelegt werden.

1. Die Kapitalisationsrücklage — Réserve de capitalisation

Die Bildung dieser Rücklage ist nur den Lebensversicherungsunternehmen vorgeschrieben durch Art. 150, 3° RAP und dient nach dem Wort-

---

[41] *Matt*, Robert: Die Rechnungslegungsvorschriften für die Lebensversicherungsgesellschaften in Frankreich, in: Blätter der Deutschen Gesellschaft für Deutschen Gesellschaft für Versicherungsmathematik, Bd. 6, 1962 - 1964, S. 319.

[42] Nicht gerechnet also die nach dem Erlaß vom 27. Mai 1952 gegebenenfalls aktivierten sonstigen Abschlußkosten.

laut des Gesetzes dazu, Wertminderungen der Vermögensanlagen und Schmälerungen der daraus resultierenden Erträge auszugleichen („réserve destinée à parer à la dépréciation des valeurs comprises dans l'actif de la société et à la diminution de leur revenue").

Zum besseren Verständnis dieses Passivums sei zunächst noch einmal auf die besonderen Bewertungsvorschriften des Art. 169 RAP hingewiesen, wonach die „unbeschränkt deckungsfähigen, tilgbaren und beweglichen Vermögensanlagen" der Lebensversicherungsgesellschaften — also festverzinsliche Papiere — generell zum *Anschaffungspreis* bilanziert werden.

Dadurch sind diese Gesellschaften bei den betreffenden Werten von Abschreibungen weitgehend entbunden.

Demgegenüber hatten die vorher gültigen Bewertungsvorschriften auch den Ausweis eventueller Kursverluste für diese Titel gefordert. Das hatte zur Folge, daß mit den Wertschwankungen sich auch die Renditen änderten, was jedoch in Anbetracht der Langfristigkeit der Vermögensanlagen als unerwünscht angesehen wurde[43].

Dem begegnete man dadurch, daß man bei der Bilanzierung zum Anschaffungspreis überging und die in Art. 173 RAP geforderte Kontinuität der Vermögenserträge bei Ersatzanschaffungen nach Verkauf oder Rückzahlung bilanzierter Werte durch eine Spezialrücklage gewährleistete.

Die Erlöse aus dem Verkauf oder der Rückzahlung der betreffenden Anlagewerte müssen nach Art. 173 RAP im Laufe eines Halbjahres (semestre) wieder in entsprechende Werte investiert werden, und zwar wenigstens in einer solchen Höhe, daß die neuen Papiere den gleichen Nettoertrag[44] erbringen wie die ausgeschiedenen. „Zum Ausgleich der dabei entstehenden möglichen höheren Ausgaben und Zinsverluste soll die Réserve de capitalisation herangezogen werden; umgekehrt wird sie aus den Kursgewinnen, die beim Verkauf der Papiere entstehen können, gespeist[45]."

Das folgende Beispiel möge verdeutlichen, auf welche Weise sich die Bildung dieses Passivums vollzieht. Angenommen eine Gesellschaft weist in ihrer Bilanz einen Posten Obligationen mit Staatsgarantie — also

[43] Vgl. *Picard*, Maurice - *Besson*, André, a.a.O., S. 93.

[44] Die Einzelheiten seiner Bestimmung sind geregelt durch Arrêté du 19 juillet 1939 relatif au calcul du revenu net en vue de la constitution de la réserve de capitalisation (Sociétés d'assurances et de capitalisation) (J. O., 23 juillet 1939) (2).

Der Erlaß bietet drei Methoden zur Auswahl, von denen allerdings nach Auskunft der französischen Aufsicht nur die erste praktiziert wird. Vgl. auch *Picard*, Maurice - *Besson*, André, a.a.O., S. 96.

[45] *Ketter*, Karl, a.a.O., S. 44.

Papiere im Sinne des vorerwähnten Art. 169 RAP — zum Anschaffungspreis von 9500 F aus. Sie verkauft diese Papiere für 9860 F, also mit einem Gewinn von 360 F.

Wenn man nun annimmt, daß diese Wertpapiere einen Zinsertrag von 400 F. p. a. abwerfen, so müssen die nach Art. 173 RAP aus den Veräußerungserlösen ersatzweise anzuschaffenden Titel den gleichen Ertrag bringen, soweit die durch Verkauf bzw. Rückzahlung freigewordenen Mittel dazu ausreichen[46].

Wir wollen nun weiterhin annehmen, daß die Gesellschaft für diese ertragsgleichen Ersatzinvestitionen, die nach dem Gesetz innerhalb des betreffenden Halbjahres vorzunehmen sind, 9650 F aufwenden muß.

Für die Kapitalisationsrücklage ergibt sich daraus eine Zuführung in Höhe von 150 F, denn nach Art. 173 Abs. 5 RAP sind bei Verkauf oder Rückzahlung unbeschränkt deckungsfähiger, tilgbarer Wertpapiere etwaige realisierte Veräußerungsgewinne in Höhe der Differenz zwischen Bilanzwert der ausgeschiedenen und Anschaffungspreis der Ersatzanlagen in die réserve de capitalisation einzustellen. Es werden mithin nicht immer die gesamten realisierten Veräußerungsgewinne durch diese Rücklage neutralisiert, sondern nur insoweit, als sie nach Maßgabe der Ertragsgleichheit der Ersatzanlagen reinvestiert werden.

Wäre im obigen Beispiel für den Erwerb ertragsgleicher Neuanlagen der gesamte Veräußerungserlös von 9680 F aufzuwenden gewesen, so wäre auch der gesamte Veräußerungsgewinn in die Rücklage einzustellen.

Daraus erhellt, daß die réserve de capitalisation aus dem gesetzlich begründeten Prinzip der ertragsgleichen Reinvestition der Verkaufserlöse (Rückzahlungsbeträge) ausgeschiedener Deckungswerte resultiert. Der dabei zu reinvestierende und somit in der Kapitalisationsrücklage zu neutralisierende Veräußerungsgewinnanteil ist in diesem Rahmen die abhängige Variable, während der Ertrag der betreffenden Ersatzanlagen jeweils fixiert ist.

Durch dieses spezifische Moment unterscheidet sich die réserve de capitalisation in ihrer Konzeption von anderen gewinneutralisierenden Rücklagen[47].

Tritt bei der Veräußerung unbeschränkt deckungsfähiger Anlagen ein Verlust ein, liegt der Veräußerungspreis also *unter* dem Bilanzansatz der betreffenden Titel, so vermindert sich die Kapitalisationsreserve um den entsprechenden Verlustbetrag. Von der Konzeption her sieht die

---

[46] Insoweit ist also dem in Art. 173 aufgestellten und später noch zu erörternden Postulat der ertragsgleichen Ersatzinvestition eine Grenze gesetzt.

[47] So zum Beispiel von der Kursgewinnrücklage, wenn man davon absieht, daß es sich hierbei um Neutralisation von Buchgewinnen handelt.

réserve de capitalisation also eine Neutralisation von Veräußerungsverlusten vor, wohingegen Veräußerungsgewinne nur im Rahmen der oben erläuterten Bedingungen neutralisiert werden. Es mag dahingestellt bleiben, ob sich dieser angedeutete Unterschied auch in den Prinzipien, nach denen Bildung und Auflösung der réserve de capitalisation sich vollziehen, in der Praxis auswirkt; denn die bereits erwähnten Bestimmungen über die Rücklagenbildung in Art. 173 RAP nennen nur die *Mindest*anforderungen, über die hinaus auch ein Mehr an Veräußerungsgewinn reinvestiert und neutralisiert werden kann.

2. Die Garantierücklage — Réserve de garantie

Die Garantierücklage, in ihren Grundzügen durch die Art. 8, 9, 43 RAP bestimmt, tritt bei den Versicherungsgesellschaften an die Stelle der für die übrigen Aktiengesellschaften durch das Gesetz vom 24. 7. 1867 geforderten, gesetzlichen Reserve[48].

Sie dient nach dem Wortlaut des Gesetzes dazu, „à suppléer éventuellement une insuffisance des réserves techniques“ (Art. 43 RAP). Sie wird als zusätzliches Garantiekapital neben dem Gründungsstock bzw. Grundkapital gefordert, um ein der Geschäftsentwicklung und dem Bestandsumfang angepaßtes zusätzliches Sicherheitspolster zu schaffen. Die Garantierücklage wird nicht verlangt, falls das Eigenkapital ohnehin den jeweiligen aufsichtsamtlich geforderten Mindestbetrag erreicht. Ebenso werden von dem Unternehmen gestellte Kautionen auf den geforderten Mindestbetrag des Garantiekapitals angerechnet[49], der je nach Branche variiert.

a) Die Garantierücklage in der Lebensversicherung

Für die französischen Lebensversicherungsgesellschaften war eine Garantierücklage bereits im Gesetz über die Kontrolle der Lebensversicherung vom 17. März 1905 (Art. 5) vorgeschrieben.

Die damalige Konzeption ist in das allgemeine Aufsichtsgesetz von 1938 übernommen, jedoch in den folgenden Jahren durch die Dekrete vom 23. Juni 1939[50] und 28. August 1949[50] abgewandelt worden.

Nach Art. 1 des Dekrets vom 23. Juni 1939 in der Fassung vom 28. August 1949 sind 0,5 % der jährlichen *Brutto*prämien- und Gebühren-

---

[48] Vgl. *Picard,* Maurice - *Besson,* André, a.a.O., S. 124.

[49] Näheres vgl. *Picard,* Maurice - *Besson,* André, a.a.O., S. 125.

[50] Décret du 23 juin 1939 fixant le montant minimum de la réserve de garantie des sociétés par actions d'assurance et de capitalisation, des sociétés d'assurance à forme mutuelle, des sociétés mutuelles d'assurance, des unions et des syndicats de garantie (J. O., 24 juin 1939) modifié par décret du 28 août 1949 (J. O., 7 septembre 1949).

einnahmen des *direkt* abgeschlossenen Geschäfts einer Garantierücklage zuzuführen. Damit wird bei den Zuführungsmodalitäten berücksichtigt, daß die französischen Lebensversicherungsunternehmen ebenso wie die deutschen den Versicherungsnehmern gegenüber einschließlich der in Rückdeckung gegebenen Anteile haften.

Dementsprechend werden bei der Zuführungsbemessung die Prämien aus dem indirekten Geschäft außer acht gelassen, soweit Rückversicherungsdepots beim Vorversicherer gestellt werden (Art. 4, Abs. 1).

Die Zuführungen sind auch in Verlustjahren vorzunehmen und erst dann nicht mehr obligatorisch, wenn die Garantierücklage zusammen mit dem eingezahlten Teil des Grundkapitals 5 % der mathematischen Rückstellungen (provisions mathématiques) erreicht hat und mindestens 20 % des Grundkapitals beträgt.

b) Die Garantierücklage in der Schaden- und Unfallversicherung

Für die Schaden- und Unfallversicherung sind diese Modalitäten abgewandelt worden. Das Dekret vom 23. Juni 1939 bestimmte zunächst, daß die Garantiereserve einschließlich des eingezahlten Teils des Grundkapitals bzw. des Gründungsstocks mindestens 20 % der durchschnittlichen Prämieneinnahme der letzten fünf Geschäftsjahre betragen müsse.

Diese Bezugsgrundlage ist jedoch durch das Änderungsdekret vom 28. August 1949 abgeschafft worden. Seither ist der Garantiereserve jährlich 1 % der gesamten Nettoprämieneinnahme abzüglich Versicherungsteuer zuzuführen, bis sie zusammen mit dem eingezahlten Grundkapital 33 % der durchschnittlichen Schadenbelastung für eigene Rechnung der letzten fünf Jahre erreicht.

Wie in den Bestimmungen für die Lebensversicherungsgesellschaften zeigt sich auch hier, daß das eingezahlte Grundkapital als Garantiemittel gegenüber der Garantiereserve in einem Substitutionsverhältnis steht; substitutional ist dieses Verhältnis allerdings nur im Rahmen der oben angeführten Mindestforderung und nur insoweit, als die zweite absolute Mindesthöhe der Garantierücklage, nämlich 20 % des Grundkapitals erreicht ist.

Mit anderen Worten: Das eingezahlte Grundkapital kann im Rahmen der ersten Bedingung — Garantiereserve plus eingezahltes Grundkapital $\geq$ 33 % der durchschnittlichen Nettoschadenbelastung — die Garantiereserve nur mit dem Betrag ersetzen, mit dem diese 20 % des Grundkapitals übersteigt.

Wenn Picard-Besson[51] schreiben, daß eine Schadenversicherungsgesellschaft dann keine Garantierücklage mehr zu bilden braucht, wenn

[51] *Picard,* Maurice - *Besson,* André, a.a.O., S. 127.

der eingezahlte Teil des Grundkapitals 33 % der durchschnittlichen jährlichen Schadenbelastung beträgt, so gilt diese Behauptung nach unserer Auffassung nur für die Zuführungen der Garantierücklage über den absoluten Mindestbetrag von 20 % des Grundkapitals hinaus; das Versicherungsunternehmen wird dadurch aber wohl nicht davon entbunden, *überhaupt* eine Garantiereserve zu bilden.

Bezüglich der Prämien aus aktiver Lebensrückversicherung gelten die gleichen Bestimmungen wie für die Lebensversicherungsunternehmen. Damit hat sich die Konzeption der Garantierücklage in der Schaden- und Unfallversicherung weitgehend derjenigen in der Lebensversicherung angenähert. Die Zuführungen zur Garantiereserve sind Aufwand und nicht als Gewinnverwendung anzusehen (Art. 8, Abs. 3; 9, Abs. 6; 43, Abs. 5; 108, Abs. 4 RAP in der Fassung des Dekrets vom 19. August 1949). Sie ist auch in Verlustjahren zu bilden. In der Schadenversicherung ist sie allerdings nicht steuerlich abzugsfähig[52].

3. Die Ergänzungsrücklage — Complément aux provisions techniques

Das Dekret vom 15. Oktober 1962[53] brachte neben neuen Bewertungsvorschriften für die Schadenrückstellung in der Kraftverkehrsversicherung auch spezielle „Solvabilitätsregeln" für die Versicherungsunternehmen. Neben (allgemein) neu festgelegten Mindestbeträgen für das Grundkapital bzw. den Gründungsstock wird von Schaden- und Unfallversicherungsunternehmen u. U. zusätzlich die Bildung einer Ergänzungsreserve zur Verstärkung der technischen Rückstellungen gefordert.

Als Bestandteil „d'une méthode de contrôle globale de la solvabilité de ces entreprises" ist nach Auffassung Blondels[54] eine solche zusätzliche Rücklage nicht nur geboten im Hinblick auf den wachsenden Geschäftsumfang, sondern auch hinsichtlich der in einigen Bereichen zu beobachtenden „Untertarifierungen".

Um diesen Entwicklungen zu begegnen, hat die französische Aufsicht ein bestimmtes „Mindestgarantiekapital" verlangt. Es setzt sich nach Art. 7 des Dekrets aus drei Elementen zusammen:

1. dem eingezahlten Teil des Grundkapitals bzw. dem Gründungsstock abzüglich eventueller Verlustvorträge und aktivierter „Kostenvorleistungen" (Abschluß-, Errichtungs- und Einrichtungskosten);
2. der Garantierücklage;

---

[52] *Picard,* Maurice - *Besson,* André, a.a.O., S. 129.

[53] Décret du 15 octobre 1962 modifiant et complétant la réglementation concernant les entreprises d'assurances et de capitalisation (J. O., 17 octobre 1962).

[54] *Blondel,* Claude: Le Contrôle français des assurances, Paris o. J. [um 1965], S. 192 f.

3. den übrigen Passiva, soweit sie nicht Verbindlichkeiten oder Rückstellungen versicherungstechnischer oder allgemeiner Art darstellen. Des weiteren zählen nicht dazu die obligatorischen Rücklagen gem. Art. 149 RAP sowie statuarische Rücklagen. Als dritter Bestandteil kommen also im wesentlichen die freien Rücklagen und die Gewinnvorträge in Betracht.

Der Gesamtbetrag dieser drei Elemente darf folgende Grenzen nicht unterschreiten:

1. 10 % des Gesamtbetrages der versicherungstechnischen Verpflichtungen (brutto) und bevorzugten Verbindlichkeiten im Sinne von Art. 149, 1° - 5° RAP (bei Versicherungsaktiengesellschaften, KGaA und Gegenseitigkeitsvereinen mit fixen Prämien);
2. 5 % des nämlichen Betrages bei Gegenseitigkeitsvereinen mit Umlagebeiträgen (à cotisation variable).

Hinzu kommt, daß bei Versicherungsgesellschaften in Form der AG oder KGaA das eingezahlte Grundkapital zusammen mit der Garantierücklage mindestens 5 % der versicherungstechnischen und sonstigen nach Art. 149 RAP bevorrechtigten Verbindlichkeiten betragen muß.

Gesellschaften, deren Mindestgarantiekapital im Sinne dieser Vorschriften die geforderte Höhe nicht (mehr) erreicht, haben den Fehlbetrag durch eine Ergänzungsrücklage auszugleichen. Die jährliche Zuführung beträgt 1 % der jeweiligen Eigenbehaltsprämieneinnahme (abzüglich Storni, Versicherungsteuer) des direkten Geschäfts, wenn das Mindestgarantiekapital gem. Art. 7 5 % der technischen und sonstigen nach Art. 149 RAP bevorrechtigten Verpflichtungen nicht übersteigt; darüber hinaus beträgt der Zuführungssatz nurmehr 0,5 %.

V. Die versicherungstechnischen Rückstellungen

1. Die bilanzielle Gliederung

Die Untergliederung der versicherungstechnischen Rückstellungen[55] im neuen vereinheitlichten Bilanzschema ist recht dürftig, verglichen mit der bisherigen und der Regelung im deutschen Jahresabschluß. Das *alte Schema* trennte generell das aktive Rückversicherungsgeschäft von dem selbst abgeschlossenen. Im einzelnen ergab sich folgende Aufteilung:

Schaden- und Unfallversicherung:

Direktes Geschäft (brutto)

a) Beitragsüberträge

---

[55] Dazu sollen entsprechend der herrschenden Übung auch die Beitragsüberträge zählen, die versicherungstechnisch als transitorische Passiva anzusehen sind.

b) Schadenrückstellung
c) Deckungsrückstellung
d) Sonstige technische Rückstellungen

Indirektes Geschäft (brutto)

a) Beitragsüberträge
b) Schadenrückstellung
c) Deckungsrückstellung
d) Sonstige technische Rückstellungen

Lebensversicherung:

Direktes Geschäft (brutto)

1. Mathematische Rückstellungen
   a) Deckungsrückstellung für bestehende Versicherungen (einschließlich Beitragsüberträge)
   b) Rückstellung für vorzeitig fällige Versicherungsleistungen
   c) Rückstellung für fällige Renten
   d) Rückstellung für fällige Kapitalzahlungen
   e) Rückstellung für Rückkäufe
2. Rückstellung für noch nicht ausgeschüttete Gewinnanteile der Versicherungsnehmer
   a) Fällige, noch nicht ausgezahlte Gewinnanteile
   b) Gutgeschriebene Gewinnanteile
3. Sonstige technische Rückstellungen

Indirektes Geschäft (brutto)

a) Deckungsrückstellung für bestehende Versicherungen
b) Rückstellung für vorzeitig fällige Versicherungsleistungen, fällige Renten, fällige Kapitalzahlungen und Rückkäufe
c) Sonstige technische Rückstellungen

Das *neue Schema* unterscheidet nurmehr zwei Gruppen von technischen Rückstellungen: „Primes" und „Sinistres" ohne Trennung des aktiven Rückversicherungsgeschäfts.

Die erste Gruppe umfaßt in der Schaden- und Unfallversicherung die Beitragsüberträge, die Stornowertberichtigung und die Rückstellung für Prämienrückgewähr. In der Lebensversicherung wird hier die Deckungsrückstellung ausgewiesen. Sie umfaßt abweichend von der Handhabung im deutschsprachigen Raum[56] (wie bisher) auch den Beitragsübertrag.

[56] *Drude*, Günther: Bemerkungen zu den Rechnungslegungsvorschriften für

Die zweite Position enthält in der Lebensversicherung die Rückstellungen für noch nicht abgewickelte Versicherungsfälle (einschl. der Dekkungsrückstellung für laufende Renten), für Rückkäufe und den Versicherungsnehmern gutgeschriebene Gewinnanteile, soweit sie nicht in die Deckungsrückstellung der ersten Position eingestellt worden sind. In den übrigen Zweigen erscheinen hier die Schadenrückstellung, die (Renten-) Deckungsrückstellung und gegebenenfalls die Alterungsrückstellung in der Krankenversicherung (provision pour risques croissants) sowie den Versicherungsnehmern zugedachte Überschußanteile und „sonstige" technische Rückstellungen.

Mit Hilfe der Spartennachweisung (Etat A-1) läßt sich zwar der auf das indirekte Geschäft entfallende Anteil der technischen Rückstellungen ersehen. Weitere Aufschlüsse ergeben sich aus der Spartenrechnung jedoch lediglich in der Schaden- und Unfallversicherung. Hier werden die Rückstellungen für Schäden (außer Rentendeckungsrückstellung), Überschußanteile, Prämienstorni und -rückgewährbeträge sowie die Rentendeckungsrückstellungen (einschl. Alterungsrückstellung in der Krankenversicherung) und die Beitragsüberträge getrennt aufgeführt.

2. Die Bewertungsvorschriften

a) Beitragsüberträge

Bei der Berechnung der Beitragsüberträge läßt die Versicherungsaufsicht in Deutschland den Gesellschaften relativ freie Hand.

So können individuelle Schätzungsverfahren angewandt werden, „wenn angenommen werden kann, daß diese zu den ungefähr gleichen Ergebnissen wie die genauen Einzelberechnungen führen"[57].

Die französische Aufsicht erspart zwar ebenfalls den Versicherungsgesellschaften den Aufwand der exakten pro-rata-temporis-Methode, sieht aber im Gegensatz zu Deutschland eine generelle Regelung der Übertragsbemessung vor. Das Dekret vom 17. August 1941[58] bestimmt einen Mindestübertragssatz von 36 % der Bruttoprämieneinnahme (einschließlich Nebenleistungen minus Stornoanteile), wobei unterjährigen Prämienanteilen Rechnung getragen wird; von den Halbjahres- bzw. Vierteljahresraten sind nur die im Laufe des zweiten Kalenderhalbjahres bzw. des vierten Quartals fälligen und von den monatlichen Prämienraten nur die des Dezembermonats entsprechend abzugrenzen. Dieser Mindest-

---

Lebensversicherungsunternehmen in westeuropäischen Ländern, in: Blätter der Deutschen Gesellschaft für Versicherungsmathematik, Bd. 6, 1962 - 1964, S. 319.

[57] ReV Sch, Erläuterungen zu Position B V, S. 12.

[58] Décret du 17 août 1941 relatif aux cautionnements et aux réserves exigibles des sociétés d'assurances et de capitalisation (J. O., 18 février 1942).

übertragssatz bezieht sich nach dem Wortlaut des Dekrets auf *jede Sparte*. Die Vorschrift eines Mindestübertrages führt zu Ertragsverlagerungen in die Folgeperiode, wenn der periodengerecht ermittelte Übertrag den geforderten Mindestsatz nicht erreicht. Die erfolgsverlagernde Wirkung wird tendenziell verstärkt, wenn die Mindesthöhe für jede einzelne Sparte und nicht nur für das Gesamtgeschäft gilt, da auf diese Weise Kompensationen zwischen den einzelnen Sparten ausgeschlossen werden.

Für mehrere Jahre vorausgezahlte Prämien sind mit ihren auf die folgenden Geschäftsjahre entfallenden Anteilen voll zu übertragen. Insofern legen also die französischen Vorschriften nicht einfach „den festen Satz von 36 % der Prämieneinnahmen des Geschäftsjahres fest", wie Ketter[59] schreibt, sondern je nach Gewicht unterjähriger Beitragsanteile einen entsprechend geringeren Übertrag. Dabei geht man offensichtlich von der Annahme aus, daß sich die Prämienfälligkeiten gleichmäßig über die zugrunde liegenden Zeiträume verteilen.

Das impliziert einen en-bloc-Übertrag von (brutto) 50 % der übertragsfähigen Prämienanteile. Der geringere Satz von 36 % erklärt sich durch den Abzug „vorausbezahlter äußerer" Kosten. Sie sind grundsätzlich auf 28 % der Bruttoprämie begrenzt[60] und setzen sich zusammen aus 21 % Abschlußprovision und 7 % Ausfertigungs- und Inkassokosten. Sie werden zur Hälfte mit dem Bruttobeitragsübertrag saldiert. Im Hinblick auf die äußeren Kosten werden also die Beitragsüberträge im französischen ebenso wie im deutschen Jahresabschluß bei den Schaden- und Unfallversicherungsunternehmen *netto*[61] ausgewiesen.

Von diesen Normvorschriften kann mit Genehmigung der Aufsichtsbehörde abgewichen werden, wenn eine vom allgemeinen Durchschnitt abweichende Bestandszusammensetzung vorliegt. In gravierenden Fällen kann die Aufsicht auch von sich aus einen anderen Modus vorschreiben, um ungenügenden Überträgen vorzubeugen.

Nach Auskunft aufsichtsamtlicher Kontrollkommissare (commissaires-contrôleurs) erfolgt die Prüfung der Beitragsüberträge unter Einbeziehung der Gemeinkosten- und Bruttoschadenquoten. Der Mindestübertragssatz von 36 % der Prämieneinnahme basiert auf einer Bruttoschadenquote von 65 % und einem Bruttogemeinkostensatz (*ohne* Abschluß- und Inkassokosten) von 7 % der Prämien.

---

[59] *Ketter*, Karl, a.a.O., S. 52.

[60] Demgegenüber sahen die alten Bestimmungen vom 8. März 1922 einen Satz von 34 % der Bruttoprämien vor. Die dabei berücksichtigten Regulierungskosten wurden in den neuen Vorschriften vom 17. August 1941 nicht mehr unter die abzugsfähigen äußeren Kosten genommen. Vgl. *Picard*, Maurice - *Besson*, André, a.a.O., S. 97.

[61] Zu den aus der neueren aktien- und aufsichtsrechtlichen Gesetzgebung resultierenden Einschränkungen des Kostenabzugs vgl. S. 142 f. dieser Arbeit.

Wenn nun die Schadenquote (s) des letzten Geschäftsjahres in der Kraftfahrversicherung bzw. im Durchschnitt der letzten beiden Geschäftsjahre in den übrigen Sparten über 65 % liegt, so sind zu übertragen:

$$\frac{s + 7}{2} \%$$

Entsprechend müßten bei Überschreiten des Bruttogemeinkostensatzes (f) von 7 % übertragen werden:

$$\frac{s + f}{2} \%$$

Viele Gesellschaften überschreiten von sich aus die gesetzlich geforderte Mindesthöhe und übertragen 50 % der Prämien[62].

Für den Fall der passiven Rückversicherung bestimmen die Vorschriften, daß die auf die Rückversicherer entfallenden Überträge nicht niedriger angesetzt werden dürfen als die (auf der Aktivseite auszuweisenden) korrespondierenden Anteile der Rückversicherer. Dadurch werden die von Heinrichs[63] aufgezeigten erfolgsrechnerischen Fehler vermieden, die bei der Ermittlung der Beitragsüberträge auf der Basis der Eigenbehaltsprämien entstehen, wenn der Rückversicherungsprovisionssatz von dem Satz der äußeren Kosten des Zedenten abweicht. Entsprechend wird von den Überträgen aus dem indirekten Geschäft verlangt, daß sie nicht unter dem Betrag der jeweiligen vereinbarten Portefeuillestornosätze passiviert werden.

Der Ansatz der Beitragsüberträge bestimmt sich hier also nicht wie im direkten Geschäft primär unter dem Aspekt der transitorischen Einnahmeabgrenzung, sondern ist eher statisch ausgerichtet: Die Beitragsüberträge werden im Hinblick auf einen möglichen Portefeuillerückzug als schwebende Verbindlichkeit erfaßt. Das führt zu Verlustantizipationen analog dem Niederstwertprinzip, falls der Portefeuillestornosatz höher ist als der unter dem Gesichtspunkt der Einnahmeabgrenzung ermittelte Übertragssatz.

b) Schadenrückstellung

α) Allgemeine Grundsätze

Nach der Legaldefinition in Art. 152 RAP enthält die Schadenrückstellung „die vermutliche Höhe der Ausgaben für noch nicht regulierte Schä-

[62] Vgl. *Picard,* Maurice - *Besson,* André, a.a.O., S. 97 (Fußnote).

[63] Vgl. *Heinrichs,* Helmut: Die Beitragsüberträge der größeren Schaden- und Unfallversicherungsunternehmen, Berlin 1961, S. 44 ff. (Veröffentlichungen der Kölner Versicherungswissenschaftlichen Vereinigung e. V., H. 4).

den sowie den Ausgabenbetrag der bis zum Bilanzstichtag regulierten aber noch nicht bezahlten Schäden einschließlich des Deckungskapitals für noch nicht (rechtswirksam) zuerkannte Renten“[64].

Während die deutsche Aufsichtsbehörde bei der Ermittlung dieses Postens lediglich gewissenhafte Schätzungen verlangt, soweit eine genaue Ermittlung nicht möglich ist[65], sind die Schaden- und Unfallversicherungsgesellschaften in Frankreich an genauer bestimmte Verfahren gebunden, insbesondere in der Kraftfahr- und Arbeitsunfallversicherung.

Art. 22 des bereits zitierten Dekrets vom 17. August 1941, das die grundlegenden Bestimmungen über die Bemessung der technischen Passiven in der Schaden- und Unfallversicherung enthält, sagt zunächst, daß die Schadenrückstellung grundsätzlich für jeden Schaden und für jedes Geschäftsjahr gesondert festzusetzen ist. Soweit bereits eine — wenn auch nicht letztinstanzliche — Gerichtsentscheidung ergangen ist, sind mindestens die darin bestimmten Entschädigungen im Rahmen der von dem Versicherungsunternehmen übernommenen Maximalhaftung abzüglich eventuell geleisteter Vorschüsse in die Rückstellung zu übernehmen. Mögliche Rückgriffsforderungen sind dabei außer acht zu lassen.

Bei Versicherungen aus dem direkten Geschäft ist ein Zuschlag von 5 % der so ermittelten Beträge für Schadenbearbeitungskosten (chargement de gestion) vorzunehmen.

β) Die Regelung in der Kraftfahrhaftpflichtversicherung

Wenn im Rahmen dieser Vorschriften den Gesellschaften noch ein gewisser Spielraum bleibt, der aus der Natur der Sache grundsätzlich wohl auch gewahrt werden muß, so ist dieser in der Kraftfahrhaftpflichtversicherung durch die Ergänzungsvorschriften vom 15. Oktober 1962 wesentlich eingeengt worden. Der Grund für die strenge Reglementierung in diesem Zweig ist wohl in der steigenden Schadenbelastung und dem außerordentlich scharfen Prämienwettbewerb der vorangegangenen Jahre zu sehen.

Nach der alten Regelung durfte der nach obigen Vorschriften ermittelte Gesamtbetrag der Schadenrückstellungen zuzüglich geleisteter Schadenzahlungen für die Schäden der letzten drei Geschäftsjahre zusammen nicht geringer sein als

a) 65 % der insgesamt in diesem Zeitraum verdienten Prämien (einschl. Nebengebühren),

---

[64] „valeur estimative des dépenses pour sinistres réglés et montant des dépenses pour sinistres réglés restant à payer à la date de l'inventaire, y compris les capitaux constitutifs des rentes non encore mises à la charge des sociétés“.

[65] ReV Sch, Erläuterung zu Position B VI, S. 12.

b) das Produkt aus durchschnittlichem Schadenbetrag der letzten drei Jahre und Anzahl der in diesen Jahren gemeldeten Schäden[66].

Die Bindung einerseits an die durchschnittliche Schadenbelastung der Vergangenheit und andererseits an die verdiente Prämie hatte infolge des stetigen Preisauftriebs und des wettbewerbsbedingten Prämienverfalls dazu geführt, daß sich die Schadenrückstellungen in zunehmendem Umfang als ungenügend dotiert erwiesen; denn obwohl diese Vorschriften lediglich Mindestanforderungen darstellten, hatten sich doch die meisten Gesellschaften nur danach gerichtet[67].

Aus diesem Grunde sah sich die französische Aufsicht zu einer Neuregelung gezwungen, die ihren Niederschlag in den Art. 33 - 33 quater des Dekrets vom 15. Oktober 1962 gefunden hat.

Die neue Regelung unterscheidet sich von der vorhergehenden im wesentlichen durch das Prinzip des „isolement des exercices“[68]. Die Rückstellungsbemessung soll „unter dem Gesichtspunkt der finanziellen Autonomie einer jeden Rechnungsperiode“[69] erfolgen, so daß jeweils den Prämien eines bestimmten Geschäftsjahres (hier: exercice de référence) die demselben Zeitraum zurechenbaren Schäden gegenübergestellt werden, um zu vermeiden, daß Unterdeckungen aus früheren Jahren durch Erträge aus dem Neugeschäft kompensiert werden. Zu diesem Zweck sind zwei Bemessungsverfahren vorgesehen, die *Einzel*bewertung und die *Pauschal*bewertung. Beide sind simultan oder sukzessiv anzuwenden, je nachdem, um welche Rechnungsperiode innerhalb des (fallweise) zu betrachtenden Abwicklungszeitraums es sich handelt. Dabei wird im Gesetz unterschieden zwischen dem jeweiligen Jahr des Schadeneintritts (exercice de référence) und den Folgejahren[70].

Für die ersten drei Jahre innerhalb des jeweiligen Abwicklungszeitraums, also für das Schadeneintrittsjahr (exercice de référence) und die beiden Folgejahre, sind beide Ermittlungsverfahren nebeneinander anzuwenden, für die weiteren Jahre gilt lediglich die Einzelmethode, da die dann noch aus dem Eintrittsjahr anstehenden Schäden sowohl hinsichtlich ihrer Zahl als auch ihres Umfangs hinreichend überschaubar sind.

Für die *Bilanzierung* ist zu unterscheiden zwischen den jeweils ersten beiden Jahren, also Schadeneintrittsjahr und Folgejahr, und allen wei-

---

[66] Vgl. *Ketter,* Karl, a.a.O., S. 53.

[67] Vgl. *Picard,* Maurice - *Besson,* André, a.a.O., S. 103 (Fußnote).

[68] Vgl. *Picard,* Maurice - *Besson,* André, a.a.O., S. 103.

[69] *Malinski,* M.: La Réforme de 1962 de la réglementation des entreprises d'assurances, in: Revue générale des assurances terrestres, Bd. 33, 1962, S. 460.

[70] Auf Grund der besonderen Rechtsverhältnisse erstreckt sich die Regulierung immaterieller Haftpflichtschäden in Frankreich in der Regel über mehrere Jahre.

teren Jahren des Abwicklungszeitraums; für die ersten beiden Perioden ist der zu passivierende Rückstellungsbetrag der jeweils höhere der beiden Werte, die aus der Parallelbewertung nach der Einzel- und Pauschalmethode resultieren. Die Bilanzwerte der folgenden Jahre sind nunmehr auf der Basis der Einzelbewertung zu ermitteln.

Im folgenden sollen nun die beiden Bemessungsmethoden in ihren wesentlichen Zügen dargestellt werden.

Die Einzelbewertung (Art. 33 bis)

Nach dieser „klassischen" Methode sind Personen- und Sachschäden getrennt zu erfassen[71], wobei letztere noch nach Haftpflicht- und übrige Sachschäden zu unterteilen sind. Offensichtlich aus Gründen der Tarifkontrolle ist darüber hinaus nach dem Erlaß vom 9. Juni 1965[72] die Schadenermittlung getrennt durchzuführen nach regionalen Gesichtspunkten, nach Verwendung und Bauart der Fahrzeuge etc.

Die Personenschäden sind einzeln zu bewerten, die Sachschäden können daneben auch pauschal nach dem Durchschnitt der vergangenen Rechnungsperioden bestimmt werden, wenn die Aufsichtsbehörde kein besonderes Verfahren vorschreibt. Der jeweils höhere der sich ergebenden Werte ist anzusetzen. Der so ermittelte Rückstellungsbetrag ist um einen 5%igen Zuschlag für Regulierungskosten zu erhöhen.

Die Pauschalbewertung (Art. 33 ter)

Hier ist wiederum zu unterscheiden zwischen dem Schadeneintrittsjahr und den Folgejahren; für das Schadeneintrittsjahr ist die Schadenrückstellung gleich dem Betrag der abgegrenzten Bruttobeiträge[73] aus dem direkten Geschäft abzüglich der gezahlten Abschluß- und Verwaltungskosten — bis zur Höhe von maximal 20 % der verdienten direkten Beiträge — sowie der um einen 10%igen Regulierungskostenzuschlag erhöhten Zahlungen für Schäden aus dem Geschäftsjahr.

Daraus wird ersichtlich, daß die gültige Regelung von einer 80%igen Mindestschadenquote ausgeht[74], denn der in der Bilanz anzusetzende

---

[71] Sind bei einem Schadenereignis Personen- und Sachschäden zugleich angefallen, so kann aus Vereinfachungsgründen der gesamte Schaden bei den Personenschäden erfaßt werden. Vgl. *Picard*, Maurice - *Besson*, André, a.a.O., S. 104.

[72] Arrêté du 9 juin 1965 fixant des catégories d'assurance automobile (J. O., 23 juin 1965).

[73] Die bei der Abgrenzung eingesetzten Beitragsüberträge sind nicht um die vorausbezahlten äußeren Kosten gemindert.

[74] Demgegenüber gingen die alten Vorschriften von einer 65 %igen Schadenquote aus.

Rückstellungsbetrag bestimmt sich gem. Art. 33 nach dem Pauschalverfahren, wenn sich auf Grund der Einzelbewertung ein niedrigerer Bilanzansatz ergäbe.

Im umgekehrten Fall, wenn also der aus der Einzelbemessung resultierende Rückstellungsbetrag über dem pauschal ermittelten Wert liegt, ist die Differenz den freien Rücklagen zu entnehmen; fehlen diese Ausgleichsreserven oder erweisen sie sich als unzureichend, so kann nach dem Wortlaut des Gesetzes (Art. 33) dem Versicherungsunternehmen die Fortführung des Betriebs untersagt werden. Obwohl dieser Rechnung Bruttozahlen zugrunde liegen, wird u. E. dadurch der Ausweis technischer Verluste in der Kraftfahrsparte u. U. erheblich beschränkt. Diese Vernachlässigung erfolgsrechnerischer Belange hat sicherlich Sanktionscharakter: den französischen Schadenversicherern soll dadurch — zumindest optisch — verwehrt werden, in der Automobilversicherung Untertarifierung zu Lasten anderer Branchen zu betreiben. Ungeachtet der recht schematischen Überlegung, „überrechnungsmäßige" Schadenquoten lediglich auf Untertarifierungen zurückzuführen, ist diese Anordnung auch insofern unbefriedigend, als die Aufsicht hier Rechnungslegungsvorschriften in den Dienst „tariferzieherischer" Maßnahmen stellt und sie damit zweckentfremdet.

Die Schadenrückstellung für die beiden auf das jeweilige Schadeneintrittsjahr folgenden Jahre wird gleichsam durch „Fortschreibung" ermittelt, wobei von dem nach vorstehenden Verfahren ermittelten Betrag die bis zum jeweiligen Bilanzstichtag darauf entfallenden Schadenzahlungen abgesetzt werden.

Im Gegensatz zu den Ermittlungsvorschriften für das Schadeneintrittsjahr ist bei den abzusetzenden Schadenzahlungen der beiden Folgejahre nurmehr ein 5%iger Regulierungskostenzuschlag erlaubt. Das soll offensichtlich auf eine Beschleunigung der Schadenabwicklung hinwirken.

Unter erfolgsrechnerischen Gesichtspunkten ist diese schematische Bemessung der Schadenrückstellung unbefriedigend. Problematisch ist insbesondere die Wahl der Tarifprämie als Bemessungsgrundlage, eine Schwäche, die das geltende System mit der bisherigen Regelung gemein hat. Bei „Untertarifierungen" führt dieses Verfahren unter Umständen zu geradezu widersinnigen Ergebnissen[75]; Gesellschaften mit ausreichend kalkulierten Risikoprämien werden vergleichsweise benachteiligt. Gesellschaften, die den 20%igen Kostensatz überschreiten und daher eine Prämienerhöhung vornehmen, müssen ebenfalls angesichts der Mindestanforderungen für die Schadenrückstellung — zumindest in den ersten

---

[75] Vgl. *Sahut d'Izarn:* La Cigale et la fourmi, Rouen 1962. Vgl. *Gürtler,* Franz: Problematische Interventionen in der französischen und deutschen Kraftverkehrsversicherung, in: Versicherungswirtschaft, Jg. 18, 1963, S. 332.

beiden Abwicklungsjahren — auf Grund der Pauschalmethode vergleichsweise übersetzte Rückstellungen bilanzieren.

Die Schadenabwicklung wird nach Schadeneintrittsjahren getrennt über einen Zeitraum von jeweils fünf Jahren für die Kraftfahrhaftpflichtversicherung in der Nachweisung A-10 dargestellt.

γ) Die Regelung in der Arbeitsunfallversicherung

Für die Bemessung der Schadenrückstellung in der Arbeitsunfallversicherung gelten ebenfalls besondere Bestimmungen. Art. 24 des Dekrets vom 17. August 1941 nennt drei Bestandteile der Schadenrückstellung:

1. Eine Rückstellung für schwere[76] Unfälle, die bereits eingetreten sind, über deren Entschädigung jedoch noch nicht gerichtlich entschieden ist. Sie umfaßt die geschätzten Rentenverpflichtungen und die erforderlichen Ausgaben für Prothesen. Ein besonderer Erlaß[77] bestimmt dazu, daß diese Rückstellung jedes Jahr neu und für jeden Einzelfall gesondert (dossier par dossier) zu ermitteln ist.
2. Eine Rückstellung für schwere Unfälle, deren Entschädigung bereits gerichtlich entschieden aber finanziell noch nicht abgewickelt ist, jedoch nur insoweit, als diese Verpflichtungen — Renten- und Prothesendienst — (noch) nicht auf die versicherungsmathematisch berechnete Deckungsrückstellung umgebucht bzw. der Caisse Nationale de Prévoyance zugewiesen sind.
3. Eine Rückstellung für Tagegelder (indemnités journalières) und sonstige Aufwendungen (z. B. Arzt-, Arznei- und Begräbniskosten). Sie ist vorbehaltlich besonderer Anordnungen nach den allgemeinen Regeln für Schadenrückstellungen zu bemessen.

Der Gesamtbetrag dieser Rückstellungen für die Schäden der letzten zwei Jahre zuzüglich der diesem Zeitraum zurechenbaren gezahlten Schäden darf 75 % der Prämien und Nebenleistungen dieser zwei Jahre nicht unterschreiten; es wird also eine Mindestschadenquote von 75 % zugrunde gelegt.

c) Deckungsrückstellung

α) Lebensversicherung

Die Deckungsrückstellung der französischen Lebensversicherungsgesellschaften wird auf der Grundlage der „Inventarprämie“ (prime inven-

[76] Als Kriterium dient offenbar die vermutlich dauernde Beeinträchtigung der Arbeitskraft durch den Unfall.

[77] Arrêté du 25 novembre 1942 relatif à la détermination de la réserve pour sinistres graves non réglés judicairement (J. O., 1er janvier 1943) modifié par l'arrêté du 14 janvier 1946 (J. O., 18 janvier 1946).

taire) ermittelt, die neben dem Risikoanteil noch einen Verwaltungskostenzuschlag enthält. „Im Leistungsbarwert treten dort die künftigen Verwaltungskosten gleichberechtigt neben die künftigen Versicherungsleistungen[78].“ Die Deckungsrückstellung enthält neben einer (Regulierungs-) Kostenrückstellung auch die Beitragsüberträge.

Die Kostenzuschläge, Sterbetafeln und der Rechnungszins von 3,5 % sind für die einzelnen Versicherungsarten vorgeschrieben. Die Einzelheiten bestimmen für die (lebenslängliche) Todesfallversicherung der Erlaß vom 20. Mai 1957[79], für die gemischte Lebensversicherung (einschließlich reine Erlebensfallversicherung) der Erlaß vom 9. Mai 1958[80] und für die temporäre Todesfallversicherung der Erlaß vom 27. Januar 1967[81].

Seit 1967 sind Überschußbeteiligungen der Versicherungsnehmer in der Lebensversicherung obligatorisch. Die Verteilungsmodalitäten bestimmt ein besonderer Erlaß[82].

β) Schaden- und Unfallversicherung

Art. 152, 3°, 4° und 5° des Dekrets vom 30. Dezember 1938 sieht ausdrücklich drei weitere technische Rückstellungen für den Bereich der Nichtlebensversicherung vor. Nach Blondel[83] bilden sie „en quelque sorte un pont entre le system de computation des réserves des sociétés opérant en répartition et le system ... applicable aux sociétés opérant en capitalisation“. Im einzelnen handelt es sich hier um die (Renten-) Deckungsrückstellung (provision mathématique des rentes), die Alterungsrückstellung der Krankenversicherung (provision pour risques croissants) und die Deckungsrückstellung aus übernommenen Lebensrückversicherungen.

Die Rentendeckungsrückstellung (provision mathématique des rentes) wird im Art. 152, 3° RAP lakonisch definiert als „valeur des engagements

---

[78] *Drude*, Günther, a.a.O., S. 319.

[79] Arrêté du 20 mai 1957 fixant pour les assurances en cas de décès de nouvelles règles de calcul au minimum des réserves mathématiques et table de mortalité à employer pour le calcul des primes (J. O., 21 mai 1957).

[80] Arrêté du 9 mai 1958 fixant les taux d'intérêt, la table de mortalité et les chargements à utiliser pour le calcul des primes et des réserves mathématiques des assurances en cas de vie ainsi que les bases de calcul des valeurs de réduction des contrats d'assurance en cas de vie et de décès (J. O., 14 mai 1958) modifié par arrêté du 27 janvier 1967 (J. O., 7 février 1967).

[81] Décret du 27 janvier 1967 fixant les taux d'intérêt, table de mortalité et chargement à utiliser pour le calcul des primes et des provisions mathématiques des assurances temporaires en cas de décès (J. O., 7 février 1967).

[82] Arrêté du 27 janvier 1967 fixant les conditions de la participation aux bénéfices à attribuer par les sociétés d'assurances sur la vie (J. O., 1er février 1967).

[83] *Blondel*, Claude, a.a.O., S. 194.

de la société en ce qui concerne les rentes mises à sa charge". Dabei handelt es sich also im wesentlichen um Rentenverpflichtungen aus Haftpflicht- und Unfallversicherungen. Die Bewertung ist sehr detailliert durch Erlaß vom 7. Juli 1954[84] geregelt.

Bei Schäden (accidents), die nach dem 1. 1. 1954 eingetreten sind, wird die Deckungsrückstellung unter Verwendung der Sterbetafel CR (crédit rentiers) und eines Zinssatzes von 4,75 % berechnet.

Bei Deckungsrückstellungen für Schäden, die vor dem 1. 1. 1954 eingetreten sind, gelten unterschiedliche Rechnungsgrundlagen, wobei vornehmlich der Zinssatz je nach Eintrittsdatum des Schadenereignisses beträchtlich variiert, wie die folgende Übersicht zeigt.

Rechnungsgrundlagen für die Berechnung der Deckungsrückstellung in der Nichtlebensversicherung nach dem Erlaß vom 7. Juli 1954:

Tabelle 5

Eintritt des Schadenereignisses	Zinssatz	Sterbetafel
nach dem 1. 1. 1954	4,75 %	crédit rentiers (CR)
1. 1. 1950 — 31. 12. 1953	4,25 %	crédit rentiers (CR)
1. 1. 1948 — 31. 12. 1949	3,50 %	assurés français (AF)
1. 1. 1945 — 31 12. 1947	3,00 %	assurés français (AF)
1. 1. 1942 — 31. 12. 1944	3,50 %	assurés français (AF)
vor dem 1. 1. 1942	4,25 %	assurés français (AF)

— Zu den nach obigen Rechnungsgrundlagen ermittelten Rückstellungsbeträgen kommt ein fünfprozentiger Zuschlag für Verwaltungskosten (frais de gestion et frais de payement).

— Für Invaliditätsversicherungen im Rahmen der Krankenversicherung können die Gesellschaften mit Genehmigung der Aufsicht eigene Ausscheideordnungen zugrunde legen.

Die provision pour risques croissants für die Zweige „maladie" und „invalidité" wird wie für die Lebensversicherung definiert als „différence des valeurs actuelles des engagements respectivement pris par l'assureur et par les assurés" (Art. 152, 4° RAP). Darüber hinaus gehende Bestimmungen für ihre Berechnung hat die französische Aufsicht nicht erlassen.

Für Schaden- und Unfallversicherungsgesellschaften, die aktive Lebensrückversicherung betreiben, schreibt Art. 152, 5° RAP ausdrücklich

[84] Arrêté du 7 juillet 1954 relatif au calcul de la réserve mathématique et des capitaux constitués des rentes à servir par les sociétés d'assurances et afférentes aux opérations visées aux paragraphes 9°, 9 bis, 10°, 12° et 17° de l'article 137 du décret du 30 décembre 1938 (J. O., 17 juillet 1954). Das betrifft im einzelnen die Zweige: Fahrzeughaftpflicht, Luftfahrthaftpflicht, Unfall- und Krankenversicherung, Allgemeine Haftpflicht und sonstige (Haftpflicht-) Risiken.

die Bilanzierung einer Deckungsrückstellung vor. Diese réserve mathématique des réassurances ist gem. Art. 20 des Dekrets vom 17. 8. 1941 gleich der „différence entre les valeurs actuelles des engagements respectivement pris l'un envers l'autre par le réassureur et par le cédant".

Damit wird bei der Bemessung dieser Rückstellung grundsätzlich auf die Vereinbarung des Rückversicherungsvertrages abgestellt.

VI. Die Posten des aktiven und passiven Rückversicherungsgeschäfts

Wenn im Rahmen der bilanziellen Rückversicherungspublizität von Brutto- bzw. Nettoprinzip gesprochen wird, dann bezieht sich das in der Regel auf den Ausweis der versicherungstechnischen Rückstellungen im Hinblick auf die Saldierung mit den entsprechenden Rückversichereranteilen. Das so verstandene Nettoprinzip kennzeichnet jedoch nur *eine* der im Rahmen der bilanziellen Rückversicherungspublizität möglichen und praktizierten Saldierungen.

Für die Charakterisierung des bilanziellen Rückversicherungsausweises erscheint es jedoch zweckmäßig, den Begriff der Brutto- bzw. Nettorechnung wie Kuschel[85] auf den Ausweis der technischen Rückstellungen im Hinblick auf die Verrechnung mit den gestellten bzw. einbehaltenen Sicherheiten auszudehnen. Dadurch werden auch die Saldierungen im Rahmen der aktiven Rückversicherung begrifflich einbezogen.

So gesehen, ist auch das neue Bilanzschema der französischen Versicherungsgesellschaften ohne Einschränkungen brutto gehalten.

Die Bilanzen der deutschen Lebens- und Schadenversicherer sind dagegen durch (unterschiedliche) Saldierungstatbestände gekennzeichnet.

So werden in der Lebensversicherung bilanziell die Anteile der Rückversicherer an den technischen Verbindlichkeiten gegen die einbehaltenen Bardepots saldiert. In der Schaden- und Unfallversicherung werden die Rückversichereranteile mit den technischen Bruttorückstellungen (allerdings in betraglich erkennbarem Umfang) verrechnet. Nur bei der Deckungsrückstellung aus direktem Geschäft wird wie in der Lebensversicherung verfahren.

Analog wird das aktive Rückversicherungsgeschäft der deutschen Lebensversicherer bilanziert; die übernommenen technischen Rückstellungen werden gegen die bei den Vorversicherern gestellten Bardepots saldiert. In der Schaden- und Unfallversicherung dagegen werden beide bilanziert.

---

[85] *Kuschel,* Horst, a.a.O., S. 95.

Das Bild ändert sich allerdings wieder bei Wertpapierdepotstellung oder wenn keine Sicherheiten gestellt bzw. einbehalten werden. Darauf soll hier jedoch noch nicht näher eingegangen werden.

Der kurze Abriß soll genügen, die Lückenhaftigkeit und verwirrende Unterschiedlichkeit im Ausweis[86] des Rückversicherungsgeschäfts bei deutschen Versicherungsgesellschaften zu skizzieren und den Umfang und die Klarheit der französischen Regelung, auf die im folgenden näher eingegangen werden soll, zu unterstreichen.

1. Passive Rückversicherung

Betrachten wir zunächst das abgegebene Geschäft, so ergibt sich im einzelnen folgender Ausweis: den Bruttorückstellungen stehen auf der Aktivseite – unabhängig von der Art der Sicherheitenstellung – die gesamten Anteile der Rückversicherer („Part des cessionnaires et rétrocessionnaires dans les provisions techniques") in derselben Untergliederung wie die technischen Rückstellungen gegenüber.

Die einbehaltenen Sicherheiten – Barmittel und/oder Wertpapiere – werden in voller Höhe unter den mittel- und langfristigen Verbindlichkeiten aufgeführt („Dettes pour valeurs et espèces remises par les cessionnaires et rétrocessionnaires"). Abweichend von den deutschen Bilanzierungsgewohnheiten werden die im Rahmen der Depotstellung verpfändeten Wertpapiere in den Bestand der Zedenten aufgenommen und getrennt als „Valeurs remises par les réassureurs" unter den Kapitalanlagen in der Bilanz aufgeführt.

Da die aus dem laufenden Abrechnungsverkehr mit den Zessionaren und Retrozessionaren stammenden Kontokorrentguthaben bzw. -verbindlichkeiten ebenfalls getrennt unter den kurzfristigen Forderungen bzw. Verbindlichkeiten ausgewiesen werden, gewinnt man auch einen gewissen Einblick in die Abrechnungsmodalitäten.

Die Bilanz zeigt also klar und übersichtlich, in welchem Umfang die auf die Rückversicherer entfallenden Anteile an den technischen Verbindlichkeiten durch Depots finanziell abgesichert sind. Der Umfang der einbehaltenen Barmittel ergibt sich aus der Differenz zwischen den Verbindlichkeiten aus den (gesamten) einbehaltenen Sicherheiten auf der Passivseite und den auf der Aktivseite gesondert aufgeführten von den Rückversicherern hinterlegten Wertpapieren. Dadurch sind auch die unterschiedlichen Formen der Sicherheitenstellung im französischen Jahresabschluß erkennbar. Die vom Rückversicherer hinterlegten Wert-

[86] Diese Aussage betrifft allerdings nur die Bilanz. In Deutschland ist die Rückversicherungspublizität teilweise in den Geschäftsbericht verlegt, so daß die Informationslücken der Bilanz hier zum Teil geschlossen werden. Näheres vgl. im zweiten Abschnitt dieser Arbeit.

papiere werden abweichend von den allgemeinen Bewertungsregeln in Art. 170 RAP zum Kurswert am Bilanzstichtag bewertet. Eventuelle Wertschwankungen wirken sich im Gegensatz zu den selbst gestellten Wertpapierdepots hier allerdings erfolgsrechnerisch nicht aus, da sie durch entsprechende Veränderungen der entgegenstehenden Verbindlichkeit für einbehaltene Sicherheiten kompensiert werden.

Die auf die Wertpapierdepots entfallenden Vermögenserträge fallen jeweils dem Depotsteller zu. Da in Frankreich, verglichen mit der deutschen Praxis, der Umfang der Wertpapierdepotstellung größer ist, wird verständlich, daß hier Depotzinsen eine vergleichsweise untergeordnete Rolle spielen[87].

2. Aktive Rückversicherung

Ähnlich detailliert sind die entsprechenden Angaben über das aktive Rückversicherungsgeschäft, obwohl in der Bilanz bei den versicherungstechnischen Rückstellungen und den Rückversichereranteilen auf der Aktivseite nicht mehr nach direktem und indirektem Geschäft unterschieden wird. Auf Grund des Umsatzprinzips lassen sich die entsprechenden Bilanzposten jedoch aus der *Spartenerfolgsrechnung* entnehmen. Das gilt auch für die Lebensversicherung.

Einschränkend muß allerdings hinzugefügt werden, daß sich diese Angaben nur auf das in *Frankreich* (Inland) übernommene Rückversicherungsgeschäft beziehen. Soweit auch in den französischen Überseegebieten und im (übrigen) Ausland aktive Rückversicherung betrieben wird, sind die entsprechenden Bilanzposten nicht aus dem Jahresabschluß ersichtlich.

Die im Rahmen des aktiven Rückversicherungsgeschäfts gestellten Sicherheiten werden im neuen Bilanzschema nur mehr zusammen mit sonstigen Depots und Kautionen unter „Dépôts et cautionnements" aufgeführt. Aus der Nachweisung zu den Kapitalanlagen (Etat A-5) lassen sich jedoch sowohl Umfang als auch Zusammensetzung der bei den Vorversicherern gestellten Sicherheiten entnehmen. Die Abrechnungssalden aus dem indirekten Geschäft werden wie bei der passiven Rückversicherung getrennt ausgewiesen.

Abgesehen von der Beschränkung auf das im französischen Mutterland übernommene Geschäft steht die bilanzielle Publizität des indirekten Geschäfts der des passiven Rückversicherungsgeschäfts also nicht nach.

Eine Trennung des Konzerngeschäfts im Rahmen der Rückversicherung, wie sie teilweise in der deutschen Rechnungslegung vorgenommen wird, kennt auch die neue Regelung in Frankreich nicht.

---

[87] Vgl. *Drude*, Günther, a.a.O., S. 320.

B. Die Gewinn- und Verlustrechnung

I. Die Spaltung der Erfolgsrechnung

1. Die Zweiteilung der Gesamterfolgsrechnung

a) Die Vereinheitlichung der Aufteilung

Wie die alten Rechnungslegungsvorschriften sieht auch das neue System eine Aufspaltung der Gewinn- und Verlustrechnung vor, wenngleich in veränderter Form und nach anderen Kriterien. Die alten Schemata für die Erfolgsrechnung des Gesamtgeschäfts (Etat A-2) unterschieden wie die deutschen Vorschriften für die Schaden- und Unfallversicherung einen *versicherungstechnischen* Abschnitt (résultats des opérations d'assurance) und einen *nichtversicherungstechnischen* Sektor (gestion générale). Das galt im Unterschied zur deutschen Regelung auch für die Lebensversicherung. In dieser Hinsicht waren die Erfolgsrechnungen der beiden Branchen bereits weitgehend einander angenähert, von gewissen branchenbedingten Unterschieden in der Zuordnung und Gliederung einiger Positionen einmal abgesehen.

Eine Ausnahme bildeten jedoch die Schaden- und Unfallversicherungsgesellschaften, die im Rahmen ihres Geschäfts auch die Arbeitsunfallversicherung (accident du travail) betrieben und die Rentendeckungskapitalien nicht an die Caisse Nationale de Retraite (C. N. R.) abführten[88].

Sie hatten in einem zusätzlichen Abschnitt der Gewinn- und Verlustrechnung (gestion spéciale des rentes „Accidents du travail") über die „Verwaltung der Arbeitsunfallrenten"[89] Rechnung zu legen.

Die Bestrebungen der Reformer, den Jahresabschluß in der Versicherung weiter zu vereinheitlichen, haben diese Trennung wegfallen lassen. Angesichts der dadurch bewirkten Vereinfachung und Einheitlichkeit der Darstellung wird man diesen Schritt positiv beurteilen, zumal der Arbeitsunfallversicherung nach dem Ausbau der Trägerinstitutionen in der

---

[88] 1947 wurde die Arbeitsunfallversicherung mit Ausnahme des land- und forstwirtschaftlichen Bereichs in die Sozialversicherung übernommen. Zur Sicherung der Ansprüche aus der Arbeitsunfallversicherung erließ der Staat besondere Vorschriften. So sind die Deckungskapitalien, soweit sie bei den Gesellschaften verbleiben, nach den für die Lebensversicherung gültigen Bestimmungen anzulegen und getrennt zu verwalten.

[89] Tatsächlich wurde in diesem Abschnitt nicht das gesamte Arbeitsunfallversicherungsgeschäft dargestellt, sondern nur die Abwicklung (einschließlich Zu- und Abgänge) der Rentendeckungsrückstellungen unter Einbeziehung der aus dem Deckungsstock resultierenden Vermögenserträge und bestimmter anteiliger Gemeinkosten. Die übrigen Komponenten — Prämien, übrige Betriebskosten und Provisionen sowie Versicherungsleistungen außer Renten — wurden im versicherungstechnischen Teil der Erfolgsrechnung ausgewiesen.

Sozialversicherung gegenwärtig nur noch eine untergeordnete Rolle in der Individualversicherung zukommt.

Die Vereinheitlichung in der Gestaltung der Erfolgsrechnung ist neben der neuen Aufteilungskonzeption ein entscheidendes Merkmal der neuen Rechnungslegungsvorschriften.

Die neue Allgemeine Gewinn- und Verlustrechnung (compte général de pertes et profits), die den Gesamterfolg des Geschäftsjahres ausweist, ist künftig für alle Branchen einheitlich.

Unterschiede in einzelnen Posten ergeben sich zwischen Lebens- und Nichtlebensversicherung nurmehr in der Betriebsrechnung (compte d'exploitation). Sie ist neben der Allgemeinen Gewinn- und Verlustrechnung zu erstellen, und ihr Saldo wird in diese übernommen.

b) Die neue Aufteilungskonzeption

Rein optisch wird diese Zweiteilung der Gesamterfolgsrechnung im neuen Schema stärker betont als bisher durch den förmlichen Abschluß der Betriebsrechnung. Das geschah bei den einzelnen Abschnitten der alten Gewinn- und Verlustrechnung nicht.

Wichtiger als dieses formale Kennzeichen ist jedoch der materielle Hintergrund der neuen Aufteilungskonzeption, die in der Tat erheblich von der bisherigen abweicht.

Kernstück der umgestalteten Erfolgsrechnung ist die *Betriebsrechnung*, die sicherlich zu den bemerkenswertesten Neuerungen der Rechnungslegungsreform zählt. Ihre Konzeption erklärt sich aus der besonderen Zielsetzung der Reform, den Jahresabschluß der Versicherungsunternehmen in seiner Systematik nach den Grundsätzen des 1947 in den übrigen Wirtschaftsbereichen eingeführten plan comptable général auszurichten, um die Ergebnisse der Versicherungswirtschaft besser mit denen anderer Wirtschaftszweige vergleichen zu können[90].

Unter diesem Aspekt schien es erforderlich, von den herkömmlichen Aufteilungskriterien abzurücken. Bei der bisher üblichen Unterscheidung in einen versicherungstechnischen und einen nichttechnischen Teil — wenn wir von der Sonderregelung für die Arbeitsunfallrenten einmal absehen — bestimmte sich die Zuordnung der einzelnen Komponenten grundsätzlich nach deren unmittelbarer Zurechenbarkeit auf die einzelnen Versicherungssparten; mit Ausnahme gewisser Betriebsgemeinkosten und Ertragsteuern zählten zum versicherungstechnischen Sektor nur unmittelbar den einzelnen Sparten zurechenbare Größen. Nach diesen

---

[90] Vgl. *Lavignon*, M.: Le nouveau plan comptable de l'assurance, in: L'Argus, [Jg.] 1969, S. 237.

Gesichtspunkten wird im Prinzip auch im Jahresabschluß der deutschen Schaden- und Unfallversicherungsunternehmen verfahren, nur daß dort keine Vermögen- und Ertragsteuern in der technischen Rechnung erscheinen, wohl aber die Kapitalerträge und Kursgewinne aus dem Deckungsstock für die Deckungsrückstellung (Unfall- und Haftpflichtversicherung). Das geschah nach den alten Vorschriften in Frankreich lediglich bei den Lebensversicherungsunternehmen, allerdings nur in Höhe der rechnungsmäßigen Zinsen auf die mathematischen Rückstellungen, die dem versicherungstechnischen Teil zu Lasten der nichttechnischen Rechnung gutgebracht wurden.

Im übrigen jedoch verfuhren beide Rechnungslegungssysteme darin parallel, die Kapitalerträge und die ihnen entgegenstehenden „Kosten der Vermögensverwaltung" sowie die Bewegungen der nichtversicherungstechnischen Rückstellungen, die Rücklagen und bestimmte Gemeinkosten in der nichttechnischen Rechnung auszuweisen. Diese Übereinstimmung wird es nach der Neuregelung nicht mehr geben.

In Anlehnung an die Systematik des plan comptable général enthält die Betriebsrechnung der Versicherungsunternehmen die Komponenten des versicherungstechnischen Teils alter Fassung und des die Arbeitsunfallrenten betreffenden Abschnittes der früheren Gewinn- und Verlustrechnung sowie die ehedem im nichttechnischen Sektor erfaßten Kapitalanlageaufwendungen (frais financiers), die Abschreibungen (amortissements) und laufende Kapitalerträge (produits financiers habituels, stables, en quelque sorte permanents), also ausschließlich der Veräußerungsgewinne und -verluste[91].

Ohne daß es an dieser Stelle weiterer Einzelheiten bedarf, läßt diese Aufzählung bereits die neue Aufteilungskonzeption erkennen: An die Stelle einer überwiegend am Moment direkter Spartenzurechenbarkeit orientierten Aufteilung in einen versicherungstechnischen und einen nichtversicherungstechnischen Abschnitt tritt nun die *Trennung des ordentlichen Periodenerfolges von den außerordentlichen und periodenfremden Erfolgskomponenten,* die außerhalb der Betriebsrechnung in der Allgemeinen Gewinn- und Verlustrechnung neben den Rücklagenzuführungen und Ertragsteuern ausgewiesen werden.

Die Betriebsrechnung soll also ein von außerordentlichen und periodenfremden Einflüssen und der Überschußverwendung bereinigtes Periodenergebnis zeigen.

Davon sind allerdings ausdrücklich ausgenommen die (aperiodischen) Aufwendungen und Erträge aus der Abwicklung der versicherungstech-

[91] Vgl. Commentaire technique du projet de plan comptable de l'assurance, hrsg. von der Direction des Assurances, Paris 1968, S. 5.

nischen Rückstellungen. Sie werden in der Betriebsrechnung erfaßt, ohne jedoch dort gesondert in Erscheinung zu treten. Begründet wird diese besondere Behandlung der Abwicklungsdifferenzen mit ihrem bedeutenden Einfluß im Rahmen des Gesamtergebnisses[92]. In diesem Punkt hat man an der bisherigen Praxis festgehalten. Das gilt uneingeschränkt auch in der deutschen Rechnungslegung und unseres Wissens in allen Versicherungsländern.

Abgesehen davon hat man sich jedoch sichtbar bemüht, den erfolgsrechnerischen Ansprüchen der Betriebsrechnung durch eine verbesserte Periodenabgrenzung Genüge zu tun. So wird einmal die transitorische Abgrenzung der gezahlten Abschlußprovision immer „über die Betriebsrechnung vorgenommen“[93], während das alte System die gesamten Provisionsausgaben zu Lasten des versicherungstechnischen Sektors auswies und den zu aktivierenden Betrag analog dem Umsatzverfahren in der nichttechnischen Rechnung gegenbuchte[93].

Zum anderen sind im neuen Rechnungsabschluß ausdrücklich allgemeine Rechnungsabgrenzungsposten (comptes de régularisation) aufgeführt, die nach den Erläuterungen zum Kontenrahmen sowohl antizipative als auch transitorische Verrechnungsfälle aufnehmen. Das ist ein Fortschritt gegenüber der kasuistischen Regelung im alten System, die sich lediglich auf Zinsen und Mieten erstreckte.

In den Bilanzen der deutschen Versicherungsunternehmen sind dagegen nur transitorische Verrechnungsfälle unter den Rechnungsabgrenzungsposten auszuweisen; antizipative Posten werden unter den Forderungen bzw. Verbindlichkeiten erfaßt. Diese Regelung ist durch das neue Aktiengesetz (§ 152 Abs. 9) (nunmehr) auch in den übrigen Wirtschaftszweigen verbindlich.

2. Die Spartenbetriebsrechnung

a) Aufteilungsgegenstand

Die Komponenten der Betriebsrechnung werden in einer besonderen Nachweisung — Compte d'exploitation par catégories ou sous-catégories (Etat A-1) — spartenweise und nach regionalen Tätigkeitsgebieten aufgeschlüsselt. Das gilt auch weiterhin für die Lebensversicherung. Die

---

[92] Mais à ce sujet on sait que les résultats d'une société d'assurance sont constitués autant, sinon plus, par la liquidation des provisions techniques précédemment constituées, que par l'enregistrement des seuls éléments concernant l'exercise inventorié ... ; dans ces conditions il a paru logique de déroger au principe général et rattacher à l'exploitation la liquidation des provisions techniques. Commentaire technique, S. 6.

[93] Vgl. die Ausführungen über die versicherungsspezifischen Verfahren der Periodenabgrenzung auf S. 67 ff. dieser Arbeit.

Spartennachweisung ist aus dem alten System übernommen worden, allerdings mit Änderungen bezüglich der Gegenstände und Kategorien der Aufteilung.

Was die spartenweise Auffächerung der Erfolgskomponenten betrifft, so umfaßte sie nach der alten Regelung lediglich die den einzelnen Sparten bzw. Tätigkeitsbereichen direkt zurechenbaren Größen der technischen Rechnung. Das kam auch in der offiziellen Bezeichnung dieser Nachweisung (Etat A-3) zum Ausdruck: "Etat donnant le détail de *certains*[94] éléments de crédit et de débit aux catégories et sous-catégories." Allerdings wiesen manche Gesellschaften auch die nicht aufteilungspflichtigen Gemeinkosten, soweit sie dem versicherungstechnischen Sektor angelastet wurden, freiwillig spartenweise nach. Meistens jedoch differierten um diese Beträge die Aufwendungen des versicherungstechnischen Teils der Gesamtrechnung von den in der Spartennachweisung verrechneten Beträgen. Auf den Ausweis der Spartenergebnisse wurde daher im Gegensatz zur Regelung für die deutsche Schaden- und Unfallversicherung bewußt verzichtet.

Diese inhaltliche Divergenz wird es künftig in der französischen Rechnungslegung nicht mehr geben. Die Aufteilung auf die einzelnen Kategorien erstreckt sich nach den neuen Vorschriften auf den *gesamten* Inhalt der Betriebsrechnung. Abweichungen ergeben sich allerdings in formaler Hinsicht und bezüglich der Untergliederung bestimmter Positionen.

b) *Aufteilungsschlüssel*

Die durch verhältnismäßig klare Zuordnungskriterien determinierte Zweiteilung der Gesamterfolgsrechnung neuer Prägung vermeidet zwar die bisherigen Schwierigkeiten in der Abgrenzung zwischen technischem und nichttechnischem Bereich, wirft aber zwangsläufig neue Zurechnungsprobleme auf durch die inhaltliche Ausweitung der Spartennachweisung. Das betrifft naturgemäß die nicht direkt den einzelnen Kategorien der Nachweisung zurechenbaren Komponenten, so das Gros der personellen und sachbezogenen Aufwendungen und die Kapitalerträge.

Soweit auch Versicherungsbeiträge bei kombinierten Verträgen mehrere Sparten berühren, können sie nach den Erläuterungen zur Sparteneinteilung der jeweiligen Hauptkategorie zugerechnet werden, falls sich eine exakte Aufschlüsselung als zu schwierig erweist oder ohne Bedeutung ist. Für die (laufenden) Abschreibungen (amortissements) und die übrigen Betriebskosten fordern die neuen Vorschriften in den Erläuterungen zur Spartennachweisung, daß die nicht direkt spartenweise zu-

[94] Hervorhebung vom Verfasser.

rechenbaren Aufwendungen so exakt wie möglich ihrem Charakter entsprechend, unter besonderer Berücksichtigung der Zahl der Verträge und Schäden und des Geschäftsumfanges aufzuteilen sind[95].

Gegenüber dem herkömmlichen Prämienschlüssel[96] stellt diese Regelung — zumindest im Ansatz — trotz aller praktischer Schwierigkeiten eine Verfeinerung im Aufteilungsmodus dar, als durch Berücksichtigung der Zahl der Verträge und Schäden als Einflußgrößen den unterschiedlichen Bestandsverhältnissen und damit den gesellschaftsindividuellen Gegebenheiten besser Rechnung getragen wird. Lediglich für die Branche ‚Transport‘ und das indirekte Geschäft gilt weiterhin ein pauschaler Gemeinkostensatz (ohne Provisionen) von 10 % bzw. 2,5 % der (Brutto-) Prämien, der nur in begründeten Ausnahmefällen überschritten werden darf.

Die laufenden Vermögenserträge werden abzüglich der charges des placements (Schuldzinsen, Depotgebühren, Bankspesen, Unterhaltskosten für Grundstücke u. ä.) nach Maßgabe der versicherungstechnischen Eigenbehaltsrückstellungen aufgeteilt. Darin eingeschlossen sind also auch die Erträge aus Eigenkapitalinvestitionen.

Problematisch ist auch die Wahl der *Netto*rückstellungsbeträge als Bezugsgröße, da sie den Unterschieden in der Sicherheitenstellung nicht Rechnung trägt. Soweit Wertpapierdepots einbehalten werden, deren Erträgnisse dem Rückversicherer zufließen, ist gegen die Nettorückstellungen als Zurechnungsbasis insoweit wohl nichts einzuwenden. Bei Bardepotstellung käme allerdings eher eine Verrechnung auf der Basis Nettoverpflichtung plus einbehaltene Barsicherheiten in Betracht, da (zumindest) in dieser Höhe ertragbringende Deckungsmittel jeweils zurechenbar wären. Anteilige Depotzinsen wären dann abzusetzen, so daß auch die Differenzen zwischen Depotzins und selbst erzielter Rendite anteilig den Sparten zugerechnet würden.

Stattdessen können nach den neuen Vorschriften (alle) Depotzinsen im Rahmen der charges des placements im Verhältnis zu den Vermögenserträgen auf Basis Nettorückstellung verteilt werden, wodurch auch Rückversicherungsverträge mit Wertpapierdepotstellung betroffen werden.

Da auch die Schaden- und Unfallversicherungsgesellschaften in Frankreich im Gegensatz zu Deutschland ihre technischen Verpflichtungen

---

[95] "La répartition par catégorie ou sous-catégorie ... s'effectue en rapportant à chaque branche les frais qui lui sont directement applicables et en ventilant les autres frais généraux aussi exactement que possible suivant leur nature, compte tenu notamment du nombre des contrats, de l'importance des affaires, du nombre des sinistres."

[96] Vgl. *Ketter*, Karl, a.a.O., S. 59.

generell brutto zu bedecken haben, kommt diesem Punkt hier eine vergleichsweise größere Bedeutung zu. Bedenkt man aber, daß in den einzelnen Sparten wohl überwiegend beide Formen der Sicherheitsleistung nebeneinander vorkommen, so erscheinen die angedeuteten Mängel in der Spartenaufteilung der Kapitalerträge nach der neuen Regelung weniger gravierend, zumal ihre Durchführung mit geringerem Aufwand verbunden ist als die genaueren Verfahren.

c) *Aufteilungskategorien*

Zu den angeführten Änderungen im Aufteilungsgegenstand tritt eine neue Spartengliederung. Beibehalten wird lediglich die *generelle Trennung* nach *Inlands- und Auslandsgeschäft.* Im übrigen hat man sich bei der Neugliederung an die Schadenversicherungskategorien gehalten, wie sie von der OECD mit Zustimmung Frankreichs empfohlen worden sind. Für Lebensversicherungsunternehmen ergibt sich folgende Aufteilung[97]:

Großlebensversicherung (10)

Kleinlebensversicherung oder andere mit unterjähriger Prämienzahlung (12)
Gruppenversicherungen (14)
Andere Geschäfte (nicht unter das Dekret vom 14. 6. 1938 fallend)
Zusatzversicherungen (16)
Aussteuer- und Geburtenversicherung (17)
Indirektes Geschäft (Frankreich)
Gesamtes Inlandsgeschäft (Frankreich einschl. Monaco)
Französische Besitzungen
Ausland (direktes und indirektes Geschäft)

Gesamt

Für die Nichtlebensversicherung ist folgende Aufteilung vorgeschrieben[98]:

Unfallversicherungen (21, 22, 23)
Krankenversicherung (24, 25)
Feuer- und Elementarschadenversicherung (30, 31, 32)
Andere Sachversicherungen (35, 36)
Landfahrzeugkasko- und Rechtsschutzversicherung (40 - 45)
Haftpflichtversicherung für Landfahrzeuge mit eigenem Antrieb (46 - 49)

[97] Der vollständige Katalog der Sparten (définition des catégories et souscatégories) ist in einem Anhang (Annexe II) zu den neuen Vorschriften angeführt. Auf diesen Katalog, der auch dieser Arbeit angefügt ist, beziehen sich die angeführten Ordnungszahlen.

[98] Vgl. Fußnote 97.

Gesamt: Kraftfahrzeugversicherung (4)
Transportversicherung (5)
Allgemeine Haftpflichtversicherung (6)
Sonstige (7)
Indirektes Geschäft (Frankreich)
Gesamtes Inlandsgeschäft (Frankreich einschl. Monaco)
Französische Besitzungen
Ausland (direktes und indirektes Geschäft)

Gesamt

In dem für die Öffentlichkeit bestimmten Jahresabschluß können die Gesellschaften mit Sitz im französischen Mutterland das in den Überseebesitzungen abgeschlossene Geschäft mit unter dem Auslandsgeschäft ausweisen.

Bemerkenswert ist aus deutscher Sicht die *regionale Aufgliederung*, die den Umfang der Auslandstätigkeit aufzeigt; ein Punkt, dem mit fortschreitender Integration der europäischen Versicherungsmärkte erhöhte Bedeutung beizumessen sein wird. Allerdings wird das gesamte Auslandsgeschäft weder nach direktem und indirektem Geschäft aufgeteilt noch spartenweise nachgewiesen. Im Gegensatz zur deutschen Regelung für die Schaden- und Unfallversicherung wird also nur das im Inland selbst abgeschlossene Geschäft spartenweise aufgeteilt; die aktive Rückversicherung wird in der Nachweisung wie eine Sparte geführt.

II. Die Verfahren der Einnahmen- und Ausgabenperiodisierung

Die Rechnungslegung der Versicherungsunternehmen weist in zahlreichen Ländern, darunter auch Frankreich und Deutschland, spezifische Verfahren der periodischen Einnahmen- und Ausgabenabgrenzung auf[99]. Ihr gemeinsames Kennzeichen besteht darin, die Periodenabgrenzung *innerhalb* der Gewinn- und Verlustrechnung vorzunehmen im Unterschied zu den Grundsätzen dynamisch orientierter Erfolgsermittlung auf der Basis periodenbezogener Erfolgskomponenten[100].

Angesichts der charakteristischen materiellen und ausweistechnischen Besonderheiten, die sich daraus für die Erfolgsrechnung ergeben, scheint es uns unerläßlich, näher auf diesen für die Rechnungslegung der Versicherungsunternehmen so bedeutsamen Gegenstand einzugehen, zumal

---

[99] So z. B. in Österreich, Italien, Belgien, Großbritannien, den Niederlanden und der Schweiz. Vgl. Rechnungslegung von Versicherungsunternehmen im Ausland.

[100] Vgl. *Welzel*, Hans-Joachim: Umsatz- oder Erfolgsprinzip? Zur Neugestaltung der Erfolgsrechnung für Versicherungsunternehmen, in: Versicherungswirtschaft, Jg. 23, 1968, S. 943 ff.

die französische und deutsche Rechnungslegung gerade in diesem Punkt recht unterschiedliche Spielarten aufweisen.

1. Exkurs: Die grundtypischen Verfahren in der Versicherung

Bevor wir uns jedoch den konkreten Tatbeständen im französischen Jahresabschluß zuwenden, empfiehlt es sich, die gleichsam grundtypischen Verfahren der Periodenabgrenzung in der Versicherung am Beispiel der Prämien und Schadenleistungen darzustellen und auf ihre Wirkungsweise und Aussage hin zu untersuchen.

Dadurch sollen insbesondere die Einordnung und Beurteilung der verschiedenen Modifikationen im französischen Jahresabschluß und der spätere Vergleich mit den in der deutschen Rechnungslegung gebräuchlichen Methoden vorbereitet und erleichtert werden.

Zudem werden in der Literatur die von uns als grundtypisch bezeichneten Abgrenzungsverfahren trotz ihrer methodischen Unterschiedlichkeit weitgehend identifiziert oder lediglich als spezielle Buchungsverfahren bei (versicherungstechnischen) Rückstellungen angesehen, so daß uns auch von daher eine eingehende Beschäftigung mit diesen Fragen geboten erscheint.

Bei den im einzelnen zu untersuchenden Grundformen unterscheiden wir als versicherungsspezifische Verfahren das *Umsatzprinzip* und das *Umsatzsaldoprinzip*. Beide Methoden vollziehen die Periodisierung von Einnahmen und Ausgaben *innerhalb* der Erfolgsrechnung. Beim Umsatzprinzip geschieht das in der Weise, daß die mit den jeweiligen Zahlungsgrößen korrespondierenden Bilanzposten mit ihrem Jahresanfangsbestand und dem Stand zum Schluß des Berichtsjahres über die Erfolgsrechnung geführt werden.

Das Umsatzsaldoprinzip beschränkt sich dabei lediglich auf die Differenz zwischen Jahresanfangs- und Geschäftsjahresendbestand der betreffenden Bilanzposten.

Diesen Verfahren steht das *Erfolgsprinzip* gegenüber, wonach sich die Periodisierung der Zahlungsgrößen auf den Einzelkonten vollzieht und in die Gewinn- und Verlustrechnung nur periodenwirksame Größen — Aufwendungen und Erträge — eingehen. Dieses Verfahren ist ebenfalls in der Rechnungslegung der Versicherungsunternehmen anzutreffen, spielt aber quantitativ meist eine untergeordnete Rolle, so auch im französischen und deutschen Jahresabschluß.

a) Darstellung am Beispiel der Beiträge und Schadenleistungen

Bei der folgenden Gegenüberstellung der verschiedenen Abgrenzungsmethoden wollen wir uns auf den Ausweis der Schadenleistungen und

Versicherungsbeiträge in der Gewinn- und Verlustrechnung beschränken, wobei der besseren Übersicht halber getrennte Darstellungen gewählt werden. In der Praxis sind diese Posten neben den Abschlußkosten die hauptsächlichen Gegenstände, auf die die erwähnten Ausweisbesonderheiten zutreffen. Auf eine vollständige Darstellung der Buchungsvorgänge wird hier verzichtet.

Folgende Daten werden zugrundegelegt:

1. *Beiträge*

30 Beitragsübertrag laut Schlußbilanz des Vorjahres (BÜ Vj.), brutto

50 Beitragsübertrag laut Schlußbilanz des Geschäftsjahres (BÜ Gj.), brutto

140 Beitragseinnahme im Geschäftsjahr, nicht abgegrenzt (BE), brutto

2. *Schadenleistungen*

30 Schadenrückstellung laut Schlußbilanz des Vorjahres (SchaRüst. Vj.), brutto

40 Schadenrückstellung laut Schlußbilanz des Geschäftsjahres (SchaRüst.Gj.), brutto

100 ges. Schadenzahlungen im Geschäftsjahr, nicht abgegrenzt (SchZ), brutto, davon 20 für Vorjahresschäden

Des weiteren sei eine Rückversicherungsquote von 50 % unterstellt, so daß sich eine hälftige Beteiligung der Rückversicherer (RV) an den Beiträgen und Schadenleistungen ergibt.

Schadenabwicklungsdifferenzen und Prämienstorni sollen aus Gründen der Vereinfachung ausgeschlossen bleiben. Die Erfolgsrechnung wird brutto im Hinblick auf die Posten der passiven Rückversicherung gehalten; die RV-Anteile werden also den Bruttoposten gegenübergestellt und nicht als durchlaufende Posten mit diesen verrechnet.

α) Das Umsatzprinzip

Die im Rechnungsabschnitt geleisteten Beiträge und Schadenzahlungen[101] werden ohne Rücksicht auf ihre Periodenzugehörigkeit in die Erfolgsrechnung übernommen. Die technischen Passiva — Beitragsübertrag und Schadenrückstellung — werden mit ihrem Vorjahresendbestand

---

[101] Soweit bei der Verbuchung der Beiträge in der Praxis nach dem sogenannten Soll-System verfahren wird, sind in den Beitragseinnahmen auch noch ausstehende Beträge enthalten. Entsprechend können unter den Ausgabeposten auch Beträge sein, deren Gegenbuchung über Verbindlichkeiten erfolgte, so daß es sich in der Praxis hier nicht nur um echte Zahlungsgrößen handelt. Die Abgrenzungsmethodik bleibt davon jedoch unberührt.

(Jahresanfangsbestand) in voller Höhe der Gewinn- und Verlustrechnung gutgebracht, und die jeweils zum Bilanzstichtag des Berichtsjahres ermittelten Beträge gehen voll zu Lasten des Jahresergebnisses. Entsprechend wird mit den auf die passive Rückversicherung entfallenden Beträgen verfahren, allerdings mit umgekehrten Vorzeichen gegenüber den Bruttogrößen.

Der Saldo aus den Ausgaben bzw. Einnahmen und den korrespondierenden Korrekturposten ergibt die jeweiligen periodisierten Größen. Je nachdem ob die auf die passive Rückversicherung entfallenden Posten einbezogen werden oder nicht, ergeben sich Netto- oder Bruttobeträge.

1. Beiträge

GuV-Umsatzprinzip-brutto[102]

Soll		Haben	
(4) RV-Beiträge	70	(1) BE	140
(5) BÜ (Gj)	50	(2) BÜ (Vj)	30
(6) RV-Anteil BÜ (Vj)	15	(3) RV-Anteil BÜ (Gj)	25
(Saldo)	60		
	195		195

Der Saldo (60) zeigt den periodisch abgegrenzten Beitrag für eigene Rechnung (= netto) an, der Saldo der Posten (1), (2), (5) den entsprechenden Bruttobetrag (120).

2. Schadenleistungen

GuV-Umsatzprinzip-brutto[103]

Soll		Haben	
(1) SchZ	100	(4) RV-Anteil SchZ	50
(2) SchaRüst (Gj)	40	(5) SchaRüst (Vj)	30
(3) RV-Anteile SchaRüst (Vj)	15	(6) RV-Anteile SchaRüst (Gj)	20
		(Saldo)	55
	155		155

Der Saldo (55) ergibt den Schadenaufwand für eigene Rechnung (= netto) der Periode, der Saldo der Posten (1), (2), (5) den entsprechenden Bruttobetrag (110).

β) Das Umsatzsaldoprinzip

Beim Umsatzsaldoprinzip findet die Periodenabgrenzung der betreffenden Größen ebenfalls innerhalb der Gewinn- und Verlustrechnung statt; es ist in seiner ausweistechnischen Konzeption mithin dem Umsatzverfahren eng verwandt. Der Unterschied besteht lediglich in der Ver-

[102] Dagegen sind in der GuV-Rechnung der deutschen Versicherungsunternehmen aus unerfindlichen Gründen die Seiten vertauscht.

[103] Vgl. oben Fußnote 102.

kürzung der Vor- und Überträge (technische Passiva und RV-Anteile) um die „durchlaufenden", also erfolgsneutralen Beträge.

In der Erfolgsrechnung erscheint also nurmehr die Differenz zwischen dem jeweiligen Jahresanfangsbestand der technischen Passiva und der entsprechenden RV-Anteile und ihrem Bestand zum Bilanzstichtag des Geschäftsjahres. Eine Zunahme der technischen Passiva geht zu Lasten des Erfolges, eine Abnahme wirkt sich erfolgserhöhend aus. Bei den RV-Anteilen wirken demgegenüber die Veränderungen mit umgekehrten Vorzeichen.

1. Beiträge

GuV-Umsatzsaldoprinzip-brutto

Soll		Haben	
(3) RV-Beiträge	70	(1) BE	140
(4) Zuwachs BÜ	20	(2) Zuwachs RV-Anteile BÜ	10
(Saldo)	60		
	150		150

Der Saldo (60) aus allen Posten zeigt den periodisch abgegrenzten Beitrag für eigene Rechnung (= netto) an, der Saldo der Posten (1) und (4) ergibt den entsprechenden Bruttobetrag (120).

2. Schadenleistungen

GuV-Umsatzsaldoprinzip-brutto

Soll		Haben	
(1) SchZ	100	(3) RV-Anteile SchZ	50
(2) Zuwachs SchaRüst	10	(4) Zuwachs RV-Anteile SchaRüst	5
		(Saldo)	55
	110		110

Der Saldo (55) zeigt den Schadenaufwand für eigene Rechnung (= netto) der Periode an, die Summe der Posten (1) und (2) den entsprechenden Bruttobetrag (110).

γ) Das Erfolgsprinzip

Nach dem Erfolgsprinzip, wie wir es eingangs definiert haben, ergibt sich der Periodenerfolg als Differenz der Komponenten Aufwand und Ertrag, die als periodisierte, erfolgswirksame Ausgaben und Einnahmen interpretiert werden.

Diese „Prämisse der dynamischen Bilanz"[104] verlangt, daß alle Ausgaben und Einnahmen, die verursachungsgemäß späteren Perioden zuzurechnen sind — z. B. Provisionszahlungen bzw. Prämieneinnahmen für

[104] *Münstermann*, Hans: Schmalenbachs Bilanzauffassung, in: Die Wirtschaftsprüfung, Jg. 1, 1948, H. 6, S. 34.

über den Bilanzstichtag hinausgehende Zeiträume —, *außerhalb* der Erfolgsrechnung durch entsprechende Abgrenzungsbuchungen der Bilanz zugewiesen werden. Sie sind später erfolgswirksam aufzulösen. So erklärt sich die Bilanz als „großes transitorisches Konto". Umgekehrt nimmt die Bilanz auch Aufwendungen und Erträge auf, die erst in folgenden Rechnungsabschnitten zu Einnahmen und Ausgaben führen, so etwa in den Posten „Rückstellungen" und „Beitragsaußenstände".

Die Bilanz fungiert also als „Hilfsmittel der Erfolgsrechnung"[105]. Für unser Zahlenbeispiel ergibt sich daraus folgendes Bild der Erfolgsrechnung:

1. Beiträge

GuV-Erfolgsprinzip-brutto[106]

Soll		Haben	
RV-Beiträge	60	Beiträge	120
(Saldo)	60		
	120		120

2. Schadenleistungen

GuV-Erfolgsprinzip-brutto[106]

Soll		Haben	
Schäden		RV-Anteile an Schäden	
a) gezahlt	80	a) gezahlt	40
b) zurückgestellt	30	b) zurückgestellt	15
		(Saldo)	55
	110		110

Hier sind alle Komponenten periodenbezogene erfolgswirksame Größen. Die Salden geben die jeweiligen periodenbezogenen *Eigenbehaltsanteile* an.

b) *Analyse und Beurteilung der Verfahren*

Wie aus dem Zahlenbeispiel unmittelbar ersichtlich, stimmen alle drei Verfahren im Ergebnis überein. Insofern erfüllt jede der Methoden die Aufgabe der Periodenerfolgsermittlung. Daneben zeigt das Ausweisbeispiel aber auch Unterschiede in Gehalt und Differenzierung der Informationen.

---

[105] *Hax*, Karl: Die allgemeinwirtschaftliche Bedeutung von Rechnungslegungsvorschriften und Statistik, in: 50 Jahre materielle Versicherungsaufsicht nach dem Gesetz vom 12. Mai 1901, hrsg. von Walter Rohrbeck, Berlin 1952, Bd. 1, S. 273.

[106] Hinsichtlich der Sparanteile bei den Prämien und Versicherungsleistungen der Lebensversicherung und der Rückversichereranteile an den Versicherungsleistungen könnten aus der Sicht der dynamischen Bilanzauffassung Zweifel an der Ertrags- bzw. Aufwandseigenschaft dieser Posten vorgebracht werden. Da es uns hier jedoch lediglich um die *zeitraumbezogene* Abgrenzung geht, soll dieses Problem hier nicht entschieden werden. Näheres dazu vgl. S. 149 f. dieser Arbeit.

Während sich das Umsatzprinzip durch seinen Aufblähungseffekt von den übrigen Ausweismethoden sinnfällig abhebt, zeigen die übrigen beiden Verfahren, namentlich beim Ausweis der Schäden, äußerlich eine weitgehende Übereinstimmung[107].

Zeigt das Umsatzsaldoprinzip beim Ausweis der Beiträge noch einen Korrekturposten „Zuwachs der Beitragsüberträge" auf der Sollseite im Gegensatz zum Erfolgsprinzip, so fehlt eine solche Korrektur bei den Schäden. Das könnte zu der Annahme verleiten, daß sich eine dynamisch orientierte Erfolgsrechnung systematisch durch einen entsprechenden Saldierungsschritt aus dem Umsatzsaldoverfahren herleiten lasse. Am Beispiel der Schäden läßt sich jedoch leicht zeigen, daß eine solche gleichsam genealogische Interpretation der Verfahren nicht in der Lage ist, die unterschiedliche Konzeption des Erfolgsprinzips gegenüber den anderen Verfahren zu charakterisieren. Auf den ersten Blick mag das angeführte Zahlenbeispiel die Auffassung bestätigen, lediglich durch Eliminierung der BÜ-Veränderungen sei eine Erfolgsrechnung dynamischer Prägung bereits geschaffen; denn sowohl beim Umsatzsaldo- als auch beim Erfolgsprinzip ist der auf die Rechnungsperiode entfallende Teil der Schäden *direkt* der Sollseite der Erfolgsrechnung zu entnehmen im Gegensatz zum Umsatzprinzip, wo diese Größe nur durch Saldierung erhältlich ist.

Dem ist jedoch entgegenzuhalten, daß eine solche Übereinstimmung beider Verfahren nur dann gegeben ist, wenn — wie in unserem Beispiel der Fall — eine *Zunahme* der neuen Schadenrückstellung gegenüber dem Vorjahresendbestand zu verzeichnen ist. Im Falle einer Minderung des Rückstellungsbetrages wäre diese beim Umsatzsaldoverfahren auf der Habenseite auszuweisen, so daß der Schadenaufwand der Periode wiederum erst durch Saldierung dieser Veränderungsgröße gegen die nicht periodisierten Schadenzahlungen erhältlich ist. Eine äußerliche Übereinstimmung von Umsatzsaldo- und Erfolgsprinzip betrifft zudem nur den *Gesamtbetrag* der auf die Rechnungsperiode entfallenden Schadenleistungen (im Beispiel brutto 110, netto 55).

Der Unterschied wird deutlich, sobald wir die Zahlungs- und Rückstellungskomponenten des Schadenaufwands untersuchen.

Durch die spezielle Technik der Periodenabgrenzung innerhalb der Gewinn- und Verlustrechnung erfaßt das Umsatzsaldo- ebenso wie das Umsatzprinzip unter den ausgewiesenen Schadenzahlungen Beträge, die das Geschäftsjahr verursachungsgemäß nicht mehr berühren[108] (im Beispiel 20).

---

[107] Hierin scheint hauptsächlich der Grund zu liegen, daß beide Verfahren auch in der Praxis oft identifiziert werden. Vgl. Geschäftsbericht des Gesamtverbandes der Versicherungswirtschaft e. V. 1965/66, S. 49 und 1966/67, S. 40.

[108] Das gilt entsprechend für den Posten „Beitragseinnahmen" sowie für die ausgewiesenen Rückversicherungsanteile an diesen Beträgen.

In der nach dem Erfolgsprinzip gestalteten Gewinn- und Verlustrechnung werden diese erfolgsneutralen Zahlungen *außerhalb* der Erfolgsrechnung verbucht. Sie lassen als Bilanzverkürzung die Erfolgsrechnung unberührt[109].

Immer dann also, wenn in der Position „Schadenzahlungen" aus der alten Schadenrückstellung geleistete Beträge enthalten sind — was in der Regel der Fall sein dürfte —, kommt es bei den beiden „Umsatzmethoden" gegenüber dem Erfolgsprinzip zu unterschiedlichen Relationen zwischen Rückstellungs- und Zahlungsgrößen. Diese Relationen verschieben sich dabei um so stärker zugunsten der ausgewiesenen (Schaden-)Ausgaben, je mehr von diesen auf die alte (Schaden-)Rückstellung entfallen.

Unterstellen wir den Grenzfall, daß der Betrag der Schadenrückstellung zum Bilanzstichtag des Vorjahres mit dem am Ende des Berichtsjahres übereinstimmt und sämtliche in dem Geschäftsjahr geleisteten Schadenzahlungen zu Lasten der alten Schadenrückstellung gehen, während die dem Geschäftsjahr zuzumessenden Schäden in voller Höhe zurückgestellt werden, so kommt es zu folgendem Ausweis in der Gewinn- und Verlustrechnung:

Das Umsatzsaldoprinzip weist ebenso wie das Umsatzprinzip die gesamte Schadenleistung als *gezahlt* aus, während das Erfolgsprinzip diesen Betrag als *zurückgestellt* deklariert. Trotz der betraglich gleichen Periodenbelastung wird man darin einen materiellen Unterschied der Information sehen müssen. Das Umsatzsaldo- ebenso wie das Umsatzverfahren erklärt systematisch mehr oder weniger erhebliche Teile des „Rückstellungsaufwandes" als „Zahlungsaufwand". Diese beiden Aufwandskategorien sind jedoch unterschiedlich zu bewerten, da der Kategorie „Aufwand, noch nicht Ausgabe" naturgemäß ein „Abwicklungsrisiko" anhaftet, während der „Zahlungsaufwand" — „Aufwand, zugleich Ausgabe" — bereits realisiert ist.

In der deutschen Rechnungslegung weist schon die Seitenbezeichnung in der Erfolgsrechnung der Versicherungsunternehmen auf diese Unterschiedlichkeit hin. Von der Benennung her ist sie eine Einnahmen-Ausgaben-Rechnung, was jedoch im Widerspruch zur Periodenbezogenheit der Ergebnisse steht. So spricht G. *Frey*[110] denn auch von einem „betriebswirtschaftlich fast aussichtslosen Versuch, Elemente der Einnahmen-

---

[109] Bei diskontierten Rückstellungen wäre danach allerdings nur der um den jeweiligen rechnungsmäßigen Zinsertrag verminderte Teil der Zahlung abzubuchen, so daß sich die Zahlungen nach den gesetzten Prämissen erst unter Berücksichtigung der rechnungsmäßigen Zinserträge erfolgsrechnerisch als neutral erweisen.

[110] *Frey*, Günther: Ein Vorschlag zur Neugliederung der Gewinn- und Verlustrechnung von Versicherungsunternehmen. Dargestellt am Beispiel der Lebensversicherung, in: Die Wirtschaftsprüfung, Jg. 14, 1961, S. 608.

Ausgabenrechnung mit den Elementen der Erfolgsrechnung Schmalenbachscher Prägung ... zu vereinigen". M. *Gürtler*[111] spricht von einem „Bastard zwischen einer kaufmännischen Erfolgsrechnung und einer kameralistischen Einnahme- und Ausgaberechnung".

Beide Autoren haben offenbar das Umsatzprinzip im Auge; für das Umsatzsaldoverfahren gilt das u. E. gleichermaßen. In beiden Verfahren wird die Periodenabgrenzung *innerhalb* der Gewinn- und Verlustrechnung, sozusagen im zweiten Akt, vorgenommen[112]. Nach dem Erfolgsprinzip geschieht dies *außerhalb* der Erfolgsrechnung; Einnahmen und Ausgaben, die noch nicht Ertrag bzw. nicht mehr Aufwand darstellen, berühren als erfolgsneutrale Vorgänge nicht die Gewinn- und Verlustrechnung.

Bezeichnend für die versicherungsspezifischen Abgrenzungsverfahren ist auch, daß sie im Gegensatz zum Erfolgsprinzip[113] systematisch die als periodenfremd angesehenen Aufwendungen und Erträge aus der Abwicklung der (technischen) Rückstellungen nicht getrennt ausweisen.

Demgegenüber vertritt Riebesell als entschiedener Befürworter des Umsatzprinzips in der Rechnungslegung die Auffassung, nur dieses Verfahren gewähre den „Überblick über die Abwicklung der Schadenreserven, über den tatsächlichen Verlauf des Geschäfts und über die Entwicklung des Unternehmens"[114].

In diese Richtung zielt wohl auch die Bemerkung Kuschels zum Umsatzverfahren: „Der Durchlauf dieser Posten mit dem Stand zum Ende des Vorjahres und dem Stand zum Ende des Berichtsjahres entspricht ganz der Tatsache, daß die in der Vorjahresbilanz ausgewiesenen Posten im Laufe des Berichtsjahres voll für Leistungen verbraucht worden sind und daß die in der Berichtsjahresbilanz eingestellten Posten in voller Höhe zu bilden waren. Dies gilt vor allem für die technischen Posten, die in kürzerer Zeit abgewickelt werden[115]."

---

[111] *Gürtler,* Max: Die Erfolgsrechnung der Versicherungsbetriebe, Berlin 1931, S. 335.

[112] Demzufolge sind bei Versicherungsunternehmen die für die Erfolgsanalyse benötigten periodenbezogenen Größen nur durch Nebenrechnungen erhältlich. Vgl. *Braeß,* Paul und *Farny,* Dieter: Methoden und Technik der externen Erfolgsanalyse in der Lebens- und Krankenversicherung, in: Versicherungswirtschaft, Jg. 18, 1963, Nr. 19, Sonderbeilage.

[113] So verlangen beispielsweise die für Versicherungsunternehmen nicht geltenden Gliederungsbestimmungen in § 157 AktG den Ausweis derartiger Abwicklungserträge unter der Position „Erträge aus der Auflösung von Rückstellungen". Die entsprechenden (aperiodischen) Aufwendungen werden allerdings nicht gesondert aufgegliedert.

[114] *Riebesell,* Paul: Das einheitliche Rechnungswesen in der Versicherungswirtschaft, Hamburg 1937, S. 20 (Veröffentlichungen des Reichskuratoriums für Wirtschaftlichkeit, Nr. 115).

[115] *Kuschel,* Horst, a.a.O., S. 118.

Hier mag in der Tat der „Umschlag" der Rückstellungen besonders augenfällig erscheinen, allerdings wird man auch bei Posten mit unterjähriger Umschlagsdauer die aperiodischen Aufwendungen und Erträge aus der (Rückstellungs-) Abwicklung nicht ermitteln können, sobald die korrespondierenden Ausgaben Geschäftsjahr und Vorperioden betreffen. Das dürfte in der Regel der Fall sein. Zudem ist in diesem Punkt der Unterschied zum Umsatzsaldoverfahren nur formaler Natur: Der Vorjahresbestand der technischen Posten ist beim Umsatzprinzip *direkt*, beim Umsatzsaldoverfahren *indirekt* durch Rückrechnung aus dem Berichtsjahr ersichtlich. Voraussetzung ist allerdings, daß die Überträge aus dem Vorjahr bzw. die Veränderungen der jeweiligen Bilanzposten in der Gewinn- und Verlustrechnung entsprechend untergliedert erscheinen. Die korrespondierenden Ausgaben werden aber auch hier nicht periodisch differenziert.

Dadurch bleiben in der Gewinn- und Verlustrechnung Auflösungen überdodierter oder nicht mehr benötigter technischer Rückstellungen ebenso verborgen wie periodenfremde Aufwendungen für Vorjahresschäden im Falle nicht ausreichender Rückstellungen. Zwar wäre es auch bei Anwendung der Umsatzverfahren möglich, wenn auch mit gewissen Abweichungen gegenüber dem Erfolgsprinzip[116], diese aperiodischen Aufwendungen und Erträge in der Erfolgsrechnung sichtbar zu machen, doch dürfte die dafür nötige Trennung der Zahlungs- und Rückstellungsbeträge in der Gewinn- und Verlustrechnung nach Geschäftsjahr und Vorjahren erheblichen ausweistechnischen Aufwand verursachen und die Abwicklungsergebnisse auch nur indirekt zeigen[117].

Nun ist allerdings auch der solchermaßen von Abwicklungsverlusten und -gewinnen „bereinigte Periodenerfolg" in der Versicherung naturgemäß besonders „fehlerhaft", da ein sehr beträchtlicher Teil der Aufwendungen in Form von Rückstellungen (wiederum) nur geschätzt werden kann, wobei die aus den besonderen Vorsichtsmotiven resultierenden Sicherheitsmargen durch das ständige Revolving der technischen Rückstellungen sich allerdings weitgehend als neutral im Sinne der Periodizität erweisen dürften. Doch schon die Unsicherheit der zukünftigen Realisation der Schäden und ihre zufallsbedingten Schwankungen, die zudem weitgehend außerhalb der Einflußnahme der Unternehmensleitung liegen, lassen den von Abwicklungseinflüssen bereinigten Periodenerfolg als Maßstab für die Wirtschaftlichkeit der Betriebsführung in der Versicherungswirtschaft wenig geeignet erscheinen.

Gleichwohl wäre es schon wegen ihres Gewichts für den Bilanzanalytiker wünschenswert, die Abwicklungsergebnisse im Verlauf verfolgen zu

---

[116] Vgl. S. 140 ff. dieser Arbeit.

[117] Deshalb finden sich solche Angaben, sofern sie überhaupt veröffentlicht werden, im Geschäftsbericht oder in besonderen Nachweisungen.

können. Dabei sollen jedoch die beträchtlichen praktischen Schwierigkeiten nicht bestritten werden, die mit einer konsequenten Trennung der Abwicklungsergebnisse in allen Versicherungsbranchen verbunden sind. Das gilt insbesondere für versicherungsmathematisch und pauschal ermittelte Rückstellungen — wohl deswegen sind etwa die Pensionsrückstellungen und Pauschalwertberichtigungen auch in der allgemeinen aktienrechtlichen Erfolgsrechnung von der Abwicklungsdarstellung ausgenommen. In der Assekuranz treten hierzu noch Probleme durch die Rückversicherung.

Dafür gewähren die genannten Umsatzverfahren offenbar in einem anderen Punkt gegenüber dem Erfolgsprinzip ein Mehr an Information. Was nämlich die in einer Rechnungsperiode getätigten (Beitrags-) Einnahmen und (Schaden-) Ausgaben anbetrifft, so liegen diese nach Ansicht Diehls[118] offenbar außerhalb des Informationsradius' einer dynamischen Erfolgsrechnung „zufolge der verschiedenen notwendigen Zusammenziehungen und Saldierungen".

Das könnte auf einen systemimmanenten Informationsunterschied *quantitativer* Art schließen lassen, der u. E. aber in diesem Punkt nicht gegeben ist. Bei geeigneter Ausgestaltung einer auf dem Erfolgsprinzip aufbauenden Rechnung bleibt lediglich ein Unterschied in der *Aufbereitung* der Information. Das sei im folgenden kurz dargelegt.

Gehen wir aus von dem Schmalenbachschen Grundschema der Gewinn- und Verlustrechnung:

Gewinn- und Verlustrechnung

Aufwand	Ertrag
1. Aufwand jetzt, Ausgabe jetzt	1. Ertrag jetzt, Einnahme jetzt
2. Aufwand jetzt, Ausgabe später	2. Ertrag jetzt, Einnahme später
3. Aufwand jetzt, Ausgabe früher	3. Ertrag jetzt, Einnahme früher

Illustration der Aufwands- und Ertragskategorien

Aufwendungen:

1. z. B. Schadenzahlungen zu Lasten der Periode
2. z. B. Schadenrückstellungszuführung zu Lasten der Periode
3. z. B. Abschreibungen auf aktivierte Abschlußkosten

Erträge:

1. z. B. Prämieneinnahme zugunsten der Periode (gezahlt)
2. z. B. zugunsten der Periode aktivierte Prämienaußenstände
3. z. B. alte Beitragsüberträge, zugunsten der Periode aufgelöst

---

[118] *Diehl*, Walter: Die Rechnungslegung der privaten Versicherungsunternehmungen unter besonderer Berücksichtigung der staatlichen Aufsicht, Zürich, St. Gallen 1955, S. 111 (Veröffentlichungen des versicherungs-wirtschaftlichen Seminars an der Handels-Hochschule St. Gallen, H. 4).

Die Frage ist nun, ob man mit Hilfe einer nach dem obigen Schema differenzierten dynamischen Erfolgsrechnung auch die Größen „Beitragseinnahme“ und „Schadenzahlung“ ermitteln kann, so wie sie nach dem Umsatz- bzw. Umsatzsaldoprinzip erfaßt werden. Wegen der Periodenbezogenheit aller im obigen Kategorienschema ausgewiesenen Erfolgskomponenten werden diese Größen grundsätzlich zwar nicht unmittelbar aus der Gewinn- und Verlustrechnung ersichtlich sein, wohl aber *mittelbar*, wenngleich u. U. mit geringfügigen Abstrichen. So ermittelt sich der nach dem herkömmlichen Umsatzverfahren ausgewiesene Posten „Beitragseinnahme“ aus den Ertragskategorien

1. (Ertrag zugleich Einnahme) + 2. (Ertrag jetzt, Einnahme später)

des obigen Schemas zuzüglich des Betrages der in der Bilanz ausgewiesenen Beitragsüberträge. Differenzen ergeben sich allerdings bei mehrjährigen Beitragsvorauszahlungen (mit und ohne Rückforderungsanspruch des Versicherungsnehmers) sowie im Falle, daß die „vorausgezahlten äußeren Kosten“ (wie bei den deutschen und französischen Schaden- und Unfallversicherungsunternehmen) von den Beitragsüberträgen abgezogen werden. Diese Unzulänglichkeit geht jedoch *nicht* zu Lasten des Erfolgsprinzips.

Der Betrag der „Schadenzahlungen“ im herkömmlichen Sinne resultiert in der dynamischen Erfolgsrechnung obiger Fassung aus der Aufwandskategorie 1. (Aufwand zugleich Ausgabe) *plus* dem Betrag der erfolgsneutral — aus der alten Schadenrückstellung — gezahlten Schäden. Dieser ergibt sich aus folgender Rechnung: Von der (neuen) Schadenrückstellung in der Bilanz sind die erfolgswirksamen Schadenrückstellungszuführungen — im obigen Schema: 2. (Aufwand jetzt, Ausgabe später) — abzusetzen. Die Differenz zwischen dem auf diese Weise ermittelten Betrag und der *alten* Schadenrückstellung gibt die Höhe der erfolgsneutralen Schadenzahlungen an. Das läßt sich anhand der zuvor angeführten Buchungsbeispiele leicht nachvollziehen. Schwierigkeiten können sich allerdings durch Schadenabwicklungsdifferenzen ergeben, die in der Praxis ständig auftreten, aber in unserer Rechnung nicht berücksichtigt sind.

Falls im Geschäftsjahr überdotierte bzw. nicht mehr benötigte Rückstellungen für Vorjahresschäden aufgelöst worden sind, ist das Ergebnis unseres obigen Kalküls um diese Beträge zu hoch. Eine entsprechende Korrektur ist allerdings nur möglich, wenn die Auflösungen erkennbar ausgewiesen werden. Das gilt entsprechend für die aperiodischen Aufwendungen für Vorjahresschäden im Falle nicht ausreichender Rückstellungen. Werden diese Leistungen allerdings zusammen mit den Geschäftsjahresschäden ausgewiesen, ergeben sich keine Änderungen der Rechnung.

Zum Schluß sei noch die technisch-formale Seite der einzelnen Ausweismethoden kurz beleuchtet, soweit dies nicht schon an anderer Stelle geschehen ist. Bezeichnend für die in der Versicherung gebräuchlichen Verfahren ist, daß sie im Vergleich zum Erfolgsprinzip die Gewinn- und Verlustrechnung mehr oder weniger stark aufblähen. Das gilt insbesondere für das Umsatzprinzip; beim Umsatzsaldoverfahren fällt dieser Effekt kaum noch ins Gewicht.

Eine extreme Aufblähung des Zahlenwerks stellt sich ein, wenn das Umsatzprinzip in einer Bruttorechnung entsprechend unserem Beispiel angewandt wird, da hier auch die (aktivierten) Rückversichereranteile an den technischen Passiven voll über die Gewinn- und Verlustrechnung laufen. So wurde bisher in der französischen Rechnungslegung verfahren.

Die Wirkung wird mit wachsender Abwicklungsdauer tendenziell noch verstärkt, weil der Anteil der „durchlaufenden" Beträge in den Vor- und Überträgen relativ zunimmt.

Dagegen wird man einen entsprechenden Anstieg der Zahl der Übertrags*positionen* in der Erfolgsrechnung, wie man ihn vielleicht auf Grund der angeführten Ausweisbeispiele vermuten könnte, dem Umsatzprinzip systematisch nicht anlasten dürfen. Gerade die Identität der Geschäftsjahresüberträge in Erfolgsrechnung und Jahresschlußbilanz gestatten hierbei eine Zusammenfassung dieser Übertragsposten in der Erfolgsrechnung zu einer Position, ohne dadurch die Information einzuschränken. Insofern besteht hier informatorisch ein Substitutionsverhältnis zwischen Bilanz und Erfolgsrechnung. Allerdings wird diesem Umstand in der Rechnungslegung der verschiedenen Länder oft nicht Rechnung getragen. Die Folge ist eine der Übersichtlichkeit abträgliche „Posteninflation", die (meist) ohne informatorische Einbuße hätte vermieden werden können. Darauf soll später noch eingegangen werden.

Ein Vorzug des Umsatzprinzips mag darin zu sehen sein, daß die über die Erfolgsrechnung laufenden technischen Bilanzposten stets an der gleichen Stelle im Gliederungsschema zu finden sind, sozusagen seitenkonstant bleiben, während beim Umsatzsaldoverfahren in der dargestellten Form die Veränderungen der technischen Posten, je nachdem ob es sich um eine Zu- oder Abnahme handelt, auf verschiedenen Seiten in der Erfolgsrechnung erscheinen.

2. Die Verfahren in der Betriebsrechnung

Nach diesem Versuch, die versicherungsspezifischen Techniken der Periodenabgrenzung in ihren Grundformen dem Erfolgsprinzip gegenüberzustellen und in ihren Auswirkungen auf die Gewinn- und Verlustrechnung zu untersuchen, wollen wir uns nun den konkreten Ausprägungen in der neugeschaffenen französischen Betriebsrechnung zuwenden.

Obwohl die neue Regelung materiell an der bisherigen Praxis der Periodenabgrenzung innerhalb der Gewinn- und Verlustrechnung festhält, zeigt sie doch durch Modifizierung des bislang praktizierten Umsatzprinzips teilweise erhebliche Verbesserungen in der ausweistechnischen Gestaltung. Die bislang gebräuchliche Ausweistechnik praktizierte im versicherungstechnischen Bereich der Erfolgsrechnung konsequent das Umsatzprinzip auch hinsichtlich des aktiven und passiven Rückversicherungsgeschäfts. Das galt auch für die Spartennachweisung.

Das hatte zwar den Vorzug der methodischen Einheitlichkeit gegenüber der deutschen Regelung, in der Umsatz- und Umsatzsaldoprinzip nebeneinander angewandt werden, führte jedoch zu einer beträchtlichen Aufblähung und Unübersichtlichkeit der Gewinn- und Verlustrechnung[119]. Zudem war die Untergliederung der Überträge kaum auf die Aufteilung der entsprechenden Gegenposten in der Bilanz abgestimmt, so daß es hier zu informatorisch wertlosen Parallelausweisen kam, auf die bereits im obigen Abschnitt eingegangen wurde.

Im neuen Erfolgsrechnungsschema tritt das bisherige Verfahren in modifizierter Form auf, allerdings nunmehr mit unterschiedlichen Ausprägungen in der Gesamtbetriebsrechnung und der Spartennachweisung.

a) Die Abgrenzungsverfahren in der Gesamtbetriebsrechnung

Vor allem die Betriebsrechnung für das Gesamtgeschäft hat durch die Änderungen der herkömmlichen Ausweisverfahren sichtlich an Profil und Übersichtlichkeit gewonnen.

Dieser Effekt wurde durch zwei einfache, aber optisch recht wirkungsvolle formale Änderungen erzielt. Zum einen werden die korrigierenden Vor- und Überträge der Bilanzposten in der Erfolgsrechnung nicht mehr wie bisher in der buchhalterischen Form der additiven Subtraktion berücksichtigt, sondern bei den entsprechenden Einnahmen und Ausgaben nach Art einer Staffelrechnung zu- bzw. abgesetzt. Zum anderen werden die auf das abgegebene Geschäft entfallenden Beträge in einer Vorspalte von den jeweiligen Bruttogrößen abgesetzt.

In dieser Form weisen die *Schaden-* und *Unfall*versicherungsgesellschaften künftig ihre Prämien und Versicherungsleistungen in der Gesamtbetriebsrechnung aus. Legen wir die Zahlen in den vorangegangenen Ausweisbeispielen zugrunde, so ergibt sich folgendes Bild:

---

[119] Hinzu kam, daß auch Rücklagen und Wertberichtigungen analog mit ihrem Vorjahres- und Geschäftsjahresendbestand über die Erfolgsrechnung geführt wurden.

1. Beiträge

Haben	Brutto	Zessionen und Retrozessionen	Netto
Beitragseinnahmen	140	70	70
zuzüglich: BÜ (Vj)	30	15	15
abzüglich: BÜ (Gj)	50	25	25
Beiträge der Periode	120	60	60

2. Versicherungsleistungen

Soll	Brutto	Zessionen und Retrozessionen	Netto
Schadenzahlungen	100	50	50
zuzüglich: SchaRüst (Gj)	40	20	20
abzüglich: SchaRüst (Vj)	30	15	15
Schäden der Periode	110	55	55

Das Ausweisschema der *Lebens*versicherer zeigt in diesem Punkt zwei augenfällige Abweichungen. Zum einen werden hier keine Beitragsüberträge wie in der Schadenversicherung ausgewiesen; die erfolgsrechnerische Abgrenzung der Beitragseinnahmen wird in Frankreich mit Hilfe der Deckungsrückstellung (provisions mathématiques) durchgeführt, so daß also hier im Gegensatz zu Deutschland die auf die Rechnungsperiode entfallenden Beiträge nicht aus der Gewinn- und Verlustrechnung entnommen werden können.

Zum anderen werden die gezahlten Versicherungsleistungen, Gewinnanteile und Rückkäufe in einer Hauptposition (sinistres et capitaux échus) getrennt von den entsprechenden Rückstellungsvor- und -überträgen aufgeführt. Eine Zusammenfassung dieser Positionen in der Weise, wie sie in der Betriebsrechnung der Schaden- und Unfallversicherer geschieht, um das Ergebnis als Schadenaufwand der Rechnungsperiode auszuweisen, ist hier also unterlassen worden.

Das mag seinen Grund darin haben, daß die mathematischen Rückstellungen der Lebensversicherer — wie bereits erwähnt — auch Beitragsüberträge enthalten, die nicht unter die Versicherungsleistungen zu subsumieren sind.

Zusammen mit den Versicherungsleistungen werden auch in der Schaden- und Unfallversicherung eventuelle Überschußanteile (participations aux excédents), Prämienrückgewährbeträge und bestimmte „Regulierungskosten“ (frais annexes individualisés par dossier de sinistres) ausgewiesen. Sie teilen also hinsichtlich der Periodisierungsverfahren das

Schicksal der Schadenleistungen. Die entsprechenden Bilanzposten sind Bestandteil der im Schema als Schadenrückstellung (provisions de sinistres) bezeichneten Position.

Ähnlich wird bei der aktiven Abgrenzung der Abschlußprovisionen verfahren. Allerdings tritt abweichend von den Regeln des Umsatzprinzips nicht der jeweilige volle Aktivposten als korrigierender Vor- bzw. Übertrag auf, sondern entsprechend der früheren Regelung[120] wird von den unabgegrenzten Provisionszahlungen der im Geschäftsjahr zu aktivierende Betrag sichtbar abgesetzt und der auf die Periode entfallende Abschreibungsbetrag gesondert zugesetzt. Die Rückversicherungsprovisionen und Gewinnanteile werden in der Vorspalte abgesetzt.

Obwohl der für das Umsatzprinzip des alten Systems charakteristische Aufblähungseffekt bei den neuen Verfahrensweisen nicht mehr auftritt, zeigt die unverändert gebliebene Differenzierung der Zahlungs- und Rückstellungskomponenten die methodische Verwandtschaft mit dem bisherigen Ausweisverfahren; die Erfolge aus der Abwicklung der technischen Rückstellungen werden weiterhin nicht ausgesondert.

Wenn insofern auch der Informationsgehalt gegenüber der bisherigen Regelung unverändert geblieben ist, so zeichnet sich die neue Ausweistechnik doch durch eine bessere Informationsaufbereitung im Hinblick auf die Erfolgsanalyse aus. Die im Rechnungsabschnitt erfolgswirksamen Beträge brauchen nicht mehr über besondere Nebenrechnungen ermittelt zu werden, sondern können unmittelbar sowohl brutto als auch für eigene Rechnung der Betriebsrechnung entnommen werden.

Anders ist es bei den (gesondert) aktivierbaren Anschaffungsnebenkosten von Grundstücken und den gem. Art. 7, 42 und 191 RAP transitorisch vortragsfähigen Gründungs- und Einrichtungskosten (frais d'établissement). Im Unterschied zu den Abschlußkosten werden hier die im Geschäftsjahr der Bilanz zuzuführenden Anteile nicht von den Zahlungs- und Abschreibungsbeträgen abgesetzt, sondern die erfolgsrechnerische Korrektur erfolgt über die Position „Charges non inputables à l'exploitation de l'exercise" auf der Habenseite. Dieser Posten übernimmt abgrenzungstechnisch auch die Funktion des Rückstellungsvortrags bei der antizipativen Abgrenzung mit Hilfe nichttechnischer Rückstellungen. Werden solche in der Betriebsrechnung gebildet (z. B. für Prozesse, bestimmte Steuer- und Abgabenverpflichtungen), so gehen analog dem Umsatzprinzip die später realisierten Beträge unter der jeweiligen Auf-

---

[120] Nach der alten Regelung wurden die vorausgezahlten Abschlußprovisionen und übrigen Abschlußkosten im Ausgabejahr voll der versicherungstechnischen Rechnung belastet. Die aktive Abgrenzung geschah durch Gutschrift in der nichttechnischen Rechnung, die auch die laufenden Abschreibungen des transitorischen Aktivpostens aufnahm.

wandsart zu Lasten der Betriebsrechnung. Sie werden jedoch neutralisiert über die oben angeführte Ertragsposition. Abweichend von der Handhabung versicherungstechnischer Posten werden Abwicklungsgewinne in der Allgemeinen Gewinn- und Verlustrechnung ausgewiesen. In dieser Differenzierung entspricht diese Regelung also der in § 157 AktG.

Soweit im übrigen Ausgaben und Einnahmen über die Posten der Rechnungsabgrenzung (Comptes de régularisation) periodisiert werden (Mieten, Gehälter, Zinsen u. ä.), geschieht das nach den Regeln des Erfolgsprinzips *außerhalb* der Betriebsrechnung auf den jeweiligen Einzelkonten.

Im ganzen betrachtet ist die Gesamtbetriebsrechnung in der Rechnungsabgrenzungstechnik also noch recht heterogen. Dieser Mangel wird jedoch dadurch abgeschwächt, daß bei dem weitaus gewichtigsten Teil der periodisch abzugrenzenden Beträge einheitlich verfahren wird. Soweit sich hierbei Abweichungen in der Behandlung der Abschlußkosten ergeben, fallen sie kaum erschwerend ins Gewicht, da der jeweilige erfolgswirksame (Gesamt-) Betrag auch hier durch eine Zwischensumme kenntlich gemacht wird.

b) Die Abgrenzungsverfahren in der Spartenbetriebsrechnung

Während im alten System die Rechnungsabgrenzung in der Gesamtrechnung (Etat A-2) und der Spartennachweisung (Etat A-3) wie auch in Deutschland nach denselben Ausweisregeln vollzogen wurde, verfahren die neuen Vorschriften uneinheitlich. So werden die auf die passive Rückversicherung entfallenden Beträge nicht wie in der Gesamtbetriebsrechnung in einer Vorspalte von den entsprechenden Bruttogrößen abgesetzt, sondern wie bisher durch Ausweis auf der jeweiligen Gegenseite der Erfolgsrechnung berücksichtigt. Diese Handhabung ist wohl aus formaltechnischen Erwägungen zu erklären: Eine entsprechende Vorspaltenlösung hätte durch Vervielfachung der Spaltenanzahl erhebliche praktische Schwierigkeiten verursacht.

Auch die Abgrenzungstechnik bei den Prämien, den Versicherungsleistungen und den Abschlußprovisionen unterscheidet sich formal von den bereits dargelegten Methoden in der Gesamtbetriebsrechnung.

Charakteristisch für die Spartennachweisung ist dabei, daß die Zahlungsgrößen Beitragseinnahmen und Versicherungsleistungen (im weiteren Sinne) nicht, wie zuvor dargelegt, zusammen mit den korrigierenden Vor- und Überträgen aufgeführt werden. Die Zahlungsgrößen sind vielmehr aus diesem Block wieder herausgelöst und fungieren als selbständige Hauptposition. Die korrespondierenden technischen Passiva werden mit ihrem Vorjahres- bzw. Jahresendbestand wie in der Betriebsrechnung für das Gesamtgeschäft ausgewiesen. Die (angegebenen) Differenzen stellen die Rückstellungs*veränderungen* wie beim Umsatzsaldoprinzip dar[121], werden aber im Schema als „Dotations" (Zuführungen) bezeichnet, was zu Mißverständnissen führen kann. Zudem ergeben sich bei dieser Regelung auch ausweistechnische Probleme, auf die noch eingangegen werden soll.

Im Gegensatz zur Betriebsrechnung für das Gesamtgeschäft sind hier also die in der Rechnungsperiode erfolgswirksamen Prämien und Versicherungsleistungen (im weiteren Sinne) wiederum nur über Nebenrechnungen erhältlich, wie das beim alten System der Fall war.

Darüber hinaus weist diese dem Umsatzsaldoprinzip nahekommende Aufteilung in der Spartennachweisung noch einige „Schönheitsfehler" auf: Die Hauptposition „Charges des provisions" in der Lebensversicherung bzw. „Dotation aux provisions pour prestations et frais à payer", in der die Deckungs- bzw. Schadenrückstellungen mit ihren Vorjahresbeständen und den Beträgen zu Ende des Berichtsjahres enthalten sind, wird im Falle abnehmender (Gesamt-) Rückstellungen — praktisch also wohl nur bei rückläufigem Geschäft — *negativ*. Es ergeben sich hier also die gleichen Konsequenzen wie beim Umsatzsaldoverfahren im Falle abnehmender technischer Rückstellungen, ohne daß allerdings dafür eine besondere Regelung vorgesehen wäre[122].

Analog ist die Situation hinsichtlich der Beitragsüberträge, die ähnlich den Schadenrückstellungen mit ihrem Vorjahres- bzw. Jahresendbestand (mit den entsprechenden Vorzeichen) als Korrektiv zu den unabgegrenzten Beitragseinnahmen auf der *Haben*seite ausgewiesen werden, offenbar um die sachliche Zugehörigkeit zu den Prämieneinnahmen auch optisch zum Ausdruck zu bringen. Das führt im Regelfall steigender Prämieneinnahme bei gleichbleibenden oder steigenden Übertragssätzen dazu, daß die Hauptposition „Dotation aux provisions des primes" ebenfalls ein Negativposten wird. Diese Mängel sind offenbar der Preis dafür, das Umsatzsaldoprinzip, worauf diese in der Spartennachweisung praktizierte Verfahrensweise im Grunde hinausläuft, mit dem Postulat der Seitenkonstanz im Ausweis der Abgrenzungsposten in Einklang zu bringen.

Als letzter Punkt, in dem die Periodenabgrenzung in der Spartennachweisung von der Technik in der Gesamtbetriebsrechnung abweicht, seien

---

[121] Diese Regelung gilt jedoch nicht für die auf das abgegebene Geschäft entfallenden Posten.

[122] Soweit das Umsatzsaldoverfahren in der deutschen Rechnungslegung angewandt wird (aktive und passive Rückversicherung), werden in analogen Fällen Veränderungen der technischen Posten unter „sonstige Ausgaben" bzw. „sonstige Einnahmen" aufgeführt.

die Abschlußprovisionen erwähnt. Sie werden in der Spartennachweisung der Schaden- und Unfallversicherer nach Art des Umsatzprinzips, jedoch mit direktem rechnerischem Ansatz der *gesamten* transitorischen Aktivvor- und -überträge ausgewiesen. Nun werden darüber hinaus aber auch noch Abschreibungen auf die vorausgezahlten und aktivierten Abschlußkosten (Amortissements des frais d'acquisition) aufgeführt, was u. E. nicht systemkonform ist. Sie sind nach dem Umsatzprinzip bereits im Ansatz der Vor- und Überträge berücksichtigt.

Nehmen wir an, das in der Schlußbilanz des Vorjahres angesetzte Abschlußkostenaktivum betrage 20, wovon 10 im Laufe des Berichtsjahres abzuschreiben seien. Ferner sei unterstellt, die im Berichtsjahr gezahlten Abschlußprovisionen betragen 40, wovon 30 aktiv abgegrenzt werden. Danach ergäbe sich eine Aufwandsbelastung des Geschäftsjahres auf Grund der Abschlußprovisionen in Höhe von insgesamt 20. Bei Anwendung des für die Nichtlebensversicherung geltenden Schemas der Spartennachweisung ergäbe sich jedoch folgender Ausweis:

gezahlte Abschlußprovisionen	40
aktivierte Abschlußprovisionen	
+ 31. 12. Vorjahr	20
− 31. 12. Geschäftsjahr	40
+ Abschreibung auf Abschlußkostenaktivum	10
Abschlußkosten zu Lasten Geschäftsjahr	30

Bis auf die Abschreibungsposition entspricht dieses Schema dem Umsatzprinzip. Es weicht auch im Ergebnis um den Betrag dieses Postens von dem richtigen Resultat ab.

Dagegen ist im Erfolgsrechnungsschema der Lebensversicherer der erfolgsrechnerische Ansatz von Abschreibungen auf aktivierte Abschlußkosten angebracht, da hier die Periodisierung nicht nach den Regeln des Umsatzprinzips mit ungekürztem Durchlauf der (aktiven) Bilanzposten mit dem jeweiligen Vorjahres- bzw. Jahresendbestand vollzogen wird. Der erfolgswirksame Betrag der Abschlußkosten setzt sich hier zusammen aus den Abschreibungen auf aktivierte Abschlußkosten und den Provisionszahlungen, soweit sie nicht aktiv (über die Erfolgsrechnung) abgegrenzt werden.

III. Die Komponenten der Betriebsrechnung

1. Die Gliederungskonzeption

Die Neugestaltung des französischen Jahresabschlusses hat auch die Gliederung der Erfolgskomponenten deutlich verändert. Das gilt besonders für die Betriebsrechnung, deren Aufbau durch *zwei* Momente besonders gekennzeichnet wird. Zum einen hat man sich sichtlich bemüht, die einzelnen Aufwands- und Ertragsposten *blockweise* zusammenzufassen, um die wichtigsten Erfolgskomponenten deutlich sichtbar werden zu lassen.

Diese Überlegung ist sicherlich auch ausschlaggebend gewesen für die im vorhergehenden Abschnitt behandelten Modifizierungen des herkömmlichen Umsatzprinzips, wodurch die abgrenzenden Vor- und Überträge der Bilanzposten zusammen mit den Zahlungskomponenten ausgewiesen werden, denen sie sachlich zuzuordnen sind.

Dieser auf Verdichtung der Erfolgsdarstellung abzielenden formalen Änderung entspricht eine *materielle* Neugestaltung im Ausweis der bisher kaum differenzierten „Frais de gestion“. Dieser Block der „Betriebsaufwendungen“ wird im neuen Schema sehr viel stärker untergliedert, wobei primär nach Aufwands*arten* statt — wie teilweise bisher und auch in Deutschland der Fall — nach *Funktionsbereichen* (z. B. Schadenbearbeitung, Vermögensverwaltung etc.) unterteilt wird.

Diese Gliederungskonzeption, die offenbar aus den für die übrigen Wirtschaftszweige geltenden Regelungen übernommen wurde, vermeidet zwar die Schwierigkeiten der Bereichszuordnung der Aufwendungen, gewährt dafür aber nicht die Einblicke einer bereichsorientierten Gliederung. In der Branchenrechnung werden diese Aufwendungen wie auch die Vermögenserträge en bloc ausgewiesen, dafür werden Prämien und Versicherungsleistungen stärker als in der Gesamtrechnung differenziert.

2. Erläuterung der Komponenten

In den folgenden Erläuterungen wird auf die Komponenten des passiven und aktiven Rückversicherungsgeschäfts noch nicht eingegangen. Sie sollen in einem besonderen Abschnitt zusammenhängend behandelt werden.

a) Die Prämien

Die Beitragseinnahmen werden wie im bisherigen System und in der deutschen Rechnungslegung für alle Zweige brutto und grundsätzlich nach dem dem sogenannten Soll-System erfaßt. Die Verbuchung stellt also im Gegensatz zum „Ist-System“ auf die Fälligkeit der Prämien und nicht deren tatsächlichen Eingang ab. Die noch nicht beim Versicherungsunternehmen eingegangenen fälligen Beiträge werden als Außenstände bei Vertretern bzw. bei Versicherungsnehmern aktiviert.

Allerdings unterscheidet das neue Erfolgsrechnungsschema nicht mehr in „Primes émises“, für die bereits Rechnungen ausgefertigt sind, und „Primes acquises et non émises“, unter denen solche Beiträge zu verstehen sind, für die zum Bilanzstichtag noch keine endgültigen Abrechnungen vorliegen, die jedoch verursachungsgemäß dem Berichtsjahr zuzurechnen sind.

So werden beispielsweise in der Arbeitsunfallversicherung für die Landwirtschaft die Prämien nach Maßgabe der im Berichtsjahr gezahlten Löhne und des Hektarbetrages bestimmt. Ähnliches gilt für die Transportversicherung (Waren und Kasko) sowie die Betriebshaftpflicht und bei Gruppenversicherungsverträgen. In diesen Fällen kann vor Ausfertigung der Prämiendokumente der zu erwartende Beitragsanteil mit Hilfe eines antizipativen aktiven Rechnungsabgrenzungspostens (compte de régularisation) in der Bilanz der Periode gutgebracht werden.

„Technisch gestundete" Beiträge in der Lebensversicherung gibt es im Gegensatz zur deutschen Rechnungslegung in Frankreich — wie generell im romanischen Raum — nicht[123]. Der Grund dafür liegt im unterschiedlichen Berechnungsmodus für die Beitragsüberträge bzw. die Deckungsrückstellung[124].

Weggefallen ist in der Lebensversicherung die Aufteilung der Prämieneinnahmen in Einmalbeiträge, Jahresbeiträge, Prämienzuschläge bei Erlebens- und Todesfallversicherungen sowie für Zusatz- und Invaliditätsversicherungen.

Abweichend von der deutschen Praxis werden in Frankreich Nebenleistungen der Versicherungsnehmer nicht mehr gesondert ausgewiesen. Die Versicherungsteuer (taxes d'assurance) erscheint als durchlaufender Posten nicht in der Erfolgsrechnung. In der Betriebsrechnung für das Gesamtgeschäft erscheinen die Prämieneinnahmen abzüglich der im Berichtsjahr eingetretenen Stornoausfälle. In der Spartennachweisung werden sie *sichtbar* abgesetzt, so daß durch die Saldierung in der Gesamtrechnung keine Informationseinbuße entsteht.

Die erfolgsrechnerische Korrektur mit Hilfe der Storno„rückstellung" (Provision pour annulations) geschieht in der Spartennachweisung der Schaden- und Unfallversicherung nach dem bereits erörterten Umsatzprinzip mit direktem rechnerischem Ansatz der Vorjahres- und Jahresendbeträge der betreffenden Bilanzposten. Bei den Rückversicherungsprämien wird entsprechend verfahren.

Durch den gesonderten Ausweis dieser Korrekturposten in der Schaden- und Unfallversicherung ist es im Gegensatz zur deutschen Rechnungslegung möglich, die auf die Rechnungsperiode entfallenden Stornoausfälle der Erfolgsrechnung zu entnehmen[125].

---

[123] Vgl. *Drude*, Günther, a.a.O., S. 319.

[124] Sie werden in Deutschland auf der Basis tarifmäßiger Jahresprämien ermittelt und um unechte unterjährige Beitragsanteile (technisch gestundete Beiträge) aktiv korrigiert.

b) Die Vermögenserträge

Wie in der deutschen Rechnungslegung werden auch in Frankreich die laufenden Vermögenserträge getrennt von den Veräußerungsgewinnen und Wertzuschreibungen ausgewiesen.

In der Gesamtbetriebsrechnung werden sie unter der Position „Produits des placements“ aufgeführt und dort weiter untergliedert in Erträge aus Grundbesitz, aus Wertpapieren (einschließlich Beteiligungen) und übrige Erträge.

Kürzungen um entgegenstehende Aufwendungen wie im deutschen Jahresabschluß[126] werden hier nicht vorgenommen. In der Spartenbetriebsrechnung hingegen erscheinen die Vermögenserträge gemindert um die „Charges des placements“, die als korrelierende Aufwandskomponente in der Gesamtbetriebsrechnung gesondert ausgewiesen werden.

Zinsen und Mieten werden außerhalb der Gewinn- und Verlustrechnung mit Hilfe aktiver und passiver Rechnungsabgrenzungsposten (comptes de régularisation) entsprechend dem Erfolgsprinzip periodisiert. Verglichen mit der bisherigen Regelung erscheinen die Vermögenserträge weniger differenziert. So werden künftig sämtliche Zinserträge, soweit sie nicht auf Wertpapiere entfallen, in der Unterposition „Autres produits“ zusammengefaßt.

c) Die Versicherungsleistungen

Ebenso wie die Prämien werden auch die unter den Versicherungsleistungen ausgewiesenen Beträge entsprechend den Regeln des Umsatzprinzips in eine Zahlungs- und eine Rückstellungskomponente aufgespalten und brutto im Hinblick auf die passive Rückversicherung aufgeführt. In diesem Sinne unterscheidet die Betriebsrechnung für das Gesamtgeschäft der Lebensversicherer zwischen „Sinistres et capitaux échus“ mit weiterer Aufteilung der Leistungsarten und der Position „Provisions mathématiques“.

---

[125] Die deutschen Schaden- und Unfallversicherungsunternehmen fassen auf Grund der Rechnungslegungsvorschriften die Wertberichtigung für die zu erwartenden Ausfälle auf aktivierte Beitragsaußenstände mit den Beitragsüberträgen in einem Posten zusammen. Vgl. ReV Sch, Erläuterungen zur Position B V, S. 11.

[126] Bei den Erträgen aus Grundstücken sind „die Aufwendungen (einschließlich der auf den Grundstücken ruhenden Steuern, Abgaben und Versicherungsbeiträge sowie der Zinsen für die auf den eigenen Grundstücken ruhenden Hypotheken-, Grund- und Rentenschulden) abzusetzen“. Ferner werden von der Gesamtheit der (laufenden) Vermögenserträge die „Kosten der Vermögensverwaltung“ betraglich erkennbar abgezogen. Vgl. ReV L, Erläuterungen zur Einnahmeposition V, S. 16 und ReV Sch, Erläuterungen zu den Einnahmepositionen IV und II, S. 16 und 20.

Dem entsprechen in der Nachweisung für die einzelnen Lebensversicherungsarten (Spartennachweisung) die Posten „Prestations échus“ und „Charges des provisions“. Die Schaden- und Unfallversicherer dagegen weisen in der Gesamtrechnung die Zahlungen und die Rückstellungsvor- und -überträge unter einer gemeinsamen Hauptposition „Charges de sinistres nettes de recours“ aus.

In der Spartennachweisung dagegen wird offenbar der stärkeren Aufschlüsselung der Zahlungsbeträge wegen ähnlich wie in der Lebensversicherung unterschieden in die beiden Hauptpositionen „Prestations et frais accessoires payés“, in welcher nach Leistungsarten aufgegliedert wird, und „Dotations aux provisions pour prestations et frais à payer“.

Die im Geschäftsjahr fällig gewordenen Versicherungsleistungen werden in der Lebensversicherung generell aufgeteilt in „Sinistres“ (vorzeitig eingetretene Versicherungsfälle) — allerdings wie im alten Schema ohne weitere Unterscheidung nach Erlebens- und Todesfallversicherungen sowie Zusatzversicherungen —, in „Capitaux échus“ (fällige Kapitalleistungen), „Arrérages échus“ (fällige Renten), „Rachats“ (Rückkäufe) sowie „Participation aux excédents“, in der Überschußanteile bzw. Rückvergütungen ausgewiesen werden, die *vor* Feststellung des Jahresergebnisses den Versicherungsnehmern zuerkannt werden.

Die Schaden- und Unfallversicherungsunternehmen unterteilen hier ihre Versicherungsleistungen im weiteren Sinne in „Sinistres payés“ (gezahlte Schäden), „Frais accessoires“ (Regulierungskosten), „Participation aux excédents“ (Überschußanteile) und „Arrérages après constitution“ (Rentenleistungen). Der letztgenannte Posten betrifft die Renten aus der Arbeitsunfallversicherung, deren Deckungskapitalien bereits bestimmt und nicht der Caisse Nationale de Prévoyance übertragen worden sind. Hinzu kommt als Abgrenzungsposten der Erlös aus Provenüs „Recours en principal“. Unter den gezahlten Schäden werden entsprechend dem Umsatzprinzip alle im Geschäftsjahr geleisteten Schadenzahlungen einschließlich der an die Caisse Nationale de Prévoyance abgeführten Rentendeckungskapitalien sowie der aus aktiver (Lebens-) Rückversicherung stammenden Versicherungsleistungen ausgewiesen.

Neu und aus deutscher Sicht bemerkenswert an der neuen Gliederung ist die Trennung der „Frais accessoires“ von den Schäden im engeren Sinne. Nach den neuen Vorschriften sind hier auszuweisen „les frais annexes individualisés par dossier de sinistres ...“[127], wie beispielsweise Anwalts- und Sachverständigenhonorare, Gerichts- und Arztkosten.

---

[127] Vgl. Erläuterungen zur Kontenklasse 6 (Prestations en France) des Dekrets vom 29. August 1969.

Das entspricht weitgehend den Aufwendungen für die Schadenermittlung, die in den deutschen Rechnungslegungsbestimmungen definiert werden als „die speziell durch den *einzelnen* Schadenfall veranlaßten Ausgaben, die aufgewendet werden, um die Versicherungsleistungen dem Grund und der Höhe nach festzustellen"[128].

Sie werden bei den Schaden- und Unfallversicherungsunternehmen in Deutschland zusammen mit den Schadenleistungen ausgewiesen. Ebenfalls nicht gesondert aufgeführt werden in Deutschland die Rückgriffsforderungen (Provenüs). Soweit sie bewertet werden, sind sie von den Schadenrückstellungsbeträgen abzusetzen. Allein in der Kreditversicherung können sie unter „Sonstige Aktiva" bilanziert werden[129]. Die entsprechenden Einnahmen sind wieder mit Ausnahme der Kreditversicherung von den Versicherungsleistungen abzusetzen.

In der Spartennachweisung der französischen Schaden- und Unfallversicherungsunternehmen werden diese Beträge unter „Recours" als gesonderter Abzugsposten bei den Versicherungsleistungen aufgeführt. Der korrespondierende Aktivposten „Prévision de recours à encaisser" wird nach dem Umsatzprinzip mit dem jeweiligen Vorjahres- und Jahresendbestand getrennt unter der Hauptposition „Dotation aux provisions pour prestations et frais à payer" ausgewiesen. Die übrigen hier aufgeführten Korrektivposten zu den unter der ersten Hauptposition „Prestations et frais accessoires payés" aufgeführten Zahlungsgrößen sind die Schadenrückstellung (provision pour sinistres), die Rückstellung für Überschußbeteiligung (provision pour participation aux excédents) sowie die versicherungsmathematischen und sonstigen Rückstellungen (provisions mathématiques et diverses), wozu insbesondere die Rentendeckungsrückstellungen und die Alterungsrückstellungen der Krankenversicherung zu zählen sind.

Soweit die Untergliederung dieser Vor- und Überträge der Aufteilung der mit ihnen abgrenzungstechnisch korrespondierenden Zahlungsgrößen folgt, lassen sich aus diesen Posten nach den bekannten Regeln die erfolgswirksamen Beträge der einzelnen Leistungsarten ermitteln.

Die wichtigste Aufwandsart dieser Gruppe, die Schadenvergütungen, können periodisch abgegrenzt nur einschließlich der „Regulierungskosten" ermittelt werden, denn nur die Zahlungsgrößen werden getrennt. Die anteiligen Rückstellungsbeträge sind in den Schadenrückstellungen (z. T. pauschaliert) enthalten.

---

[128] Vgl. ReV Sch, Erläuterungen zur Position B VI (Schadenrückstellung), S. 12.

[129] Vgl. ReV Sch, ebenda.

Die aus Gründen der Klarheit wünschenswerte Trennung dieser beiden verschiedenen Aufwandsarten ist hier also nur unvollständig durchgeführt.

d) Übrige Aufwendungen

Die übrigen Aufwendungen der Betriebsrechnung gliedern sich in drei Gruppen: „Charges de commissions", „Autres charges" und „Charges des placements". Die erste Gruppe enthält sämtliche im Zusammenhang mit dem Abschluß von Versicherungsverträgen geleisteten Vergütungen einschließlich der Rückversicherungsprovisionen aus indirektem Geschäft und bedarf keiner weiteren Kommentierung. Auf ihre erfolgsrechnerische Abgrenzung sind wir bereits eingegangen.

α) „Autres charges"

Die Gruppe der „Autres charges" umfaßt das Gros der Betriebskosten erfolgsrechnerischen Zuschnitts mit Ausnahme der Abschlußprovisionen und „Regulierungskosten". Auf Grund ihrer Gliederung nach Aufwandsarten ist es allerdings nicht möglich, die produktionsbezogenen Aufwendungen analog dem Betriebskostenbegriff Farnys exakt zu ermitteln[130]. Wenn wir also die unter „Autres charges" aufgeführten Komponenten als Betriebsaufwendungen bezeichnen, handelt es sich lediglich um eine terminologische Anlehnung und nicht um eine strenge begriffliche Analogie zu den Betriebskosten in der Abgrenzung Farnys.

Die Betriebsaufwendungen werden in Frankreich *nicht* um die Kostenerstattungen (Rückversicherungsprovisionen) und Gewinnanteile aus abgegebenem Geschäft gekürzt.

Neu an der Untergliederung dieser Aufwendungen ist zunächst der gesonderte Ausweis der Personalaufwendungen unter „Frais de personnel". Hierzu zählt der gesamte Personalaufwand einschließlich aller gesetzlichen und betrieblichen Sozialleistungen für die Belegschaft. Ausgenommen hiervon sind alle Vergütungen, die im Zusammenhang mit der Vermittlung von Versicherungsverträgen stehen. Sie werden — auch wenn sie an Mitarbeiter im Innendienst gezahlt werden — unter den Provisionen aufgeführt.

Die Unterposition „Impôts et taxes" enthält sämtliche Steuern und Abgaben zu Lasten der Gesellschaft, soweit sie nicht Gewinnsteuern (impôts sur les bénéfices bzw. impôts sur les sociétés) sind, die in der Allgemeinen Gewinn- und Verlustrechnung gesondert aufgeführt wer-

---

[130] Vgl. *Farny*, Dieter: Produktions- und Kostentheorie der Versicherung, Karlsruhe 1965, S. 158 ff. (Veröffentlichungen des Deutschen Vereins für Versicherungswissenschaft, H. 72).

den. Steuernachforderungen, die vergangene Perioden betreffen, werden konsequenterweise als aperiodischer Aufwand ebenfalls außerhalb der Betriebsrechnung in der Allgemeinen Gewinn- und Verlustrechnung unter „Pertes sur exercices antérieurs" ausgewiesen. Entsprechend werden fiskalische Bußgelder und ähnliche Zuschläge als außerordentlicher Aufwand unter „Pertes exceptionnelles" verbucht.

Der Posten „Travaux, fournitures et services extérieurs, transports et déplacements" umfaßt als Sammelposten die Aufwendungen für Materiallieferungen und Dienstleistungen Dritter.

Das betrifft insbesondere den Miet- und Unterhaltungsaufwand für die Geschäftsräume und deren Einrichtung, EDV-Anlagen, ferner die Aufwendungen für Büromaterial, Energielieferungen, Reisekosten und Transportkosten sowie Gebühren und Honorare an Anwälte[131], Abschlußprüfer u. ä.

In diesem Zusammenhang sei eine wohl versicherungsspezifische Eigentümlichkeit erwähnt, die die französische Rechnungslegung mit der deutschen gemein hat:

Bei Gebäuden, die Eigentum der Gesellschaft sind und von dieser betrieblich genutzt werden, wird eine fiktive kalkulatorische Miete entsprechend dem Mietwert der Baulichkeiten auch in der Erfolgsrechnung angesetzt. Der gleiche Betrag wird bei den Vermögenserträgen gegengebucht, so daß per saldo nur die auf diese Grundstücke entfallenden Abschreibungen und Unterhaltungsaufwendungen erfolgswirksam werden. Mit dieser Regelung soll offenbar eine bessere zwischenbetriebliche Vergleichbarkeit der „Kostensituation" erreicht werden.

Nach den neuen Vorschriften werden in Frankreich diese Eigenmieten zusammen mit dem an Dritte geleisteten Mietzins unter der oben genannten Position der Betriebsrechnung belastet. Die Gegenbuchung erfolgt bei den Grundstückserträgen (produits financiers sur immeubles).

Die Aufwendungen für den Unterhalt sowie die laufenden Instandhaltungsaufwendungen für die selbstgenutzten Grundstücke der Gesellschaft werden unter derselben Aufwandsposition wie die Eigenmiete erfaßt. Die laufenden Abschreibungen dieser Gebäude werden ebenfalls bei den Betriebsaufwendungen unter „Dotations aux amortissements (autres que celles afférentes aux placements)" erfaßt. Anders als bei den fremdgenutzten Grundstücken der Gesellschaft werden die laufenden Unterhaltsaufwendungen und Abschreibungen nicht bei den „Charges des placements" aufgeführt.

Diese Regelung erscheint uns insgesamt wenig geglückt. Durch die Erfassung der Unterhalts- und Abschreibungsaufwendungen neben den

---

[131] Soweit sie nicht bei den „Regulierungskosten" zu erfassen sind.

(fiktiven) Mietlasten erscheinen die entsprechenden Betriebsaufwendungen überhöht gegenüber denen von Gesellschaften, deren Betriebsgebäude in Fremdeigentum stehen. Sie verrechnen bei den Betriebsaufwendungen lediglich den vereinbarten Mietzins. Entsprechend überhöht ausgewiesen werden nach dieser Regelung auch die effektiven Vermögenserträge: Dem Eigenmietanteil stehen hier keine entsprechenden Aufwendungen (Abschreibungen und Unterhaltskosten) in der Position „Charges des placements“ gegenüber.

Die Position „Frais divers de gestion“ umfaßt im wesentlichen Aufwendungen für Werbemittel, Repräsentations- und Geschenkaufwendungen, Fernschreib- und Telefongebühren sowie die Kosten der Hauptversammlung.

Die letzten beiden Positionen der Betriebsaufwendungen „Dotations aux amortissements (autres que celles afférentes aux placements)“ und „Dotations aux provisions (autres que celles afférentes aux provisions techniques et aux placements)“ sind neu in ihrer Differenzierung. Auf die terminologische neue Unterscheidung in „Amortissements“ und „Provisions“ wird in der Einführung zu den neuen Rechnungslegungsvorschriften zwar eingegangen, die Aufsicht enthält sich jedoch einer begrifflichen Abgrenzung[132].

Gewisse Anhaltspunkte über den Inhalt dieser Posten liefert allerdings der Kontenrahmen. Aus den hier aufgeführten Posten läßt sich schließen, daß unter „Amortissements“ laufende nutzungsbedingte Abschreibungen erfaßt werden. Hierzu rechnen die Abschreibungen auf Betriebsgrundstücke, einschließlich aktivierter Anschaffungsnebenkosten, Geschäftsausstattung, aktivierte Gründungs- und Einrichtungskosten. Die andere Position umschließt sowohl *Wertberichtigungen* zu Forderungen an Vertreter, Versicherungsnehmer, Rückversicherer u. ä. als auch (nichttechnische) *Rückstellungen* für Ausgaben, die die Betriebsrechnung berühren, wie z. B. betriebliche Altersversorgung, Prozesse und Streitverfahren, soweit sie nicht zu den „Regulierungskosten“ zählen.

Diese Regelung erscheint uns in mehrfacher Hinsicht bemerkenswert. Die Zuführungen zu den nichttechnischen Rückstellungen erscheinen als selbständige Posten. Sie werden also nicht den im Schema aufgeführten zugehörigen Aufwandsarten subsumiert, wie es etwa die aktienrechtliche Regelung in Deutschland vorsieht. Das ist zweifellos ein Bruch in der Gliederungssystematik. Andererseits hat die getrennte Aufführung der Rückstellungskomponenten den Vorzug, diese mit speziellen Unsicherheitsmomenten behaftete Aufwandskategorie sichtbar werden zu lassen. Hinzu kommt, daß eine Aufteilung der Rückstellungsaufwendun-

---

[132] Vgl. Commentaire technique du projet de plan comptable de l'assurance, S. 1.

gen auf die einzelnen Aufwandsarten oft auch Zuordnungsprobleme aufwirft.

Unter dem Aspekt der Unsicherheit mag es auch gerechtfertigt sein, die Delkrederewertberichtigungen zusammen mit den nichttechnischen Rückstellungen auszuweisen.

Gegenüber der hier nicht nur terminologisch undifferenzierten alten Regelung, in der die oben genannten Posten unter „Amortissements" zusammengefaßt wurden, stellt dieser Ausweis sicherlich eine Verbesserung dar.

β) „Charges des placements"

Die hier aufgeführten Beträge bilden das Aufwandskorrelat zu den laufenden Vermögenserträgen und werden auch analog untergliedert: sur titres, sur immeubles de placements, autres frais. Die laufenden Abschreibungen auf (nicht selbstgenutzte) Gebäude gem. Art. 172 RAP und die Abschreibungen der aktivierten Anschaffungsnebenkosten bei Grundstücken sind in einer zusätzlichen Position „Dotation aux amortissements des valeurs de placement" auszuweisen. Ebenso werden die Zinsen auf die gutgeschriebenen Überschußanteile in der Lebensversicherung getrennt von den obengenannten Positionen unter „Intérêts servis à la provision pour participation aux excédents" aufgeführt. Die Gliederung ist also nicht ganz symmetrisch zu den Vermögenserträgen.

Ebenso wie die Wertzuschreibungen nach dem Gesamtniederstwertverfahren nach Art. 170 RAP nicht zu den Vermögenserträgen der Betriebsrechnung zählen, werden auch die entsprechenden Buchwertminderungen nicht hier, sondern getrennt in der Allgemeinen Gewinn- und Verlustrechnung aufgeführt. Die auf Wertpapiere (titres) entfallenden Aufwendungen bilden vornehmlich die sofort erfolgswirksam zu verrechnenden Anschaffungsnebenkosten, die sonstigen Bankspesen und Depotgebühren. Bei den Grundstücken sind es die laufenden Unterhaltskosten, die in der deutschen Rechnungslegung generell von den Grundstückserträgen abgesetzt werden[133]. Unter „Autres frais" werden die gesamten Schuldzinsen mit Ausnahme der oben angeführten ausgewiesen.

Diese nahezu symmetrische Gegenüberstellung korrelierender Aufwendungen und Erträge ist neu in der französischen Rechnungslegung. Sie gilt in dieser speziellen Bruttoform jedoch nur für die Gesamtbetriebsrechnung. In der deutschen Rechnungslegung werden generell neben den bereits erwähnten Saldierungen bei den Grundstückserträgen noch die „Kosten der Vermögensverwaltung" von den gesamten Ver-

[133] Vgl. ReV L, Erläuterung zur Einnahmeposition V, S. 16 und ReV Sch, Erläuterung zur Einnahmeposition II, S. 20.

mögenserträgen (erkennbar) abgesetzt. Dabei handelt es sich jedoch im Unterschied zur französischen Rechnungslegung um funktionsbereichsbezogene Aufwendungen. Dazu zählen vor allem die Aufwendungen für das mit der Vermögensverwaltung betraute Personal sowie anteilige Sachmittelaufwendungen, die in Frankreich unter „Autres charges" aufgeführt werden.

Andererseits wird in Deutschland der überwiegende Anteil der Schuldzinsen nicht unter den Vermögensverwaltungskosten erfaßt. Beide Rechnungslegungssysteme kommen also zu unterschiedlichen „Nettoertragslösungen", wobei die französische Regelung die Probleme der Bereichszuordnung vermeidet.

3. Das Rückversicherungsgeschäft

a) Das Ergebnis aus passiver Rückversicherung

Der Ausweis des passiven Rückversicherungsgeschäfts in der Erfolgsrechnung hat durch die neuen Vorschriften Änderungen formaler wie materieller Natur erfahren.

Die Gewinn- und Verlustrechnung alter Fassung war für alle Branchen insofern brutto gehalten, als die ausgewiesenen Beträge nicht um die auf das abgegebene Geschäft entfallenden Anteile gekürzt waren. Diese Bruttokonzeption, die auch für die Spartenerfolgsrechnung gilt, ist in der neugestalteten *Gesamt*betriebsrechnung durch die Einführung von Vorspalten, in denen die Zessions- und Retrozessionsanteile aufgeführt werden, zugunsten einer *formalen* Nettorechnung aufgegeben worden.

In der *Sparten*nachweisung dagegen ist es offensichtlich aus darstellungstechnischen Erwägungen bei der herkömmlichen Bruttoform geblieben.

Die materielle Publizität des passiven Rückversicherungsgeschäfts sollte jedoch zweckmäßigerweise unabhängig von der ausweistechnischen Gestaltung danach bestimmt werden, in welchem Umfang und wie differenziert das Ergebnis aus dem abgegebenen Geschäft im Jahresabschluß sichtbar wird.

In dieser Hinsicht zeigt sich insofern eine Verbesserung der bisherigen Regelung, als die Rückversicherungsprovisionen (einschließlich Gewinnanteile) künftig gesondert auszuweisen sind. Das gilt auch für die Spartenrechnung. Die alten Rechnungslegungsbestimmungen gestatteten den Gesellschaften, diese Beträge unter der Sammelposition „Autres éléments de crédit" zusammen mit anderen Ertragsposten aufzuführen, allerdings mit der Auflage, darin enthaltene größere Posten wiederum gesondert auszuweisen. Infolgedessen hat wohl ein Großteil der französischen Versicherungsgesellschaften auch bisher die Rückversicherungsprovisionen und Gewinnanteile erkennbar ausgewiesen[134].

Die neuen Vorschriften räumen jedoch früher mögliche Zweifelsfälle bezüglich der „größeren Posten" in der erwähnten Sammelposition aus und machen den gesonderten Ausweis der Rückversicherungsprovisionen nicht mehr abhängig von deren relativem Umfang und der Publizitätsfreudigkeit der einzelnen Gesellschaft.

Versteht man unter dem Ergebnis aus passiver Rückversicherung die aus der Rückversicherungsnahme resultierenden Veränderungen des Bruttoerfolges, so zählen dazu auch die „Verwaltungskosten für die Bearbeitung des abgegebenen Rückversicherungsgeschäfts einschließlich der Kumulkontrolle", wie sie Heyer[135] in seinem Erfolgsermittlungsschema anführt.

Überwiegend beschränkt man sich jedoch bei der Bestimmung des Erfolges aus dem abgegebenen Geschäft auf die zwischenbetrieblich erfolgswirksamen Beträge und berücksichtigt wie Kuschel „nur die mit den Rückversicherern verrechneten Einnahmen und Ausgaben und Veränderungen der technischen Posten, die zur Abgrenzung dieser Einnahmen und Ausgaben dienen"[136].

Die Frage, welche Komponenten in die Rechnung eingehen, hängt mithin von der Definition des Rückversicherungserfolges ab, die sich nach dem verfolgten Zweck bestimmt. Zur erfolgsrechnerischen Darstellung und Kontrolle des im Rahmen der Rückversicherungsbeziehungen stattfindenden Leistungsaustausches ist es zweckmäßig, von dem letztgenannten Erfolgsbegriff auszugehen.

Das in diesem Zusammenhang von Kuschel vorgebrachte Argument, „ein anderes als das hier [zuletzt] definierte Rückversicherungsergebnis ließe sich von einem Außenstehenden auch gar nicht feststellen, da der [deutsche] Druckbericht über die für die Bearbeitung des abgegebenen Rückversicherungsgeschäftes aufgewendeten Kosten keine Auskunft gibt", halten wir in seiner Bezugnahme auf die erwähnten faktischen Ausweisverhältnisse für fragwürdig und unter definitorischen Aspekten für unerheblich.

So wie Kuschel das Ergebnis aus passiver Rückversicherung definiert, umfaßt es begrifflich auch die auf auszugleichende Salden des laufenden

---

[134] Eine Prüfung der veröffentlichten Jahresabschlüsse von 20 verschiedenen Versicherungsunternehmen aller Branchen ergab einen nahezu hälftigen Anteil mit gesondertem Ausweis der Rückversicherungsprovisionen.

[135] *Heyer*, Günther: Die Erfolgsanalyse in der Sachversicherung, in: Beiträge zur Privatversicherung, Festgabe für Emil Bebler, hrsg. von Walter Rohrbeck, Berlin 1953, S. 210.

[136] *Kuschel*, Horst, a.a.O., S. 89.

Abrechnungsverkehrs zwischen Vor- und Rückversicherer entfallenden Zinsen (Salden- bzw. Kontokorrentzinsen).

Gleichwohl werden sie von Kuschel entsprechend herrschender Übung bei der Ergebnisermittlung des abgegebenen Geschäfts nicht berücksichtigt[137].

Das so determinierte Ergebnis läßt sich als versicherungstechnischer Erfolg aus passiver Rückversicherung bezeichnen, wenn man die vorerwähnten Zinsen als Leistungsbestandteil eines selbständigen Kreditgeschäfts ansieht[138] und als nichttechnische Komponente eliminiert.

Von diesem Erfolgsbegriff soll im folgenden ausgegangen werden. Danach ergeben sich als Komponenten des versicherungstechnischen Ergebnisses aus passiver Rückversicherung die Rückversicherungsbeiträge und Depotzinsen als Aufwendungen. Ihnen stehen gegenüber die auf die Rückversicherer entfallenden Aufwendungen für Versicherungsleistungen im weiteren Sinne unter Berücksichtigung der Rückstellungsbeträge sowie die Rückversicherungsprovisionen bzw. Kostenerstattungen und Gewinnanteile.

Überwiegen dabei die Aufwendungen, was in der Regel der Fall sein wird, dann wird dadurch angezeigt, daß der Bruttoerfolg, wie er sich ohne Berücksichtigung des abgegebenen Geschäfts ergeben würde, durch die Rückversicherungsnahme verschlechtert worden ist.

Der (stets ausgewiesene) Erfolg für eigene Rechnung (Nettoerfolg) ist also dann gleich dem Bruttoerfolg abzüglich Rückversicherungserfolg.

Umgekehrt bedeutet ein Überwiegen der Erträge im obigen Schema eine Verbesserung des Bruttoerfolges durch passive Rückversicherung; das abgegebene Geschäft ist für den Zessionar verlustbringend gewesen. In dem Falle ist der Nettoerfolg gleich der Summe aus Bruttoerfolg und Rückversicherungserfolg.

In der dreispaltigen Gesamtbetriebsrechnung werden die auf das abgegebene Geschäft entfallenden Beträge in der mittleren Spalte „Cessions et rétrocessions" als Abzugsposten zu den Bruttozahlen der ersten Spalte aufgeführt. Für die Beiträge und Schadenleistungen gilt dabei dieselbe Untergliederung wie für die Bruttozahlen. Die Rückversicherungsprovisionen und Gewinnanteile werden von dem Gesamtbetrag der Position „Commissions et autres charges" abgesetzt. Die auf einbehaltene Bardepots entfallenden Zinsen werden jedoch nicht getrennt ausgewiesen, so daß der Erfolg aus dem abgegebenen Geschäft nur für den wohl sel-

---

137 Vgl. *Kuschel*, Horst, a.a.O., S. 81.

138 Ob und inwieweit diese Annahme zulässig ist, wird man im einzelnen von den konkreten Vereinbarungen im Rückversicherungsvertrag abhängig machen müssen. Darauf soll hier nicht näher eingegangen werden.

tenen Fall komplett ersichtlich ist, daß ausschließlich Wertpapierdepots gestellt worden sind. In diesem Punkt bleibt die Publizität in Frankreich materiell hinter der deutscher Lebensversicherer[139] zurück.

Die Lücke läßt sich für das Gesamtgeschäft jedoch notdürftig schließen, indem man aus der Bilanz die Höhe der einbehaltenen Bardepots ermittelt und unter Zugrundelegung des Kapitalmarktzinses den Betrag der Depotzinsen näherungsweise bestimmt. Dieses Verfahren läßt sich auch auf die einzelnen Sparten anwenden, ist dort aber mit größeren Unsicherheiten behaftet, da die spartenindividuellen Anteile an den einbehaltenen baren Sicherheiten ihrerseits nur geschätzt werden können.

Durch den geschilderten Vorspaltenausweis teilt das passive Rückversicherungsgeschäft hinsichtlich der Periodenabgrenzungsverfahren das Schicksal des Bruttogeschäfts. Das Ergebnis aus dem abgegebenen Geschäft enthält somit wie auch in Deutschland die anteiligen Abwicklungsdifferenzen der technischen Rückstellungen. Die methodische Einheitlichkeit der Periodenabgrenzung ist dagegen ein Vorzug, der die französische Rechnungslegung schon vordem gegenüber der deutschen[140] ausgezeichnet hat. Aber auch im Vergleich zu der „klassischen" Umsatzmethode im alten Schema gewinnt die neue Darstellungsform durch den direkten rechnerischen Ansatz der Rückstellungsvor- und -überträge bei den Zahlungsgrößen in Verbindung mit der spaltenweisen Aufteilung mehr Übersichtlichkeit und eine bessere Aufbereitung der Information. Soweit das passive Rückversicherungsgeschäft in der Gesamtbetriebsrechnung erkennbar ausgewiesen wird, ist es gegenüber früher leichter und mit wesentlich geringerem rechnerischem Aufwand zu ermitteln und in seinen Komponenten zu analysieren.

In der Spartennachweisung werden die Komponenten des passiven Rückversicherungsgeschäfts wie die ihnen entsprechenden Bruttoposten untergliedert. Sie folgen diesen auch hinsichtlich der Periodenabgrenzungstechnik, so daß wir in diesem Zusammenhang darauf nicht mehr einzugehen brauchen.

In der Lebensversicherung stehen sich gegenüber die (nicht abgegrenzten)[141] Rückversicherungsbeiträge im Soll, „Primes cédées aux réassureurs", und auf der Habenseite die Rückversicherungsleistungen einschließlich der Rückstellungskomponente „Sinistres et charges incombant aux réassureurs". Die entsprechenden Posten in der Schaden- und Unfallversicherung sind die periodisierten Rückversicherungsprämien „Primes acquises aux réassureurs" einerseits und auf der Gegenseite

---

[139] Vgl. Rev L, Vorschriften für die Erstellung des Druckberichts, III, Ziffer 32, S. 27.

[140] Vgl. die Ausführungen auf S. 80 der Arbeit.

[141] Vgl. dazu S. 86 f. der Arbeit.

analog die Rückversicherungsleistungen und anteiligen Rückstellungsveränderungen „Part des réassureurs dans les charges“.

b) Das Ergebnis aus aktiver Rückversicherung

In der Methode, das aktive Rückversicherungsgeschäft als einheitliche Sparte zu führen, folgen die neuen Vorschriften der alten Regelung. Damit bleiben auch künftig die auf die einzelnen Versicherungszweige wie Feuer, Haftpflicht, Transport etc. entfallenden Anteile am indirekten Geschäft nicht erkennbar. Auch im Ausland gezeichnetes Indirektgeschäft ist aus dem Jahresabschluß nicht ersichtlich.

Abgesehen von der für die gesamte Spartenbetriebsrechnung geltenden Neugliederung der Erfolgskomponenten ergeben sich für den Ausweis des übernommenen Rückversicherungsgeschäfts Konsequenzen durch die Reform der Rechnungslegung über bestimmte Poolgeschäfte in der Schadenversicherung. Bei Beteiligungen an selbständigen Versicherungsgemeinschaften — vor allem in der Transport-, Film-, Luftfahrt- und Kernenergieversicherung —, in denen das von den angeschlossenen Gesellschaften selbst gezeichnete Geschäft insgesamt gepoolt und nach bestimmten Quoten repartiert wird, ist künftig folgende Regelung vorgesehen[142]:

Liegt die Poolquote der Gesellschaft unter 20 %, dann ist das von ihr direkt abgeschlossene und in den Pool eingebrachte Geschäft in seiner Gesamtheit zugleich unter dem direkten und dem abgegebenen Geschäft aufzuführen. Der gesamte Poolanteil wird dann als aktives Rückversicherungsgeschäft behandelt[143].

Bei einem Poolanteil von mehr als 20 % dagegen werden die unter dem aktiven und passiven Rückversicherungsgeschäft ausgewiesenen Beträge gekürzt um den Quotenanteil der Gesellschaft an dem selbst abgeschlossenen und eingebrachten Poolgeschäft.

Dadurch sollen offenbar die zwischen Pool und Gesellschaft hin- und zurücklaufenden Anteile erfolgsrechnerisch eliminiert und der Aufblähungseffekt, der mit der zuerst genannten Ausweismethode verbunden ist, künftig eingeschränkt werden. Bei der bisherigen Regelung wurde

---

[142] Titre IV — Dispositions particulières aux opérations de coassurance, coréassurance et acceptations en réassurance — des Dekrets vom 29. August 1969.

[143] Das entspricht der von Heinrichs dargestellten Methode bei vollständiger Poolung ohne Retrozession durch die Poolgeschäftsführung in der deutschen Rechnungslegung. Vgl. *Heinrichs*, Helmut: Erfolgsrechnung und Buchungsmethode beim Versicherungspool, in: Zeitschrift für die gesamte Versicherungswissenschaft, Bd. 52, 1963, S. 388.

unabhängig von der Beteiligungsquote nach der ersten Methode verfahren[144].

Beide Verfahren sollen am Beispiel der Prämien einander gegenübergestellt werden, wobei wir von dem Grenzfall einer 20%igen Beteiligungsquote ausgehen. Nehmen wir ferner an, das selbst abgeschlossene und in den Pool eingebrachte Geschäft einer Gesellschaft habe ein Prämienaufkommen von 1000, das *gesamte* Prämienvolumen des Pools sei 6000, dann ist wie folgt zu verfahren:

1. Methode:

Im direkten Geschäft werden unter der betreffenden Sparte 1000 Prämieneinnahme und 1000 Rückversicherungsbeitrag ausgewiesen. Unter dem aktiven Rückversicherungsgeschäft wird der Poolanteil in Höhe von 1200 (20 % von 6000) als aktiver Rückversicherungsbeitrag aufgeführt.

2. Methode:

Die Prämieneinnahme im direkten Geschäft wird wie oben verbucht, als abgegebener Rückversicherungsbeitrag werden jedoch nur 800 (1000 abzüglich 20 %) aufgeführt; entsprechend werden im indirekten Geschäft nur 1000 als Beitrag ausgewiesen.

Im Gesamtergebnis stimmen beide Verfahren überein. Die zweite Methode erhöht jedoch mit steigender Poolquote den ausgewiesenen Selbstbehalt des direkten Geschäfts zu Lasten der aktiven Rückversicherung.

Definieren wir den technischen Erfolg aus aktiver Rückversicherung analog dem aus abgegebenem Geschäft, nur mit „umgekehrten Vorzeichen", dann sind die auf das aktive Rückversicherungsgeschäft entfallenden eigenen Betriebsaufwendungen (nicht jedoch die Rückversicherungsprovisionen und Gewinnanteile) definitorisch ausgeschlossen ebenso wie die entsprechenden Saldenzinsen.

In der französischen Spartenerfolgsrechnung sind jedoch beide Komponenten im Ergebnis enthalten. Allerdings lassen sich die anteiligen Betriebskosten eliminieren, da der Betrag im indirekten Geschäft mit 2,5 % der (Brutto-)Prämieneinnahme pauschal angesetzt wird[145].

Die Saldenzinsen sind zusammen mit den Depotzinsen und übrigen Vermögenserträgen aus dem übernommenen Geschäft in der Position

---

[144] Allerdings mit dem Unterschied, daß das selbstabgeschlossene und abgeführte Geschäft nicht unter der zugehörigen Sparte aufgeführt wurde, sondern in einer zusätzlichen Sonderspalte der Spartenrechnung: "Affaires réalisées en consortium."

[145] Vgl. S. 65 dieser Arbeit.

„Produits des placements nets des charges" enthalten. Die den Vermögenserträgen gegenüberstehenden Aufwendungen (Charges des placements) sind hier saldiert. Im übrigen wird das übernommene Rückversicherungsgeschäft hinsichtlich seiner Erfolgskomponenten wie das selbstabgeschlossene Geschäft in der Spartennachweisung differenziert, so daß wir hier darauf nicht näher einzugehen brauchen.

Durch den auch spartenweise differenzierten Ausweis des passiven Rückversicherungsgeschäfts ist in Frankreich auch das Retrozessionsgeschäft dem Jahresabschluß zu entnehmen. In Deutschland beschränken sich die Lebensversicherungsgesellschaften in der Erfolgsrechnung dabei lediglich auf die Aufteilung der Prämien. Die Schaden- und Unfallversicherungsunternehmen weisen das indirekte wie auch das abgegebene Geschäft — wie wir noch zeigen werden — nur bruchstückhaft aus.

IV. Ausweisbesonderheiten der Allgemeinen Gewinn- und Verlustrechnung

Bei den Erläuterungen zu den Komponenten der Allgemeinen Gewinn- und Verlustrechnung wollen wir uns auf die Gruppe der periodenfremden Aufwendungen und Erträge, die Wertberichtigungen zu den Kapitalanlagen gem. Art. 170 RAP sowie die Veräußerungsgewinne und -verluste beschränken.

Wir glauben, damit die umfänglichsten Posten zu erfassen. Zudem fordern die ausweistechnischen und inhaltlichen Besonderheiten dieser Komponenten eingehendere Betrachtungen.

1. Die periodenfremden Aufwendungen und Erträge

Die Positionen „Pertes sur exercices antérieurs" bzw. „Profits sur exercices antérieurs" nehmen frühere Rechnungsabschnitte betreffende Aufwendungen und Erträge auf, beispielsweise Steuernachforderungen bzw. -erstattungen, Eingänge auf abgeschriebene Forderungen u. ä.

In der ersten der beiden genannten Positionen begegnen wir wieder einer ausweistechnischen Eigenart, die wir im Zusammenhang mit der periodischen Abgrenzung von Zahlungsgrößen in der Betriebsrechnung als Umsatzprinzip bezeichnet haben.

So werden hier auch Ausgaben erfaßt, die bereits in früheren Perioden durch nichttechnische Rückstellungen, sei es in der Betriebsrechnung, sei es — etwa für Ertragsteuern — in der Allgemeinen Gewinn- und Verlustrechnung unter „Dotation aux provisions pour pertes" erfolgsrechnerisch berücksichtigt worden sind.

Soweit es sich um nichttechnische Rückstellungen der Betriebsrechnung handelt, ist der ausweistechnische Hergang folgender:

Der realisierte Betrag wird unter der sachlich zugehörigen Position bei den Betriebsaufwendungen (Autres charges) abermals der Betriebsrechnung belastet. Soweit dieser Betrag durch entsprechende, früher gebildete Rückstellungen „gedeckt", also nicht mehr erfolgswirksam ist, wird er über „Charges non imputables à l'exploitation de l'exercice" erfolgsrechnerisch neutralisiert. Den Gegenposten dazu bildet in der Allgemeinen Gewinn- und Verlustrechnung der Posten „Pertes sur exercices antérieurs". Dem steht wiederum ein Korrektivposten in der Position „Reprise sur provisions antérieurs" auf der Habenseite gegenüber, der den *gesamten* aufgelösten Rückstellungsbetrag ausweist. Die genannten Positionen dienen insoweit lediglich als Korrekturposten zur Eliminierung in der Betriebsrechnung ausgewiesener erfolgsneutraler Ausgaben.

Abgesehen von der ausweistechnischen Schwerfälligkeit und Unübersichtlichkeit ist dieses System auch unter materiellen Aspekten unbefriedigend: Abwicklungs*verluste* nämlich werden entgegen dem angestrebten Ziel, aperiodische Einflüsse aus der Betriebsrechnung zu eliminieren, auch bei nichttechnischen Rückstellungsaufwendungen (unerkennbar) der Betriebsrechnung angelastet. Abwicklungs*gewinne* hingegen gehen in die Allgemeine Gewinn- und Verlustrechnung ein über den oben angeführten (Gesamt-)Rückstellungsvortrag. Sie werden also nicht zusammen mit den übrigen als aperiodisch bezeichneten Erträgen ausgewiesen.

Ähnlich ist der Vorgang bei Rückstellungen für Ausgaben, die nicht in der Betriebsrechnung erscheinen, z. B. für Ertragsteuern. Die Zuführungen erscheinen in der Allgemeinen Gewinn- und Verlustrechnung unter „Dotation aux provisions pour pertes". Die betreffenden realisierten Beträge werden in voller Höhe, in diesem Fall also einschließlich des „ungedeckten" Anteils, unter „Pertes sur exercices antérieurs" ausgewiesen. Der Ausgleich durch den Vortrag des zurückgestellten Betrages entsprechend dem Umsatzprinzip vollzieht sich hier über den Posten „Utilisation des provisions précédemment constituées pour couvrir des pertes sur exercices antérieurs et des pertes exceptionnelles". Er enthält somit auch etwaige Abwicklungsgewinne.

Wiewohl die Aussonderung aperiodischer Erfolgsfaktoren eine betriebswirtschaftlich interessante Neuerung der französischen Rechnungslegung darstellt, erscheint sie uns sowohl in formaler als auch materieller Hinsicht unbefriedigend. Abgesehen davon, daß sich die Trennung der Rückstellungsabwicklungserfolge ohnehin nur auf die betraglich vergleichsweise unbedeutenden *nicht*versicherungstechnischen Rückstellungen erstreckt, ist sie auch hier, wie wir gezeigt haben, unvollkommen; Abwicklungsverluste verbleiben zu Lasten der Betriebsrechnung.

Die aus dem Umsatzprinzip resultierende Einbeziehung erfolgsneutraler Ausgaben in die Position „Pertes sur exercices antérieurs" erfordert zudem die Berücksichtigung der Rückstellungsvorträge auf der Habenseite, um zu den erfolgswirksamen periodenfremden Beträgen zu gelangen. Im Falle überdotierter Rückstellungen führt diese Saldierung dann auch zur (unerkennbaren) Kürzung der aperiodischen Aufwendungen um die Abwicklungserträge über den jeweiligen Vortrag der alten Rückstellungen, wie wir es von den versicherungstechnischen Rückstellungen her bereits kennen.

2. Die Buchwertveränderungen bei Kapitalanlagen

Die Buchgewinne und -verluste auf Kapitalanlagen werden unterschiedlich ausgewiesen, je nachdem ob es sich um Einzelwertberichtigungen gem. Art. 170, 1°, a RAP oder um Globalwertveränderungen im Sinne von Art. 170, 2° RAP handelt[146].

Der erste Fall betrifft die Buchwertherabsetzung bei Wertpapieren, deren Kurswert am Bilanzstichtag unter 25 % des Anschaffungswertes gesunken ist. Diese Wertminderungen sind wie die in der deutschen Rechnungslegung ausgewiesenen Buchwertveränderungen *einzelwert*-orientiert. Die entsprechenden Wertberichtigungen werden in der Bilanz wie die Abschreibungen auf abnutzbare Anlagewerte in der zweiten Spalte „Amortissements et provisions pour dépréciation" vom Bruttobetrag (Anschaffungswert) der entsprechenden Kapitalanlagen abgesetzt.

In der Erfolgsrechnung werden jedoch die oben genannten Buchwertminderungen auf Wertpapiere wegen ihres außerordentlichen Charakters nicht in der Betriebsrechnung, sondern in der Allgemeinen Gewinn- und Verlustrechnung unter der Position „Dotation aux provisions pour dépréciation" ausgewiesen.

Handelt es sich dagegen um Wertberichtigungen nach dem Gesamtniederstwertprinzip, werden die Kapitalanlagen also auf Kurswertbasis nach Art. 170, 2° RAP bilanziert, dann erfolgt die entsprechende Buchwertkorrektur in der Bilanz über einen auf der Aktivseite bei den Kapitalanlagewerten aufgeführten Abzugsposten „Provision pour dépréciation des titres"[147]. Diese gesamtwertbezogene Wertberichtigung wird gleichfalls zu Lasten der Allgemeinen Gewinn- und Verlustrechnung gebildet. Das geschieht nach Art des Umsatzprinzips: Der sich zum Bilanzstichtag nach den Bewertungsregeln des Art. 170 RAP eventuell

[146] Vgl. S. 23 ff. dieser Arbeit.

[147] Die drucktechnische Anordnung dieser Position im Bilanzschema ist in diesem Punkt mißverständlich. Die Anordnung der Position „Provision pour dépréciation des titres (192 et 197)" verleitet zu der fälschlichen Annahme, daß sich dieser Korrekturposten lediglich auf die unter der Kontonummer 29 aufgeführten „Valeurs remises par les réassureurs" statt auf die Konten 23 bis 29 bezieht.

ergebende Wertberichtigungsbetrag wird im Soll unter der Hauptposition „Provisions pour moins-values, à la clôture de l'exercice" ausgewiesen; entsprechend erscheint der Vorjahresendbestand der Wertberichtigung auf der Gegenseite unter „Provisions pour moins-values, à l'ouverture de l'exercice", so daß sich lediglich die *Veränderung* des Wertberichtigungspostens gegenüber dem Stand in der Vorjahresschlußbilanz erfolgswirksam auswirkt.

Damit haben die neuen Vorschriften auch terminologisch in einem Punkt Klarheit geschaffen, der in den alten Rechnungslegungsbestimmungen von 1939 offenbar nicht hinreichend deutlich geregelt war; nach Auskunft der französischen Aufsichtsorgane verfuhr die Praxis in diesem Punkt nicht einheitlich.

Anhand der Jahresabschlüsse ließen sich bisher zwei Ausweisverfahren in der Erfolgsrechnung unterscheiden, die im Ergebnis übereinstimmten.

Die *erste* Methode führte unter den Positionen „Moins-values par estimation de valeurs" bzw. „Plus-values par estimation de valeurs" im nichttechnischen Teil des alten Erfolgsrechnungsschemas lediglich die Veränderungen der nach Art. 170 RAP ermittelten Globalwerte in der Bilanz gegenüber dem jeweiligen Stand in der Vorjahresbilanz auf.

Die *zweite* Methode, die offenbar auch den Ausführungen von Matt[148] zugrundeliegt, führte unter „Plus-values par estimation de valeurs" analog dem Umsatzprinzip den Vorjahresendbetrag der nach Art. 170 RAP sich ergebenden Wertberichtigung auf und wies die zum Bilanzstichtag des Berichtsjahres ermittelte Wertberichtigung unter „Moins-values par estimation de valeurs" aus.

Zur Veranschaulichung sollen beide Verfahren anhand eines einfachen Zahlenbeispiels gegenübergestellt werden.

Ausgangspunkt ist ein im Jahre 1966 angeschaffter Bestand von 100 Papieren zu einem Anschaffungspreis gem. Art. 170, 1°, a RAP von insgesamt 1000. Der Gesamtwert zum Bilanzstichtag im Sinne von Art. 170, 2° RAP (Kurswertbasis) soll sich in den folgenden Jahren wie folgt entwickeln:

1966 = 900, 1967 = 950, 1968 = 920 und 1969 = 1010. Kursverluste einzelner Papiere über 75 % des Anschaffungswertes sollen nicht eingetreten sein. Danach ergeben sich folgende Werte:

---

[148] *Matt,* Robert, a.a.O., S. 71.

Tabelle 6

Jahr	Gesamtwert Art. 170, 1° RAP	Gesamtwert Art. 170, 2° RAP	Globalwert-berichtigung	Bilanzwert
1966	1000	900	100	900
1967	1000	950	50	950
1968	1000	920	80	920
1969	1000	1010	–	1000

Für die Erfolgsrechnungen der betreffenden Jahre ergeben sich unter den vorerwähnten Positionen folgende Ansätze:

1. Methode

GuV – 1966

Soll	Haben
100	

GuV – 1967

Soll	Haben
	50

GuV – 1968

Soll	Haben
30	

GuV – 1969

Soll	Haben
	80

2. Methode

GuV – 1966

Soll	Haben
100	

GuV – 1967

Soll	Haben
50	100

GuV – 1968

Soll	Haben
80	50

GuV – 1969

Soll	Haben
	80

Obwohl beide Verfahren im Ergebnis übereinstimmen, ist die alte Regelung insofern unbefriedigend, als danach die Positionen „Moins-values par estimation de valeurs“ und „Plus-values par estimation de valeurs“ in den Gewinn- und Verlustrechnungen der verschiedenen Gesellschaften unterschiedlich definiert sein können.

Bei Anwendung der ersten Methode sind darunter die Veränderungen des Globalwertes der Kapitalanlagen gem. Art. 170 RAP zum Schluß des Berichtsjahres gegenüber dem Stand in der Vorjahresschlußbilanz zu verstehen; die zweite Methode dagegen weist hier die Differenz zwischen dem nach Art. 170, 1°, a und Art. 170, 2° RAP ermittelten Gesamtwert der Kapitalanlagen aus, und zwar auf der Habenseite den Betrag zum Bilanzstichtag des Vorjahres und auf der Sollseite den auf den 31. 12. des Berichtsjahres bezogenen Betrag.

Beide Methoden verwenden also verschiedene Bezugsgrößen bei der Ermittlung der Buchwertveränderung. Das mag solange nicht gravierend sein, als es auch dem *externen* Bilanzleser möglich ist, die jeweils im Jahresabschluß angewandte Methode stets zweifelsfrei zu identifizieren, um falsche Schlüsse hinsichtlich der Bilanzansätze zu vermeiden. Das war jedoch nach der bisherigen Praxis keineswegs immer der Fall. Lediglich in den Fällen, in denen beim Ausweis der Buchwertveränderungen der Kapitalanlagen die Erfolgsrechnung eines Versicherungsunternehmens sowohl im Haben als auch im Soll eine entsprechende Buchung aufwies, konnte der externe Bilanzleser — sofern er überhaupt hinreichend mit der speziellen Materie vertraut war — zweifelsfrei schließen, daß die zweite Methode angewandt worden war, da die erste Methode stets nur zu einer Haben- oder einer Sollbuchung in der Gewinn- und Verlustrechnung führte.

Zeigte dagegen die Erfolgsrechnung nur *einen* solchen Posten, so ließ das darauf schließen, daß die Buchwertveränderung nach der ersten Methode ausgewiesen war. Es konnte aber auch sein, daß entweder zum Bilanzstichtag des Vorjahres oder am Schluß des Berichtsjahres keine Buchwertkorrektur nach Art. 170 RAP anzusetzen gewesen war, so daß auch bei der zweiten Methode hier jeweils nur eine Buchung über die Gewinn- und Verlustrechnung lief.

Das Problem trat auch dann auf, wenn in der Erfolgsrechnung überhaupt keine entsprechende Buchung erschien, weil im Vor- und Geschäftsjahr nach Anschaffungswerten bilanziert wurde. In diesen Fällen unterschieden sich beide Methoden äußerlich nicht, sie wichen jedoch — wie eingangs bereits erwähnt — hinsichtlich der Bezugsgröße für die Bestimmung der ausgewiesenen Buchwertdifferenzen voneinander ab.

Je nachdem nun, welches Verfahren der externe Bilanzleser in einem solchen Falle unterstellte, interpretierte er demzufolge die Wertansätze in der Bilanz unterschiedlich.

Insofern ist das in den neuen Vorschriften fixierte Ausweisverfahren zu begrüßen, das im Prinzip der zweiten Methode entspricht; denn es beseitigt — nicht zuletzt durch die klare Benennung der Positionen — die geschilderten Unsicherheiten der bisherigen Handhabung.

Als nachteilig mag es allenfalls empfunden werden, daß man sich bei der Neugestaltung für die zweite Methode mit ihrem vom Umsatzprinzip her bekannten Aufblähungseffekt entschieden hat. Das um so mehr, als der entgegenstehende Informationsvorteil gegenüber der ersten Methode, nämlich aus dem Ausweis der Buchwertveränderungen in der Erfolgsrechnung schließen zu können, ob die Kapitalanlagen nach Art. 170, 1°, a oder zum Gesamtkurswert gem. Art. 170, 2° RAP in der Bilanz angesetzt sind, künftig unerheblich ist; denn im neuen Bilanzschema wird — wie eingangs erwähnt — eine auf Grund Art. 170 RAP sich ergebende Globalwertminderung nunmehr *gesondert* ausgewiesen. Zudem muß der erfolgswirksame Betrag der Buchwertveränderungen hierbei wiederum durch Saldierung ermittelt werden.

3. Die Veräußerungsgewinne und -verluste bei Kapitalanlagen

Während bei den Buchwertminderungen unterschieden wird in einzelwert- und gesamtwertbezogene Ansätze, wird eine entsprechende Differenzierung im Ausweis der Gewinne und Verluste aus Veräußerungen von Vermögensgegenständen nicht vorgenommen.

Das ist insofern bedeutsam, als die unter „Plus-values sur cessions d'éléments d'actif" bzw. „Moins-values sur cessions d'éléments d'actif" aufgeführten Veräußerungsgewinne und -verluste hinsichtlich ihrer Erfolgswirksamkeit unterschiedliche Tatbestände darstellen.

Die in der deutschen Rechnungslegung ausgewiesenen Veräußerungsergebnisse ermitteln sich aus der Differenz zwischen dem letzten Bilanzwert des Veräußerungsgegenstandes und dem Verkaufspreis. Sie werden zum Verkaufszeitpunkt in der ausgewiesenen Höhe voll erfolgswirksam im Unterschied zur französischen Regelung. Dort bestimmt sich der ausgewiesene Veräußerungserfolg grundsätzlich aus der Differenz zwischen dem bilanziellen Anschaffungswert[149], vermindert um die *einzelwert*-orientierten Abschreibungen, und dem Verkaufspreis. Sofern es sich bei den Veräußerungsgegenständen um Kapitalanlagen handelt, die nach dem Gesamtniederstwertprinzip gem. Art. 170 RAP zu bilanzieren sind, stellen im Gegensatz zur deutschen Regelung die ausgewiesenen Veräußerungsergebnisse nicht immer auch eine entsprechende erfolgswirksame Veränderung des Bilanzvermögens dar. Die Differenzen werden über die bereits im vorangegangenen Abschnitt erläuterten Globalwertberichtigungen korrigiert.

Bei Aktivposten, die nicht nach dem globalen Niederstwertverfahren nach Art. 170 RAP bilanziert werden, stimmen ausgewiesenes und erfolgswirksames Veräußerungsergebnis wie in Deutschland überein. Das ist etwa bei Gegenständen der Betriebseinrichtung oder bei den nach Art. 169 RAP zu bilanzierenden Wertpapieren der Fall.

Der überwiegende Anteil der hier ausgewiesenen Beträge wird jedoch aus der Veräußerung von Kapitalanlagegegenständen herrühren, die nach den Regeln des Art. 170 RAP zu bilanzieren sind. Sie decken sich inhaltlich jedoch nur in den Extremfällen mit denen in der deutschen Rechnungslegung, wenn *alle* Einzelwerte im Sinne von Art. 170, 2° RAP größer oder kleiner sind als die nach Art. 170, 1° RAP sich ergebenden Ansätze oder mit diesen übereinstimmen.

In der Regel ergeben sich jedoch Differenzen. Die ausgewiesenen Beträge repräsentieren dann nur insoweit erfolgswirksame Veränderungen

---

[149] Soweit Wertpapiere und Grundstücke an der Neubewertung zum 30. Juni 1959 teilgenommen haben, sind die daraus resultierenden Wertansätze zugrundezulegen.

des Bilanzvermögens, als diese Realisationen nicht bereits im Rahmen des globalen Niederstwertprinzips antizipativ berücksichtigt worden sind.

Wir wollen diese Beziehungen in ihrer Systematik anhand eines einfachen Zahlenbeispiels erläutern. Wir nehmen einen Bestand von 4 Aktien an, die nach dem Gesamtniederstwertprinzip gem. Art. 170 RAP bilanziell zu bewerten sind. Dieser Wertpapierbestand soll, jeweils bezogen auf den Bilanzstichtag 31. 12. 1968, die folgenden drei Wertkonstellationen aufweisen.

Fall A: Gesamtwert gem. Art. 170, 1° RAP
> Gesamtwert gem. Art. 170, 2° RAP

Nr.	Anschaffungswerte Art. 170, 1° RAP	Kurswerte Art. 170, 2° RAP	*Pi*	*Mi*
1	100	70	–	30
2	40	40	–	–
3	30	45	15	–
4	70	65	–	5
	240	220	15	35

Bilanzansatz 220
Globalwertberichtigung 20

Fall B: Gesamtwert gem. Art. 170, 1° RAP
< Gesamtwert gem. Art. 170, 2° RAP

Nr.	Anschaffungswerte Art. 170, 1° RAP	Kurswerte Art. 170, 2° RAP	*Pi*	*Mi*
1	100	130	30	–
2	40	40	–	–
3	30	15	–	15
4	70	75	5	–
	240	260	35	15

Bilanzansatz 240
Globalwertberichtigung 0

Fall C: Gesamtwert gem. Art. 170, 1° RAP
= Gesamtwert gem. Art. 170, 2° RAP

Nr.	Anschaffungswerte Art. 170, 1° RAP	Kurswerte Art. 170, 2° RAP	*Pi*	*Mi*
1	100	130	30	–
2	40	40	–	–
3	30	15	–	15
4	70	55	–	15
	240	240	30	30

Bilanzansatz 240
Globalwertberichtigung 0

Um den charakteristischen Einfluß, den die Gewinn- und Verlustantizipationen des globalen Niederstwertprinzips auf die Erfolgswirksamkeit der Veräußerungsergebnisse ausüben, zu verdeutlichen, sei ferner angenommen, die Kurswerte zum folgenden Bilanzstichtag seien unverändert, und zwischenzeitlich finden nur Verkäufe zum jeweiligen Kurswert des letzten Bilanzstichtages statt. Dadurch sind die in der Allgemeinen Gewinn- und Verlustrechnung auszuweisenden Veräußerungsgewinne und -verluste identisch mit den individuellen „Mehrwerten" bzw. „Minderwerten" (*Pi* bzw. *Mi*) der veräußerten Papiere.

Hinsichtlich der Erfolgswirksamkeit der Realisationen ergibt sich nach den obigen Prämissen folgender Katalog von Möglichkeiten:

Fall A:

I. Verkauf von Gewinn-Papieren[150]: der ausgewiesene Veräußerungsgewinn ist nicht erfolgswirksam

II. Verkauf von Verlust-Papieren[150]: der ausgewiesene Veräußerungsverlust ist bis zur Höhe des gesamten Nettomehrwertes erfolgswirksam.

III. Verkauf von „Pari"-Papieren[150]: der Vorgang berührt die Erfolgsrechnung nicht

Fall B:

I. Verkauf von Gewinn-Papieren: der ausgewiesene Veräußerungsgewinn ist bis zur Höhe des gesamten Nettomehrwertes erfolgswirksam

II. Verkauf von Verlust-Papieren: der ausgewiesene Veräußerungsverlust ist voll erfolgswirksam

III. Verkauf von „Pari"-Papieren: Der Vorgang berührt die Erfolgsrechnung nicht

Fall C:

Die Realisation wirkt sich in allen drei Fällen nicht erfolgswirksam aus.

Wie die Übersicht zeigt, ist nur der Vorgang B II voll erfolgswirksam. Die Fälle A II und B I sind beschränkt erfolgswirksam. Das betrifft genau die Fälle, in denen die realisierten Veräußerungsgewinne und -verluste nicht oder nur teilweise bereits im Rahmen der Bewertung nach dem „globalen Niederstwertprinzip" gem. Art. 170 RAP antizipativ berücksichtigt sind. Ihrem Ausweis in der Allgemeinen Gewinn- und Verlustrechnung stehen somit keine kompensatorischen Veränderungen bei den Globalwertberichtigungen (provisions pour moins-values) wie in den übrigen Fällen gegenüber.

Der ausweistechnische Vorgang sei für die Fälle B II und A I, in denen der ausgewiesene Veräußerungsverlust voll erfolgswirksam ist und der ausgewiesene Veräußerungsgewinn vollständig neutralisiert wird, kurz erläutert.

[150] Die Klassifizierung richtet sich nach dem Verhältnis: Kurswert im angegebenen Zeitpunkt zu Anschaffungswert der Papiere.

Im ersten Fall (B II) ergibt sich nach den gewählten Bedingungen bei Veräußerung des Verlustpapiers Nr. 3 in der Allgemeinen Gewinn- und Verlustrechnung zum 31. 12. 1969 ein Veräußerungsverlust von 15 (15 - 30) unter der Position „Moins-values sur cessions d'éléments d'actif". Ein kompensierender Betrag steht dem in der Erfolgsrechnung nicht gegenüber. In der Bilanz wird der verbleibende Bestand gem. den Regeln in Art. 170 RAP mit 210 (240 - 30) angesetzt. Ein Ansatz zum Kurswert von 245 kommt wegen der Niederstwertregel nicht in Betracht. Das Aktivvermögen steht mit 210 + 15 Verkaufserlös = 225 gegenüber 240 am letzten Bilanzstichtag zu Buch. Die Verlustrealisation ist voll erfolgswirksam.

Anders der Fall A I. Der Verkauf des Gewinnpapiers Nr. 3 führt zum Ausweis eines Veräußerungsgewinns von 15 (45 - 30) unter „Plus-values sur cessions d'éléments d'actif". Auf Grund der Niederstwertbestimmungen gem. Art. 170 RAP ergibt sich jedoch eine kompensatorische Veränderung der Globalwertberichtigung. Sie wird — wie bereits dargestellt — analog dem Umsatzprinzip mit ihrem Vorjahresendbestand von 20 unter „Provisions pour moins-values, à l'ouverture de l'exercice" in der Allgemeinen Gewinn- und Verlustrechnung vorgetragen und mit dem neuen Stand zum 31. 12. des Geschäftsjahres in Höhe von 35 unter „Provisions pour moins-values, à la clôture de l'exercice" im Soll aufgeführt. Dadurch ist der Veräußerungsgewinn neutralisiert. Das bilanzielle Vermögen (175 + 45 Veräußerungserlös) zeigt gegenüber dem Vorjahresendbestand (220) keine *betragliche* Veränderung.

Das Beispiel beweist die eingangs aufgestellte Behauptung, daß die in der Allgemeinen Gewinn- und Verlustrechnung ausgewiesenen Veräußerungsgewinne und -verluste nur insoweit erfolgswirksam werden, als sie nicht im Rahmen des Gesamtniederstwertprinzips antizipativ berücksichtigt worden sind.

Das gilt auch, wenn die im Beispiel gesetzten Prämissen aufgegeben werden. Ergeben sich Veränderungen im Bestand der Kapitalanlagen nicht nur durch Verkäufe, wie im Beispiel vereinfachend angenommen, dann läßt sich der erfolgswirksame Anteil der Veräußerungsgewinne und -verluste extern nicht mehr ermitteln, da sich die korrelierenden Globalwertberichtigungen auf den jeweiligen Gesamtbestand der nach Art. 170 RAP zu bilanzierenden Kapitalanlagen beziehen.

Die in Frankreich ausgewiesenen Veräußerungsergebnisse berühren also abweichend von der deutschen Regelung nicht notwendigerweise die Realisationsperiode erfolgswirksam. Die Bezugsgrößen für ausgewiesene und erfolgswirksame Veräußerungsergebnisse stimmen im Gegensatz zur deutschen Regelung nicht immer überein.

Eine Verbesserung ließe sich allenfalls dadurch erzielen, daß man die in ihrer Erfolgswirksamkeit unterschiedlich zu beurteilenden Veräußerungsgewinne und -verluste im Schema getrennt aufführt, also die mit den Gesamtwertberichtigungen gem. Art. 170 RAP korrelierenden Realisationen erkennbar trennt.

Zweiter Abschnitt

Vergleichende Beurteilung des französischen und deutschen Rechnungsabschlusses

Vorbemerkung

In dem nun folgenden Publizitätsvergleich legen wir auf deutscher Seite den Rechnungsabschluß der Lebens- und der Schaden- und Unfallversicherungsgesellschaften zugrunde, wie er nach den aufsichtsamtlichen Rechnungslegungsvorschriften von 1954 als Druckbericht zu veröffentlichen ist.

Zu bemerken ist dabei allerdings, daß die Geschäftstätigkeit der beiden Branchen nicht ganz übereinstimmt mit der französischer Lebens- und Schadenversicherungsgesellschaften. Das erklärt sich zum einen aus der bereits erwähnten Zusammenarbeit der Individualversicherung in Frankreich mit Institutionen der Sozialversicherung. Zum anderen wird die private Krankenversicherung in Frankreich im Rahmen der Schaden- und Unfallversicherung betrieben, was in Deutschland nach dem aufsichtsamtlichen Grundsatz der Spartentrennung nicht zulässig ist.

Dadurch wird die Vergleichbarkeit beeinträchtigt. Die Unterschiede fallen allerdings nicht sonderlich ins Gewicht, wenn man bedenkt, daß der Umfang der Arbeitsunfallversicherung im Rahmen der Individualversicherung ständig abgenommen hat und durch die Beschränkung auf den land- und forstwirtschaftlichen Bereich gegenwärtig kaum mehr eine nennenswerte Rolle spielt. Ähnliches gilt für die private Krankenversicherung, die auch in Frankreich zum überwiegenden Teil von wenigen spezialisierten Gesellschaften betrieben und wohl auch zunehmend durch die Sozialversicherung verdrängt werden wird[1].

Erwähnt sei schließlich noch ein Punkt, in dem die Publizitätsbestimmungen beider Länder voneinander abweichen. Während der französische Rechnungsabschluß in dem hier zugrundeliegenden Umfang gem. Art. 18 des Dekrets vom 29. August 1969 auf Verlangen *jedermann* (gegen eine Gebühr von höchstens 3 F) auszuhändigen ist, steht der Druckbericht

---

[1] Vgl. L'Assurance, Théorie — Pratique — Comptabilité, Tome 2, Paris 1965, S. 128.

in Deutschland nach aktienrechtlichen Vorschriften nur den Aktionären und nach § 55 Abs. 3 VAG jedem Versicherungsnehmer zu. Die Presseveröffentlichung, also der auf Grund der Bestimmungen in § 36 a VAG und §§ 177 Abs. 2 und 178 AktG im Bundesanzeiger sowie bei sonstigen Veröffentlichungen wiederzugebende Rechnungsabschluß, erstreckt sich dagegen nicht auf den Geschäftsbericht. Auf die Bedeutung dieser Differenzierung werden wir später noch eingehen.

Für die Beurteilung der Rechnungsabschlüsse beider Länder halten wir es für zweckmäßig, bei der folgenden vergleichenden Gegenüberstellung zwischen *materieller* und *formaler* Ebene zu unterscheiden. Die informatorische Ausgestaltung der Jahresabschlüsse soll daher von ihrer formalen Aufbereitung getrennt behandelt werden.

Wenn wir uns bei der materiellen Ausgestaltung vornehmlich auf die Gliederung und Bewertung der Kapitalanlagen, den Ausweis der aktiven und passiven Rückversicherung und die Methoden der Erfolgsspaltung beschränken, so glauben wir damit die wichtigsten Charakteristika beider Rechnungslegungssysteme zu erfassen und somit eine ausreichende Vergleichs- und Beurteilungsbasis zu gewinnen.

Obwohl man im Rahmen einer solchen Untersuchung die materielle Ausgestaltung als primäres Beurteilungskriterium ansehen wird, erhält doch auch die *Form* der Informationsaufbereitung einen besonderen Akzent durch die versicherungsspezifischen Schwierigkeiten der Materie und die Ausdehnung des Adressatenkreises der Publizität auf Personen, die mit den versicherungswirtschaftlichen Tatbeständen zumeist nur unzulänglich vertraut sind. Die Tauglichkeit der Publizität als integrierender Bestandteil der Aufsicht wird daher unserer Auffassung nach auch wesentlich davon bestimmt, inwieweit sie der Öffentlichkeit als Kontrollinstanz den Zugang zu der im Jahresabschluß enthaltenen Information durch eine geeignete formale Ausgestaltung erleichtert.

A. Die materielle Ausgestaltung

I. Der Ausweis der Kapitalanlagen

1. Die Aufgliederung

Die technischen Besonderheiten des Versicherungsgeschäfts bringen es mit sich, daß die Versicherungsunternehmen als „Nachleistungsbetriebe" erhebliche Vermögenswerte als Deckungsanlagen für die aus dem Versicherungsschutzversprechen resultierenden Verpflichtungen ansammeln[2].

---

[2] Vgl. *Farny*, Dieter: Die Finanzierung von Versicherungsunternehmen, in: Zeitschrift für die gesamte Versicherungswissenschaft, Bd. 53, 1964, S. 439 f.

Lengyel[3] weist darauf hin, daß die Frage der Kapitalanlagen und der Vermögensverwaltung außer bei den Banken in keinem Wirtschaftszweig eine derart entscheidende Rolle spielt wie in der Versicherungswirtschaft. „Bei den normalerweise hier in Betracht kommenden riesigen Kapitalien, die einen nicht unwesentlichen Teil des mobilen sozialen Sparkapitals darstellen, verdient die Art der Anlage dieser Kapitalien auch vom öffentlichen Standpunkt ein besonderes Interesse."

„Von der Rechnungslegung muß daher verlangt werden, daß sie weitgehend Aufschluß über die Art und Weise gibt, wie die Versicherungswirtschaft als Treuhänderin mit dem ihr anvertrauten fremden Geld umgegangen ist[4]."

Beide Länder haben hier weitgehend ähnliche Lösungen konzipiert. Die bilanziellen Informationen über die Anlagenstruktur werden in beiden Rechnungslegungssystemen durch Angaben im Geschäftsbericht bzw. spezielle Nachweisungen ergänzt.

In den Bilanzen der deutschen Versicherungsgesellschaften erscheinen die Vermögensanlagen in folgender Untergliederung:

- Grundstücke
- Hypotheken-, Grund- und Rentenschuldforderungen
- Schuldscheinforderungen und Darlehen
- Schuldbuchforderungen gegen Bund und Länder
  - Ausgleichsforderungen
  - Sonstige Schuldbuchforderungen
- Darlehen und Vorauszahlungen auf Versicherungsscheine
- Beteiligungen und Wertpapiere
  - Beteiligungen
  - Wertpapiere einschließlich Aktien
  - Eigene Aktien und Aktien einer herrschenden Gesellschaft

Diese Unterteilung wird durch Angaben im Geschäftsbericht vertieft[5]. So sind die Grundstücke weiterhin aufzuschlüsseln nach Wohngrundstücken, gewerblich genutzten und sonstigen. Bauplätze und Ruinengrundstücke sind je nach beabsichtigtem Verwendungszweck entsprechend einzuordnen.

---

[3] Vgl. *Lengyel*, Samuel: Die Bilanzen der Versicherungsunternehmungen, 2. Aufl., Berlin, Leipzig, Wien 1927, S. 17.

[4] *Ketter*, Karl, a.a.O., S. 87.

[5] Vgl. Besondere Vorschriften für die Erstellung des Druckberichtes, ReV Sch, S. 24 f., ReV L, S. 25 f.

Die Schuldscheinforderungen und Darlehen sind nach Schuldnergruppen aufzuteilen:

Bund, Länder und andere Körperschaften des öffentlichen Rechts
Private und öffentliche Unternehmen
Geld- und Kreditinstitute
Sonstige

Die Wertpapiere sind nach folgendem Schema aufzugliedern:

Anleihen und Schatzanweisungen von Körperschaften des öffentlichen Rechts
Kommunalobligationen
Pfandbriefe
Industrieobligationen
Aktien (ohne Beteiligungen und eigene Aktien)
Alle übrigen Wertpapiere

Bei all diesen Anlagegruppen sind nach den Rechnungslegungsvorschriften ferner Angaben zu machen über Zu- und Abgänge während des Geschäftsjahres. Ferner sind die Papiere mit ihrem Nennwert und Bilanzwert aufzuführen.

Der Ausweis der Beteiligungsverhältnisse, dessen Notwendigkeit Gürtler angesichts der besonderen Sicherheits- und Schutzbedürfnisse der Versicherten stark betont[6], hat eine recht eingehende Regelung erfahren.

Beteiligungen an verbundenen Unternehmen sind unter Mitteilung darauf lastender Nachzahlungsverpflichtungen mit dem Nennwert und dem Bilanzwert aufzuführen. Ferner sind Angaben über Zu- und Abgänge während des Geschäftsjahres zu machen sowie über die aus den Beteiligungen in diesem Zeitraum erzielten Erträge. Die auf ausländische Unternehmen entfallenden Beträge können in einer Summe zusammengefaßt werden.

Entsprechend ist bei den übrigen Beteiligungen zu verfahren, ohne daß allerdings die anteiligen Erträgnisse aufgeführt werden müssen, ebenso bei eigenen Aktien und Aktien einer herrschenden Gesellschaft. Hinzu kommen die Angaben über die Beziehungen zu verbundenen Unternehmen gem. § 160 Abs. 3, Ziff. 3, 10 und 11 AktG.

Die französischen Vorschriften verfahren im Prinzip wie die deutschen; auch hier wird die bilanzielle Aufteilung in der Nachweisung zu den Vermögensanlagen (Etat A-5) aufgegriffen und vertieft.

Dabei werden die Grundstücke aufgeteilt in bebaute, im Bau befindliche und unbebaute. Die von der Gesellschaft selbst genutzten Gebäude

---

[6] Vgl. *Gürtler*, Max: Die Erfolgsrechnung der Versicherungsbetriebe, S. 381.

werden davon getrennt ausgewiesen. Der Verwendungszweck gilt hier also nur teilweise als Gliederungskriterium.

In der Kategorie der mobilen Anlagen (valeurs admises en représentation des provisions techniques) — ausgenommen Beteiligungen — wird unterschieden nach Staatstiteln, Anleihen der öffentlich-rechtlichen Körperschaften, Bons und Obligationen sowie Aktien. Auslandswerte erscheinen (in entsprechender Aufteilung) gesondert.

Die Gruppe der Darlehnsforderungen (prêts et effets assimilés en France) führt neben den verschiedenen der öffentlichen Hand gewährten Darlehen Hypotheken und dinglich gesicherte Forderungen und Policedarlehen gesondert auf. Es wird also ähnlich wie im deutschen Jahresabschluß nach Schuldnergruppen differenziert.

Bei den Beteiligungen[7] (titres de participation en France), soweit sie in Wertpapieren verkörpert sind, wird wie bei den anderen Wertpapieren unterschieden in börsennotierte und unnotierte Werte. Ausstehende Einlagen sind ebenfalls zu vermerken.

Nach denselben Gesichtspunkten werden in der Nachweisung A-5 auch die im Ausland angelegten Vermögenswerte, die gestellten Depots und Kautionen, die von den Rückversicherern einbehaltenen Sicherheiten sowie die für die Sozialversicherungsträger verwalteten Vermögenswerte aufgeschlüsselt. Dadurch ergibt sich trotz der in beiden Ländern unterschiedlichen bilanziellen Gliederungskonzeption insgesamt eine recht weitgehende Übereinstimmung in der Aufgliederung der Kapitalanlagen. Eine liquiditätsorientierte Ausrichtung ist in beiden Ländern nur teilweise gegeben. Das mag besonders bei dem französischen Jahresabschluß verwunderlich erscheinen, da dort die bilanzielle Gliederung primär liquiditätsbezogen ist. Wenn danach die zur Deckung versicherungstechnischer Verbindlichkeiten dienenden Vermögenswerte nach ihrem Liquiditätsgrad niedrig eingestuft erscheinen, könnte das angesichts der Heterogenität dieser Anlagen zu falschen Schlußfolgerungen über die effektive Liquiditätssituation verleiten. Die Aufteilung in der Nachweisung A-5 bzw. im Geschäftsbericht ermöglicht jedoch in beiden Ländern eine ausreichende Orientierung, zumal man der Liquiditätsfrage auf Grund der produktionstechnischen Besonderheiten in der Versicherung nicht die Bedeutung wie im Bank- oder gar Industriebetrieb einräumt[8]. Die „tendenzielle Überliquidität“[9] der Versicherungsunternehmen, die aus der

---

[7] Zum Beteiligungsbegriff in der französischen Rechnungslegung vgl. S. 20 dieser Arbeit.

[8] Vgl. *Krasensky*, Hans: Buchhaltung und Bilanzen nach ihrem Betriebsgegenstand, in: *Reisch-Kreibig:* Bilanz und Steuer, 5., vollst. neubearb. Aufl., Wien 1951, Bd. 2, S. 336.

[9] *Farny*, Dieter: Finanzierung von Versicherungsunternehmen, S. 448.

Vorfinanzierung der Leistungen über die Versichertenbeiträge resultiert, läßt das Liquiditätsproblem gegenüber der Industrie eher mit umgekehrten Vorzeichen erscheinen.

Allerdings ist auch in der Assekuranz die Situation in den verschiedenen Versicherungszweigen unterschiedlich. Abweichungen in der mittleren Schadenabwicklungsdauer und Schadenschwankung[10] der einzelnen Versicherungszweige verlangen eine differenzierte Betrachtung. Generell wird man für die Schadenversicherung jedoch aus den erwähnten Gründen ein höheres Liquiditätsbedürfnis als in der Lebensversicherung annehmen müssen[11], was auch in der Kapitalanlagepolitik der Unternehmen zum Ausdruck kommt[12].

Die weiteren im Rahmen der aufsichtsrechtlichen Anlagevorschriften fixierten Grundsätze der Sicherheit und Rentabilität der Vermögenswerte scheinen dagegen als Aufteilungskriterien im Rechnungsabschluß stärker hervorzutreten. Beide Rechnungslegungssysteme trennen Real- und Nominalanlagen. Die Aufteilung der Nominalwerte läßt weitgehend dingliche Sicherungen und sonstige besondere Garantien auf Grund der „sicherungstechnischen Ausstattung" bestimmter Anlagegattungen erkennen. Zudem gewährt die offenbar nach Bonitätsgesichtspunkten ausgerichtete Unterscheidung nach Schuldnergruppen Anhaltspunkte für die (nominale) Sicherheit der Vermögenswerte.

Zudem läßt die Aufteilung der Kapitalanlagen in festverzinsliche Werte, Beteiligungspapiere und Grundstücke gewisse Rückschlüsse auf Struktur und Höhe der Vermögenserträge zu[13], wobei der französische Rechnungsabschluß durch die Angabe der Kurswerte gegenüber der deutschen Regelung differenziertere Renditeuntersuchungen zuläßt.

Am Schluß der Nachweisung A-5 wird im französischen Rechnungsabschluß eine zusammenfassende Übersicht über die Kapitalanlagen geboten, die nach dem Gesichtspunkt juristischer Verfügungsgewalt erscheinen:

---

[10] Vgl. *Braess*, Paul: Finanzplanung in Versicherungsunternehmen, in: Zeitschrift für die gesamte Versicherungswissenschaft, Bd. 54, 1965, S. 36 f.

[11] Vgl. *Heun*, Heinrich: Die Bilanzierung der Versicherungs-Aktiengesellschaft, Diss. Gießen 1936, S. 79 f. Vgl. *Krasensky*, Hans, a.a.O., S. 336 f. Vgl. *Gürtler*, Max: Die Erfolgsrechnung der Versicherungsbetriebe, S. 344.

[12] Vgl. *Farny*, Dieter: Die Finanzierung von Versicherungsunternehmen, S. 449.

[13] Nach Ziff. 32 der Vorschriften über die Erstellung des Druckberichtes haben die deutschen Lebensversicherungsgesellschaften die aus den Kapitalerträgen zu ermittelnde Durchschnittsverzinsung anzugeben und den Vorjahreszahlen gegenüberzustellen. Zur Problematik dieser Angaben vgl. *Heubeck*, Georg: Die Vorschriften über die Rechnungslegung der Versicherungsunternehmungen in der Sicht des Mathematikers, in: Versicherungswissenschaftliches Archiv, Bd. 40, 1955, S. 167.

Der Gesellschaft gehörende und von ihr gehaltene Werte, von den Rückversicherern gestellte Werte, bei Vorversicherern gestellte Werte und von der Gesellschaft im Rahmen der Beziehungen mit Sozialversicherungsinstitutionen verwaltete Kapitalanlagen. Zudem werden hier Angaben darüber verlangt, welchen (versicherungstechnischen) Verpflichtungen die einzelnen Anlagegruppen als Deckungswerte zugeordnet werden.

Derartige Angaben fehlen im deutschen Rechnungsabschluß, wenngleich sie im Hinblick auf das Konkursvorrecht der Versicherten gem. § 77 Abs. 4 VAG für die Deckungstockwerte in der Literatur wiederholt verlangt wurden[14].

Insgesamt wird man der französischen Rechnungslegung auf dem Kapitalanlagesektor gegenüber der deutschen den höheren Informationsgrad zubilligen, zumal auch in der Bewertungsfrage das französische System den diffrenzierteren Einblick gewährt, wie im folgenden gezeigt werden soll.

2. Die Bewertung

Bei der Bilanzierung der Kapitalanlagen folgen die Versicherungsunternehmen in Deutschland den aktienrechtlichen Bewertungsvorschriften, die zwischen Anlage- und Umlaufvermögen unterscheiden.

Da es jedoch die vom Industriebetrieb abweichenden Verhältnisse in der Versicherung praktisch unmöglich machen, die Wertpapiere nach sachlichen Gesichtspunkten stets klar der einen oder anderen Vermögenskategorie zuzuordnen, hat man sich im Interesse einer einheitlichen Bilanzierungspraxis bei der Anpassung des Versicherungsaufsichtsrechts an die neuen aktienrechtlichen Bestimmungen in § 56 VAG bei der Wertpapierbewertung[15] für das strenge Niederstwertprinzip nach § 155 AktG entschieden.

Trifft das deutsche Bewertungssystem eine zwar nach Vermögenskategorien unterschiedliche, aber für alle Versicherungsbranchen einheitliche Regelung, so wird auf französischer Seite nach Anlagearten *und* Branchen differenziert; die unbeschränkt deckungsfähigen Rentenwerte (valeurs amortissables admises sans limitation) der Lebensversicherer werden gem. Art. 169 RAP nicht nach dem sonst für die Kapitalanlagen-

---

[14] Vgl. *Hofmann*, Erwin: Die Publizität der privaten deutschen Versicherungsunternehmungen, Eßlingen 1934, S. 48. Vgl. *Gürtler*, Max: Die Erfolgsrechnung der Versicherungsbetriebe, S. 385. Vgl. *Lengyel*, Samuel, a.a.O., S. 178.

[15] Ausgenommen Beteiligungen. — Vgl. *Prölss*, Erich R.: Versicherungsaufsichtsgesetz, Anm. 2 zu § 56.

Vgl. *Richter*, Horst: Zur Bewertung von Beteiligungen bei Versicherungsunternehmen, in: Die Wirtschaftsprüfung, Jg. 22, 1969, S. 6. — Anderer Aufbewertung geltenden Gesamtniederstwertprinzip gem. Art. 170 RAP, sondern grundsätzlich zum Anschaffungswert bilanziert[16].

Unterschiedlichen Ausmaßes sind grundsätzlich auch die Auswirkungen der in beiden Bewertungskonzeptionen anzutreffenden Niederstwertverfahren. Während das Niederstwertprinzip deutscher Prägung einzelwertbezogen ist, stellt die französische Fassung in Art. 170 RAP auf Gesamtwerte als Vergleichsgrößen ab. Dadurch werden im französischen Jahresabschluß nicht realisierte Kursgewinne und -verluste (zur Basis Anschaffungswert) innerhalb der durch Art. 170, 1° RAP gesetzten Grenzen kompensiert, also erfolgsrechnerisch paritätisch behandelt. Ausgenommen von dieser Ausgleichsmöglichkeit sind lediglich Kursverluste einzelner Papiere von mehr als 75 % des Anschaffungswertes. Nur für diese gilt also das Imparitätsprinzip[17], wie es nach § 155 AktG auf die Wertpapiere der deutschen Versicherungsgesellschaften anzuwenden ist.

Wie wir bereits an früherer Stelle gezeigt haben, stimmen beide Niederstwertverfahren nur unter sehr extremen Bedingungen überein[18]. In der Regel wirkt jedoch das deutsche System stärker erfolgsmindernd. Das französische Konzept geht bewertungstechnisch offenbar von dem Gedanken der „Gesamthaftung" der Kapitalanlagen aus mit dem *Gesamt*anschaffungswert als Obergrenze. Die innerhalb dieser Grenzen vorzunehmende Aufrechnung von unrealisierten Kursgewinnen und -verlusten wirkt retardierend auf den Ausweis nicht realisierter Kursverluste. Gegenüber der deutschen Regelung kann man hier von einem „beschränkten Imparitätsprinzip" sprechen. Die Tendenz zu vergleichsweise niedrigeren Bilanzansätzen im deutschen Jahresabschluß wird noch verstärkt durch das sogenannte *Beibehaltungswahlrecht*[19]. Danach ist es gestattet, einen einmal zulässigerweise gewählten niedrigeren Wertansatz auch dann beizubehalten, wenn die Gründe für diesen niedrigen Wertansatz zufolge eines späteren Kursanstiegs hinfällig geworden sind. Demgegenüber verlangt das französische System in solchen Fällen entsprechende Wertzuschreibungen bis zu den in Art. 170, 1° RAP bestimmten Grenzen.

---

fassung: *Angerer*, August: Zur Bewertung von Beteiligungen bei Versicherungsunternehmen, in: Die Wirtschaftsprüfung, Jg. 21, 1968, S. 449.

[16] Vgl. S. 23 dieser Arbeit.

[17] Wenn Helpenstein in diesem Zusammenhang bewußt entgegen der herrschenden Literaturauffassung vom „Grundsatz der *Parität*" spricht, dann erklärt sich dieser Widerspruch aus der Verwendung unterschiedlicher Realisationsbegriffe. Vgl. *Helpenstein*, Franz: Versicherungsbilanz und objektive Erfolgsrechnung, in: Das Versicherungsarchiv, Jg. 4, 1933/34, S. 485 f.

[18] Vgl. S. 25 f. dieser Arbeit.

[19] Vgl. *Adler/Düring/Schmaltz:* Rechnungslegung und Prüfung der Aktiengesellschaft, 4. Aufl., völlig neubearb., Bd. 1, Stuttgart 1968, Anmerkungen zu § 155, Tz 212, S. 559.

Hinzu kommt, daß in Frankreich nur *börsennotierte* Papiere „niederstwertpflichtig" sind. Nicht notierte Werte werden im Rahmen der nach Art. 170 RAP zu vergleichenden Gesamtwerte zum Anschaffungswert angesetzt. Im deutschen Jahresabschluß unterliegen *alle* Wertpapiere der Versicherungsunternehmen dem Niederstwertprinzip.

Ferner scheiden auf französischer Seite die unbeschränkt deckungsfähigen Wertpapiere (valeurs amortissables admises sans limitation) der Lebensversicherer bei dem Gesamtniederstwertverfahren nach Art. 170 RAP aus. Für sie gilt nach Art. 169 RAP der Anschaffungswert als dauernder Wertansatz[20]. Lediglich in dem seltenen Fall, daß der Rückzahlungsbetrag unter dem Anschaffungswert liegen sollte, ist eine entsprechende Wertberichtigung bei diesen Papieren vorzunehmen.

Der Kreis der dem (globalen) Niederstwertprinzip in Frankreich unterliegenden Wertpapiere ist also enger als im deutschen Jahresabschluß[21]; ein weiteres Moment neben der Ausgleichsmöglichkeit nach Art. 170 RAP, das den Ausweis nicht realisierter Kursverluste einschränkt.

Hinzu kommt, daß in Frankreich auch Grundstücke in das Niederstwertverfahren nach Art. 170 RAP einbezogen werden, wodurch dessen verlustantizipierende Wirkung in der Regel aber weiter abgeschwächt wird; denn sie gehen in die beiden nach Art. 170 RAP zu ermittelnden Gesamtwerte entweder mit dem Anschaffungswert abzüglich laufender Abschreibungen ein, wirken also insofern neutral, oder aber sie werden bei dem in Art. 170, 2° RAP vorgesehenen Verfahren mit dem Sachverständigenschätzwert gem. Art. 176 RAP erfaßt, der in der Regel *über* den vorgenannten Wertansätzen liegt. Da diese Buchgewinne im Rahmen des Art. 170 RAP zum Ausgleich von Kursverlusten herangezogen werden können, ergibt sich auch von daher eine Milderung der Niederstwertbestimmung.

Auch wenn wir in unsere Betrachtung auf deutscher Seite die Regeln für die Anlagenbewertung nach § 154 AktG einbeziehen, bleibt als Ergebnis festzuhalten, daß die Bewertungsvorschriften für die Kapitalanla-

---

[20] Dabei ist jedoch zu berücksichtigen, daß die Neubewertung zum Stichtag 30. Juni 1959 die Wertgrenzen für die damals im Besitz der Gesellschaften befindlichen Papiere unter Umständen erheblich angehoben hat. Das gilt entsprechend für die übrigen Kapitalanlagen und die dafür maßgebliche Gesamtwertbeschränkung gem. Art. 170, 1° RAP.

[21] Allerdings sind bei diesen Überlegungen auch die Unterschiede in den Kapitalanlagevorschriften beider Länder zu berücksichtigen. Die französischen Vorschriften in Art. 154 ff. RAP sehen besonders bei den (börsennotierten) Aktien gegenüber den deutschen Bestimmungen in §§ 68 ff. VAG und den aufsichtsamtlichen Rundschreiben R 15/58 und R 3/69 einen erheblich weiteren Anlagespielraum vor. Dadurch haben für die Anlagepolitik der französischen Gesellschaften — insbesondere der Lebensversicherer — die Wertpapiere immer eine vergleichsweise größere Rolle gespielt. Vgl. *Ketter*, Karl, a.a.O., S. 87.

gen in Deutschland generell zu niedrigeren Wertansätzen als in Frankreich führen. Das liegt zum einen daran, daß der Kreis der Vermögensgegenstände, bei denen Bilanzansätze unter Anschaffungswert vorzunehmen sind, und die Zahl der im Gesetz angeführten Gründe für diese Wertberichtigungen in Deutschland größer sind. Zum anderen sind nach deutschem Recht Einzelwertansätze über dem Anschaffungswert bei Kapitalanlagen untersagt. Aus diesem Grunde reagiert das Niederstwertprinzip deutscher Fassung auf Kurseinbrüche sehr viel empfindlicher als das französische Gegenstück.

In Zeiten günstiger wirtschaftlicher Entwicklung nähern sich beide Bewertungssysteme im Ergebnis ebenso wie im Falle einer nachhaltigen Baisse. Bei zwischenzeitlichem konjunkturellem Abflauen und/oder Kurseinbrüchen auf einzelnen Teilmärkten — relativ häufig zu beobachtende Erscheinungen — erzwingen die Bewertungsvorschriften in Deutschland schneller als in Frankreich Wertberichtigungen in einem Ausmaß, „daß es ... den bilanzierenden Unternehmen schwierig werden kann, mit einer solchen unabdingbaren Pflicht fertig zu werden“[22, 23].

Wie unterschiedlich die Rechnungslegung beider Länder in der Bewertungsfrage orientiert ist, zeigt sich vollends, wenn wir die Wertansätze nicht nur im Hinblick auf ihre erfolgsrechnerischen Auswirkungen, sondern auch unter statisch-vermögensrechnerischen Aspekten betrachten. Zwar hat sich unter dem Einfluß der dynamischen Bilanzauffassung Schmalenbachs das Aufgabenschwergewicht des Jahresabschlusses zunehmend auf die Erfolgsermittlung verlagert, und es fehlt in der Literatur nicht an Stimmen, die in der Versicherungsbilanz „insbesondere wegen der überragenden Bedeutung der darin vorkommenden transitorischen Posten (Deckungskapital, Prämienüberträge, Schadenrückstellungen)“[24] die dynamische Konzeption in hervorragender Weise verwirklicht sehen[25]. Auf der anderen Seite wird trotz dieser Interpretation des Bilanzinhalts aus den Kategorien der (dynamischen) Erfolgsrechnung von der Versicherungsbilanz die Aufgabenerfüllung einer statisch orientierten Vermögensrechnung verlangt. „Den Aufsichtsbehörden und Versiche-

---

[22] *Frey*, Emil: Aktienrechtsreform und Bilanzen der Versicherungswirtschaft, in: Die Aktiengesellschaft, Jg. 9, 1954, S. 31.

[23] Inwieweit man dabei im Falle einer akuten Wirtschaftskrise auf gesetzgeberische Erleichterungen hoffen darf, mag dahingestellt bleiben. Das Niederstwertprinzip alter Prägung, durch die Novelle vom 6. 6. 1931 in § 56 VAG übernommen, wurde in der akuten Phase der Weltwirtschaftskrise durch VO vom 15. 12. 1931 außer Kraft gesetzt. Vgl. Rundschreiben AfP vom 25. 3. 1932 und 9. 12. 1933.

[24] *Ketter*, Karl, a.a.O., S. 75.

[25] Vgl. *Diehl*, Walter, a.a.O., S. 42 ff. Vgl. *Kriegl*, Maximilian: Die Erfolgsbilanz der Lebensversicherungsunternehmung, Diss. Köln 1937, S. 21 ff.

rungsnehmern kommt es", so Hax[26], „in erster Linie darauf an, an Hand des Jahresabschlusses festzustellen, ob der finanzielle Status der Gesellschaft die Gewähr für die Erfüllung der übernommenen Verpflichtungen bietet. Ob diese Sicherheit gegeben ist, über die ja die Aufsichtsbehörden zu wachen haben, ergibt sich weniger aus der Feststellung des erzielten Gewinnes als aus dem Einblick in die Vermögens- und Schuldverhältnisse. Bei den Forderungen, die an den Jahresabschluß von Versicherungsunternehmen zu stellen sind, kann man also auf die Anwendung statischer Gesichtspunkte nicht verzichten."

Sofern man eine solche dualistische Zielsetzung nicht nur auf die Gliederung der Bilanzposten, sondern auch auf deren Wertansatz bezieht, wird man allerdings nur von einer bedingten Aufgabenerfüllung der Rechnungsabschlüsse beider Länder sprechen können.

Im Rahmen einer solchen Statusrechnung zur Kontrolle der finanziellen Deckung der versicherungstechnischen Verpflichtungen wären die Kapitalanlagen zweckmäßigerweise mit dem *Tageswert* anzusetzen; den mit ihrem *Ausgabewert* am Bilanzstichtag erfaßten technischen Passiven[27] wären mithin die Deckungsanlagen mit ihren *Einnahmewerten*[28] gegenüberzustellen, ungeachtet der spezifischen Unsicherheiten einer solchen auf fiktiven Realisationen beruhenden Wertermittlung.

Die grundsätzlich an den Ausgaben, also retrospektiv orientierte Bewertung der Aktien im deutschen Jahresabschluß ist für eine solche Deckungsrechnung demnach ungeeignet.

Auch wenn man einen Großteil der Kapitalanlagen entsprechend dem dynamischen Kategorienschema als „Ausgabe, noch nicht Einnahme" interpretieren kann, ist für diese Gegenstände der bilanzielle Wertansatz durch den Ausgabebetrag limitiert. Lediglich innerhalb dieser Grenze wird das Tageswertprinzip im Rahmen des Niederstwertverfahrens befolgt.

Auf Grund des bereits erwähnten Beibehaltungswahlrechts läßt sich allerdings auch das Niederstwertprinzip in § 155 AktG nur bedingt als

---

[26] *Hax*, Karl: Die allgemeinwirtschaftliche Bedeutung von Rechnungslegungsvorschriften und Statistik, S. 277.

[27] Die Beitragsüberträge des direkten Geschäfts lassen sich als transitorische Passiva (Einnahme, noch nicht Erfolg) nur über die Leistungserbringung im obigen Sinne interpretieren, es sei denn, man kann einen Rückforderungsanspruch der Versicherungsnehmer unterstellen. Für das übernommene Rückversicherungsgeschäft lassen sich die Beitragsüberträge dagegen im Hinblick auf einen Portefeuillerückzug auch als Rückstellungen interpretieren.

[28] Soweit man dabei nicht auf Börsen- oder Marktpreise zurückgreifen kann, wären Schätzwerte anzusetzen. Darlehnsforderungen wären konsequenterweise mit ihrem Barwert einzustellen, wobei allerdings die Wahl des Zinssatzes besondere Probleme aufwerfen würde.

(durch den Anschaffungswert) limitiertes Tageswertprinzip einstufen. Falls Versicherungsgesellschaften bei der Wertpapierbilanzierung auf Grund dieses Wahlrechts ihre Bilanzansätze auf den niedrigsten nach § 155 AktG zulässigen Bilanzstichtagskurs „einfrieren“ lassen, ergeben sich auch hier Differenzen gegenüber den Tageswerten (Kurswerten) am letzten Bilanzstichtag. Dieser Reservespielraum ist zwar gegenüber dem Niederstwertverfahren im alten Aktiengesetz, das lediglich *Höchst*werte bestimmte, systematisch eingeschränkt worden. Doch dürften auch die neuen Bestimmungen je nach Kursentwicklung erhebliche Unterschiede in den Bilanzansätzen zulassen. Infolgedessen sind im deutschen Jahresabschluß die bilanziellen Wertansätze der gleichen Wertpapiere bei verschiedenen Gesellschaften (auch *innerhalb* der durch möglicherweise unterschiedliche Anschaffungswerte fixierten Obergrenze) nicht identisch. Es fehlt also auch hier an einem objektiven zwischenbetrieblichen Vergleichsmaßstab.

Demgegenüber liefert das französische Niederstwertprinzip im Rahmen des Art. 170 RAP zumindest für die börsennotierten Wertpapiere Tageswerte, und zwar auch, wenn der Bilanzansatz nach Art. 170, 1° RAP zum (Gesamt-) Anschaffungswert erfolgte; sie sind dann der Nachweisung A-5 zu den Kapitalanlagen zu entnehmen, wo stets auch die nach Art. 170, 2° RAP sich ergebenden (Kurs-) Werte aufgeführt werden. Insoweit gewährt also der französische Jahresabschluß den objektiv besseren Überblick über die finanzielle Deckung der versicherungstechnischen Verpflichtungen. Die deutsche Aufsichtsbehörde hat zwar bei Erlaß der Rechnungslegungsvorschriften 1954 mit Rücksicht auf die damaligen Kapitalmarktverhältnisse[29] auf die Angabe der Kurswerte verzichtet, sich jedoch vorbehalten, ihre Veröffentlichung im Geschäftsbericht[30] gegebenenfalls zu verlangen. Davon ist leider bisher kein Gebrauch gemacht worden.

II. Die Darstellung des aktiven und passiven Rückversicherungsgeschäftes

Vorbemerkung: Die Bedeutung der Rückversicherungspublizität

Die Berichterstattung über das aktive und passive Rückversicherungsgeschäft zählt zweifellos zu den schwierigsten und umstrittensten Kapiteln der Rechnungslegung von Versicherungsunternehmen[31]. Auch in

---

[29] Vgl. *Fritz*, Ernst: Die Publizitätspflicht der Versicherungsunternehmen bei ihrer Rechnungslegung, Sonderdruck der Veröffentlichungen des Bundesaufsichtsamtes für das Versicherungs- und Bausparwesen, 1955, S. 3.

[30] Vgl. Besondere Vorschriften für die Erstellung des Druckberichtes, III, ReV L, Ziff. 20, ReV Sch, Ziff. 19.

[31] Vgl. *Fritz*, Ernst: Die Publizitätspflicht, S. 3.

der gegenwärtigen Diskussion um die Rechnungslegungsreform in Deutschland steht diese Frage im Vordergrund[32].

Um das Gewicht dieses Fragenkomplexes zu unterstreichen, soll einleitend kurz die Bedeutung aktiver und passiver Rückversicherungsbeziehungen für den Geschäftsverlauf und die wirtschaftliche Situation der Gesellschaften umrissen werden.

Kuschel[33] unterscheidet zwischen risikopolitischen und rein kaufmännischen Erwägungen beim Abschluß von Rückversicherungsverträgen. Die risikomindernde Wirkung der passiven Rückversicherung erhöht die Zeichnungskapazität und spielt besonders bei jungen Unternehmen mit geringen und daher sehr unausgeglichenen Beständen eine wichtige Rolle. Zugleich bedeutet die Rückversicherungsnahme stets auch eine Geschäftseinbuße des Zedenten, „die im allgemeinen seine Gewinnmöglichkeit schmälert"[34]. „Heute ist der Zedent allerdings vielfach bemüht, die Gewinnschmälerung auf dem Wege der Reziprozität auszugleichen[35]."

Unter den kaufmännischen Aspekten[36] wird besonders die Absicht hervorgehoben, einen Provisions(differenz)gewinn zu erzielen. Er liegt dann vor, wenn die von den Rückversicherern gewährten Rückversicherungsprovisionen — in der Literatur überwiegend als Kostenerstattung verstanden[37] — die anteiligen Originalkosten des zedierenden Unternehmens übersteigen. In welchem Umfang sich dieses nahezu risikolose Differenzgeschäft realisieren läßt, ist eine Frage des Rückversicherungsmarktes. „Der Wettbewerb vollzieht sich ... zu einem guten Teil über die Rückversicherungsprovisionen, die dabei die Funktion der reinen Kostenerstattung verlieren und zu einem Element des Rückversicherungspreises werden[38]."

Kaufmännische Überlegungen bestimmen überwiegend auch das aktive Rückversicherungsgeschäft, namentlich unter dem Aspekt der Reziprozität. Besondere Akzente werden den Rückversicherungsbeziehungen durch

---

[32] Vgl. Geschäftsbericht des Gesamtverbandes der Versicherungswirtschaft e. V., 1968/69, S. 51.

[33] Vgl. *Kuschel*, Horst, a.a.O., S. 6 f.

[34] *Gürtler*, Max: Die Erfolgsrechnung der Versicherungsbetriebe, S. 260.

[35] *Kuschel*, Horst, a.a.O., S. 6.

[36] Vgl. dazu im einzelnen *Gürtler*, Max: Das Risiko des Zufalls im Versicherungsbetrieb, in: Zeitschrift für die gesamte Versicherungswissenschaft, Bd. 29, 1929, S. 318 ff.

[37] Vgl. *Prölss*, Erich R.: Zur Rechtsnatur der laufenden Rückversicherungsprovision, in: Zeitschrift für die gesamte Versicherungswissenschaft, Bd. 43, 1943, S. 130 ff.

[38] *Kuschel*, Horst, a.a.O., S. 7. Ebenso *Farny*, Dieter: Der „Preis" für Rückversicherung in Theorie und Praxis, in: Zeitschrift für Versicherungswesen, Jg. 14, 1963, S. 739 f.

die umfangreiche Konzernverflechtung[39] verliehen. Als Vereinbarungen über Geschäftsbeteiligungen eignen sich Rückversicherungsverträge in hervorragender Weise als Instrument der Konzernpolitik. Je nach Wahl der Rückversicherungsform und Vertragsgestaltung lassen sich die Erfolge weitgehend der Höhe nach beeinflussen und in die eine oder andere Richtung verschieben. Heubeck[40] bezeichnet demzufolge die Rückversicherung als den „großen Rangierbahnhof zwischengesellschaftlicher, langfristiger Transaktionen, der Begebung und Tilgung von Organisationseinschüssen, der Thesaurierung von Mitteln zur Stabilisierung der Überschußpolitik des Erstversicherers“.

Es zeigt sich also, daß die Rückversicherung in ihren verschiedenen Funktionen erheblichen Einfluß auf die wirtschaftliche Situation der einzelnen Unternehmen auszuüben vermag. Das gilt in besonderem Maße für die Schaden- und Unfallversicherung, wo die Rückversicherung in der Regel eine sehr viel größere Rolle als in der Lebensversicherung spielt. In Anbetracht dessen dürfte eine ausreichende Berichterstattung über das aktive und passive Rückversicherungsgeschäft als unabdingbare Voraussetzung für eine zuverlässige Beurteilung der wirtschaftlichen Lage eines Versicherungsunternehmens, wie sie § 149 AktG postuliert, anzusehen sein. Dementsprechend werden auch sehr detaillierte Nachweisungen über die Rückversicherungsverhältnisse im Rahmen der an das Bundesaufsichtsamt zu richtenden jährlichen Rechenschaftsberichte verlangt. Um so auffälliger ist das Publizitätsgefälle gegenüber der Öffentlichkeit.

Verglichen mit der einheitlichen und sehr detaillierten Berichterstattung im französischen Jahresabschluß wirkt die Darstellung der Rückversicherungsbeziehungen in der deutschen Rechnungslegung mehr oder weniger bruchstückhaft und in ihrer ausweistechnischen Unterschiedlichkeit außerordentlich kompliziert. Generell wird man dem Rechnungsabschluß der Lebensversicherer gegenüber dem der Schaden- und Unfallversicherung eine höhere Aussagefähigkeit attestieren. Diese Abstufung entspricht jedoch offensichtlich weniger den Informationsbedürfnissen der Publizitätsadressaten als den Interessen der Versicherungswirtschaft[41].

Die zahlreichen materiellen und formalen Unterschiede in der Rückversicherungspublizität beider Branchen lassen allerdings — angesichts des hier zu Gebote stehenden Raumes — lediglich einen die markantesten Gestaltungspunkte herausgreifenden Vergleich mit der französischen Regelung zu.

---

[39] Vgl. dazu *Braeß*, Paul: Konzentration in der Versicherungswirtschaft, in: Die Konzentration in der Wirtschaft, hrsg. von Helmut Arndt, Berlin 1960, Bd. 1, S. 407 ff.

[40] *Heubeck*, Georg, a.a.O., S. 163.

[41] Vgl. *Hax*, Karl: Die Vorschriften über die Rechnungslegung, S. 153.

Der besseren Übersichtlichkeit wegen empfiehlt es sich auch hier, wie bei den vorangegangenen Untersuchungen, bilanzielle und erfolgsrechnerische Tatbestände getrennt zu behandeln und dort jeweils wiederum nach aktivem und passivem Rückversicherungsgeschäft zu differenzieren. Die im Gegensatz zu Frankreich erheblichen Unterschiede in der Berichterstattung der deutschen Lebens- und Schadenversicherer erfordern darüber hinaus eine getrennte Untersuchung der beiden Branchen.

1. Der Ausweis der Bilanzposten

Wie bereits dargestellt, wird in der französischen Rechnungslegung — zumindest für den Inlandsbereich — strikt nach direktem und indirektem Geschäft unterschieden. Die auf das abgegebene Geschäft entfallenden Posten werden gesondert aufgeführt; Rückversichereranteile an den technischen (Brutto-) Rückstellungen, gestellte und einbehaltene Sicherheiten sowie Abrechnungssalden werden ungekürzt bilanziert. Demgegenüber ist das deutsche System durch eine Reihe unterschiedlicher Saldierungen und Zusammenfassungen gekennzeichnet, die den bilanziellen und erfolgsrechnerischen Ausweis mehr oder weniger unvollkommen gestalten. Die Lücken werden teilweise durch Angaben im Geschäftsbericht geschlossen.

a) Das aktive Rückversicherungsgeschäft

α) Die Berichterstattung in der Lebensversicherung

Die Bilanzen der deutschen *Lebens*versicherungsgesellschaften bleiben von den technischen Rückstellungen aus übernommenen Rückversicherungen grundsätzlich unberührt. Deckungsrückstellung, Beitragsüberträge und Schadenrückstellung[42] aus indirektem Geschäft werden saldiert gegen die bei den Zedenten gestellten *baren* Sicherheiten. Lediglich in den für deutsche Verhältnisse seltenen Fällen, da das berichtende Unternehmen bei seinen Zedenten Wertpapiere verpfändet (Wertpapierdepot), findet keine Verrechnung in der Bilanz statt. Dasselbe gilt, wenn der Vorversicherer keine Sicherheiten einbehält, was angesichts der Bedeckungsvorschriften in § 67 VAG praktisch wohl nur Zessionen aus dem Ausland betrifft. In der Bilanz erscheinen diese übernommenen Rückstellungen dann allerdings nicht gesondert. Sie sind jedoch teilweise[43] auf Grund des für sie geltenden Umsatzprinzips der Ausgabenseite der Gewinn- und

---

[42] In Anlehnung an Kuschel (a.a.O., S. 23) soll die „Rückstellung für noch nicht abgewickelte Versicherungsfälle und Rückkäufe" der Lebensversicherer der Einfachheit halber als Schadenrückstellung bezeichnet werden.

[43] Zweifel ergeben sich bei der Schadenrückstellung. Näheres siehe *Kuschel*, Horst, a.a.O., S. 76 f.

Verlustrechnung zu entnehmen. Die Hauptmasse der aus aktiver Rückversicherung stammenden technischen Rückstellungen und die dafür gestellten (baren) Sicherheiten sind mithin aus der Bilanz der Lebensversicherer in Deutschland nicht ersichtlich; auch der Geschäftsbericht gibt darüber keine Auskunft.

In diesem Punkt scheinen sich die Vorstellungen der Praxis von der bilanziellen Bedeutung des § 67 VAG — worauf noch einzugehen sein wird — gegenüber den Absichten der Aufsichtsbehörde bei der Abfassung der Rechnungslegungsvorschriften durchgesetzt zu haben[44]. Bilanziert werden lediglich gestellte Sicherheiten „allgemeiner Art“[45] sowie die Salden des laufenden Abrechnungsverkehrs, ohne daß jedoch die auf das indirekte Geschäft entfallenden Anteile zu ermitteln sind[46]. Daß in dieser Sammelposition[45] Konzerngeschäftsanteile gesondert aufgeführt werden, mag angesichts der insgesamt recht dürftigen Information über das indirekte Geschäft als schwacher Trost empfunden werden.

β) Die Berichterstattung in der Schaden- und Unfallversicherung

Demgegenüber gewährt der Rechnungsabschluß der *Schaden-* und *Unfall*versicherung einen besseren Überblick über die aus aktiver Rückversicherung stammenden Verpflichtungen. Anders als in der Lebensversicherung werden hier die Deckungsrückstellungen, Beitragsüberträge und Schadenrückstellungen aus indirektem Geschäft — und zwar auch soweit sie gem. § 67 VAG brutto vom Erstversicherer zu bedecken sind — passiviert und die gestellten Sicherheiten aktiviert. Diese Aktivposition ist im Bilanzschema der Schaden- und Unfallversicherungsunternehmen der wichtigste Anhaltspunkt für Anteile aus indirektem Geschäft, da auf der Passivseite die technischen Rückstellungen nicht nach direktem und indirektem Geschäft unterschieden werden.

Aus dem Betrag der „bei den Vorversicherern gestellten Sicherheiten“ (Position IX 1 a und IX 2 a) auf die Höhe der übernommenen Rückversicherungsverpflichtungen zu schließen, scheitert allerdings aus zwei Gründen: Zum einen wird abweichend von der Handhabung in der Lebensversicherung auf Grund § 67 VAG in der Schaden- und Unfallversicherung in der Regel nur der *Deckungs*rückstellungsbetrag voll beim Vorversicherer deponiert. Darüber hinausgehende Sicherheiten werden im allgemeinen frei vereinbart. Ihre Höhe ist dem Externen allerdings

---

[44] Vgl. *Kuschel*, Horst, a.a.O., S. 25. Vgl. *Berzel*, Wilhelm: Zum Entwurf neuer Rechnungslegungsvorschriften, in: Versicherungswirtschaft, Jg. 9, 1954, S. 156.

[45] Vgl. ReV L, Erläuterungen zu Aktivposition X, S. 9.

[46] Zu den Einzelheiten vgl. *Kuschel*, Horst, a.a.O., S. 70 f.

nicht bekannt[47]. Zudem werden hier wie in der Lebensversicherung auch Sicherheiten allgemeiner Art sowie die auszugleichenden Beträge aus dem laufenden Abrechnungsverkehr des aktiven *und* passiven Rückversicherungsgeschäfts ausgewiesen. „Lediglich über die *Herkunft* des indirekten Geschäftes (Konzern- oder andere Versicherungsunternehmen!) sind einige Schlüsse möglich"[48]. Im Erläuterungsbericht ist „über die Höhe der Forderungen und Verbindlichkeiten gegenüber den *einzelnen* Konzernunternehmen" zu berichten[49]. Die bilanzielle Berichterstattung wird ergänzt durch den Geschäftsbericht, wo „die Deckungsrückstellungen, Beitragsüberträge und Schadenrückstellungen getrennt für die selbst abgeschlossenen und für die in Rückdeckung übernommenen Versicherungen für die einzelnen Versicherungszweige anzugeben"[50] sind. Kuschel[51] bezieht diese Vorschrift lediglich auf die „Rückstellungen für *eigene Rechnung*", während nach den Untersuchungen Farnys[52] die Praxis hier unterschiedlich verfährt. „Einige Gesellschaften beziehen diese Vorschrift auf die Bruttobeträge der technischen Rückstellungen, andere auf die Nettobeträge, wieder andere geben Brutto- und Nettobeträge an."

In der Spartenaufteilung der aus aktiver Rückversicherung stammenden technischen Verpflichtungen sowie der — wenn auch begrenzten — Kennzeichnung des Konzerngeschäfts liegt ein Vorzug der deutschen Regelung gegenüber der französischen. Die spartenmäßige Zusammensetzung des aktiven Rückversicherungsgeschäfts ist dort nicht erkennbar. Hinzu kommt, daß nur das in Frankreich gezeichnete indirekte Geschäft getrennt ausgewiesen wird.

Auf der anderen Seite werden im französischen Abschluß die gestellten Sicherheiten (nach Arten spezifiziert) wie auch die gegenüber Vorversicherern bestehenden Abrechnungssalden gesondert aufgeführt, was nicht zuletzt wegen der Unterschiedlichkeit dieser Posten[53] gegenüber dem undifferenzierten Ausweis im deutschen Jahresabschluß vorzuziehen ist.

---

[47] Vgl. *Farny*, Dieter: Der Ausweis des indirekten Geschäftes bei den Erstversicherungsunternehmen, in: Zeitschrift für Versicherungswesen, Jg. 15, 1964, S. 870.

[48] Ebenda.

[49] ReV Sch, Besondere Vorschriften für die Erstellung des Druckberichtes, III, Ziff. 3, 11 b.

[50] ReV Sch, Besondere Vorschriften für die Erstellung des Druckberichtes, III, Ziff. 22.

[51] *Kuschel*, Horst, a.a.O., S. 41.

[52] Vgl. *Farny*, Dieter: Der Ausweis des indirekten Geschäftes, S. 870.

[53] Vgl. *Hofmann*, Erwin, a.a.O., S. 42. Vgl. *Berchter*, Käthe, a.a.O., S. 158 ff. Vgl. *Gürtler*, Max: Die Erfolgsrechnung der Versicherungsbetriebe, S. 341 f. Vgl. *Kuschel*, Horst, a.a.O., S. 126 ff.

b) Das passive Rückversicherungsgeschäft

In Frankreich werden die das passive Rückversicherungsgeschäft betreffenden Bilanzposten — Rückversicherungsanteile, einbehaltene Sicherheiten und Abrechnungssalden — nach einheitlichem Schema jeweils gesondert unter den Aktiven und Passiven aufgeführt.

α) Die Berichterstattung in der Lebensversicherung

In Deutschland ist die Berichterstattung wiederum uneinheitlich. Das Bilanzbild der Lebens- und Schadenversicherer wird durch unterschiedliche Saldierungstatbestände gekennzeichnet. Zudem werden analog dem aktiven Rückversicherungsgeschäft auch hier die Salden aus dem laufenden Abrechnungsverkehr zusammen mit den Rückversicherungsdepots — sofern diese überhaupt bilanziert werden — ausgewiesen.

Rückversichereranteile an den versicherungstechnischen (Brutto-) Rückstellungen werden im deutschen Jahresabschluß grundsätzlich nicht aktiviert. In der Bilanz der Lebensversicherungsunternehmen werden sie saldiert gegen die auf Grund § 67 VAG in der Regel in gleicher Höhe bar einbehaltenen Sicherheiten, sofern man die ausgewiesene Brutto-Dekkungsrückstellung nicht als Zusammenfassung von Eigenbehaltsrückstellung und einbehaltenem Bardepot ansehen will. Wird von den Zessionaren ein *Wertpapier*depot gestellt — in Deutschland eine seltene Ausnahme —, so entsteht abweichend von der französischen Regelung auf seiten des Zedenten keine Depotverpflichtung, da die betreffenden Werte vom Zessionar als Wertpapiere (also nicht als Forderungen aus gestellten Sicherheiten wie in Frankreich) bilanziert werden. Infolgedessen kann in diesem Fall nicht gegen die Rückversichereranteile an den technischen Verbindlichkeiten saldiert werden. Die Rückversichereranteile werden dann unter „Forderungen an Versicherungsunternehmen" zusammen mit den gestellten Sicherheiten (allgemeiner Art) aus aktivem Rückversicherungsgeschäft und etwaigen Guthaben aus dem laufenden Abrechnungsverkehr mit Vor- und Rückversicherern aktiviert. Somit können auch für diese Ausnahmefälle der Wertpapierdepotstellung die Anteile der Rückversicherer an den brutto passivierten technischen Rückstellungen aus der Bilanz der deutschen Lebensversicherungsgesellschaften nicht ermittelt werden. Im Vergleich zum französischen Ausweisschema handelt es sich hier also um ein eingeschränktes Bruttoprinzip[54], dessen Informationslücken auch durch den Geschäftsbericht nicht vollständig geschlossen wer-

---

[54] Vgl. *Kuschel*, Horst, a.a.O., S. 32. Vgl. *Gürtler*, Max: Betriebswirtschaftliche Probleme des Versicherungswesens, Wiesbaden 1959, S. 176. — Gürtler stuft dieses Verfahren in Anbetracht der vorgenommenen Saldierung entgegen der überwiegenden Auffassung als Nettomethode ein.

den. Die dort aufgeführten Anteile der Rückversicherer an der Deckungsrückstellung, den Beitragsüberträgen und der Schadenrückstellung sind in der Regel unvollständig[55].

Kuschel will die Angaben — wohl zu Recht[56] — nur auf die passivierten (Brutto-) Rückstellungen bezogen wissen. *Retro*zessionsanteile würden demnach *nicht* aufgeführt.

β) Die Berichterstattung in der Schaden- und Unfallversicherung

In der Bilanz der Schaden- und Unfallversicherung werden ebenfalls keine Rückversichereranteile aktiviert. Sie werden abweichend von der Handhabung in der Lebensversicherung gegen die Bruttorückstellungsbeträge saldiert. Eine Ausnahme bildet die Deckungsrückstellung aus direktem Geschäft, die wie in der Lebensversicherung behandelt wird. Die verrechneten Rückversichereranteile sind jedoch der Passivvorspalte der Bilanz zu entnehmen, und zwar einschließlich der Retrozessionsbeträge. Lediglich der auf die Deckungsrückstellung aus direktem Geschäft entfallende Rückversichereranteil ist nicht zu ersehen.

Die üblicherweise als Nettorechnung apostrophierte Bilanz der deutschen Schaden- und Unfallversicherungsgesellschaften sagt also erheblich mehr aus über das passive Rückversicherungsgeschäft als die Bilanz der Lebensversicherer, die nach herrschender Auffassung als Bruttorechnung eingestuft wird.

Daran zeigt sich deutlich die Unzulänglichkeit des herrschenden bilanziellen Bruttobegriffs[57] in der Versicherung, der lediglich auf den um Rückversichereranteile ungekürzten Ausweis der technischen Rückstellungen in der Hauptspalte der Bilanz abstellt. Das ist jedoch nur ein formales Kennzeichen des *Verpflichtungs*ausweises. Zur *materiellen* Charakterisierung der Publizität über das passive Rückversicherungsgeschäft ist dieser Begriff jedoch ungeeignet.

---

[55] ReV L, Besondere Vorschriften für die Erstellung des Druckberichtes, III, Ziff. 23.

[56] Vgl. *Kuschel*, Horst, a.a.O., S. 39. Wir halten die Auffassung Kuschels für richtig, weil sonst bei übergewichtigem Indirektgeschäft der paradox erscheinende Fall eintreten könnte, daß die aufgeführten (Retro-) Zessionsanteile den Betrag der Bruttorückstellungen übersteigen.

[57] Vgl. *Fritz*, Ernst: Die Publizitätspflicht, S. 6. Derselbe: Die Rechnungslegungsvorschriften des Bundesaufsichtsamtes für das Versicherungs- und Bausparwesen, in: Rechnungslegung und Prüfung der Versicherungsunternehmen, hrsg. vom Institut der Wirtschaftsprüfer, Düsseldorf 1959, S. 26, Tz 22. Vgl. *Hax*, Karl: Die Vorschriften über die Rechnungslegung, S. 151.

Insgesamt wird man für den bilanziellen Bereich der Rückversicherungspublizität dem französischen Jahresabschluß gegenüber der deutschen Regelung die größere Aussagefähigkeit attestieren. Die Mängel der deutschen Regelung beruhen vor allem auf drei Tatbeständen: In beiden Branchen werden in Deutschland die Salden aus dem laufenden Abrechnungsverkehr nicht nach übernommenem und passivem Rückversicherungsgeschäft getrennt und zudem zusammen mit gestellten und einbehaltenen Sicherheiten aufgeführt. In der Lebensversicherung sind die auf das indirekte Geschäft entfallenden technischen Verpflichtungen und Depots aus der Bilanz infolge Saldierung in der Regel nicht ersichtlich. Das gilt hier spiegelbildlich auch für die passive Rückversicherung.

Eine wirkungsvolle Verbesserung ließe sich auf deutscher Seite durch die generelle Trennung der Abrechnungssalden nach französischem Muster und den unsaldierten Ausweis der auf Grund § 67 VAG gestellten bzw. einbehaltenen (baren) Sicherheiten erreichen.

Die in der Saldierung dieser Posten gegen technische Rückstellungen (indirektes Geschäft) bzw. gegen Rückversichereranteile an den Bruttoverpflichtungen zum Ausdruck kommende Interpretation des § 67 VAG als *Bilanzierungs*vorschrift[58] ist offensichtlich falsch.

Fritz[59] und Kuschel[60] haben sehr entschieden und nach unserer Meinung auch zu Recht betont, daß § 67 VAG lediglich eine *finanzierungstechnisch* zu verstehende Schutzvorschrift zugunsten der Versicherungsnehmer ist, die die gegenwärtige ausweistechnische Behandlung der Bardepots weder rechtfertigt noch gar verlangt. Demnach wären also die nach § 67 VAG gestellten bzw. einbehaltenen Bardepots wie in Frankreich zu bilanzieren. Hinsichtlich der Rückversichereranteile an den technischen Bruttoverpflichtungen erscheint uns die im Jahresabschluß der deutschen Schaden- und Unfallversicherer verwirklichte Vorspaltenlösung jedoch durchaus akzeptabel, nicht weil wir den recht formalistischen Überlegungen von Hax über das Bilanzierungsverbot für „anfechtbare Aktivposten“[61] zustimmen, sondern weil wir uns von dieser Regelung eine Entlastung der Bilanz versprechen, ohne dadurch unter dem notwendigen Informationsgrad der französischen Bruttoregelung zu rangieren. Beide Systeme lassen sowohl die Bruttoverpflichtungen gegenüber den Versicherungsnehmern als auch die darauf entfallenden Rückdeckungsbeträge erkennen.

---

[58] Vgl. *Deter*, Georg: Die Rechnungslegungsvorschriften für Versicherungsbetriebe, in: Rechnungslegung und Prüfung der Versicherungsbetriebe, hrsg. von Richter und Weyer, Berlin 1939, S. 57.

[59] Vgl. *Fritz*, Ernst: Die Vorschriften über die Rechnungslegung, S. 137.

[60] Vgl. *Kuschel*, Horst, a.a.O., S. 109 f.

[61] *Hax*, Karl: Die Vorschriften über die Rechnungslegung, S. 153.

Wenn in der beschriebenen Vorspaltenlösung andererseits ein Verstoß gegen das aktienrechtliche Saldierungsverbot gesehen wird[62], dann interpretiert man diesen Grundsatz — sofern er in diesem Zusammenhang überhaupt zum Tragen kommt — auch als *ausweistechnisch* bindend. Das ist unserer Auffassung nach nicht zwingend. Das Saldierungsverbot ist in seiner Konzeption offensichtlich eine *materiell* orientierte Schutzvorschrift gegen bilanzrechtlich unerwünschten Informationsverlust. Gerade dieser Verlust tritt aber durch die Vorspaltenangabe im Gegensatz zur „ersatzlosen Saldierung" nicht ein. Faßt man die Rückversichereranteile als Wertberichtigungen zu den Bruttorückstellungen auf, so wären sie gleichfalls zu vermerken, um den in § 149 Abs. 1 AktG verlangten „möglichst sicheren Einblick in die Vermögens- und Ertragslage" zu gewährleisten. Auch unter dem Gesichtspunkt wäre eine Vorspaltenangabe durchaus hinreichend.

2. Der Ausweis der Erfolgskomponenten

a) Abriß der Periodisierungsverfahren

Noch stärker als auf dem bilanziellen Sektor treten die Unterschiede in der Rückversicherungspublizität zwischen Lebens- und Schadenversicherung in der deutschen Rechnungslegung auf erfolgsrechnerischer Ebene zu Tage. Allerdings kehrt sich hier das Bild um: Die Berichterstattung der Lebensversicherer über das aktive und passive Rückversicherungsgeschäft läßt materiell kaum noch Wünsche offen und steht der französischen nur wenig nach. Die Publizität der deutschen Schaden- und Unfallversicherer hingegen ist in dem Punkt recht mangelhaft. Das ist um so bedauerlicher, als man von der Erfolgsrechnung der Schaden- und Unfallbranche aus den bereits erwähnten Gründen eher eine detaillierte Darstellung der Rückversicherungseinflüsse verlangen möchte.

Neben den materiellen Unterschieden zeigen sich auch formale Abweichungen zwischen Lebens- und Schadenversicherung, die im wesentlichen die Periodisierungsverfahren betreffen. Zudem wird der Ausweis in der Erfolgsrechnung in unterschiedlichem Umfang durch Angaben im Geschäftsbericht ergänzt.

Was die zeitliche Abgrenzung der Einnahme- und Ausgabegrößen anbelangt, so teilt das Rückversicherungsgeschäft der deutschen Schaden- und Unfallversicherungsunternehmen das Schicksal des selbst abgeschlossenen Geschäfts. Die technischen Größen werden nach den Regeln des „klassischen" Umsatzprinzips innerhalb der Gewinn- und Verlustrechnung periodisiert. Lediglich die im Zusammenhang mit der Deckungsrückstellung des direkten Geschäfts stehenden anteiligen Schadenvergütungen

[62] Vgl. *Kuschel*, Horst, a.a.O., S. 98 f.

der Rückversicherer werden nach dem Umsatzsaldoverfahren abgegrenzt. In der Lebensversicherung kommen im indirekten Geschäft je nach Art der Depotvorstellung *beide* Verfahren nebeneinander zum Zuge, was das Verständnis der Rechnungslegung nicht gerade erleichtert.

Der Grund für die Anwendung des Umsatzsaldoverfahrens bei Bardepotstellung liegt offenbar darin, daß in diesem Fall die übernommenen technischen Rückstellungen bzw. die Rückversichereranteile an den technischen Passiva nicht bilanziert werden. Es würde daher offenbar den Intentionen dieser bilanziellen Regelung zuwiderlaufen, die saldierten Bilanzposten qua Umsatzprinzip in der Erfolgsrechnung erscheinen zu lassen. Diese Regelung ist also methodisch auf die fälschlich aus § 67 VAG hergeleitete Bilanzierungspraxis abgestimmt.

b) Das aktive Rückversicherungsgeschäft

α) Die Berichterstattung in der Lebensversicherung

Bei dem Versuch, das Ergebnis aus aktiver Rückversicherung der Lebensversicherungsgesellschaften zu ermitteln, wollen wir uns zunächst auf den Regelfall der Bardepotstellung beschränken. Alsdann ergeben sich folgende Komponenten:

Einnahmen[63]	
Beiträge für übernommene Rückversicherung (brutto)	GuV ReV L, Pos. A III 2
Vermögenserträge (Depotzinsen)	Geschäftsbericht ReV L, Ziff. 32
Sonstige Einnahmen:	Geschäftsbericht
Verminderung der anteiligen vom Vorversicherer „einbehaltenen“ Deckungsrückstellung, Beitragsüberträge und Rückstellung für noch nicht abgewickelte Versicherungsfälle und Rückkäufe	ReV L, Ziff. 31, sofern „größerer Posten“
Ausgaben	
Zuführung zur Deckungsrückstellung (§ 67 VAG) und zu den Beitragsüberträgen des Vorversicherers	GuV ReV L, Pos. B VI 1
Anteilige Leistungen für Versicherungsfälle einschließlich Erhöhung der Rückstellung für noch nicht abgewickelte Versicherungsfälle und Rückkäufe	GuV ReV L, Pos. B VI 2 a
Sonstige Vergütungen an Vorversicherer (Kostenerstattungen und Gewinnanteile)	GuV ReV L, Pos. B VI 2 b

[63] Die Bezeichnungen der einzelnen Positionen sind des besseren inhaltlichen Verständnisses halber gegenüber den Benennungen in den ReV teilweise weiter gefaßt.

Die auf das indirekte Geschäft entfallenden Betriebsaufwendungen (Verwaltungskosten), die dem berichtenden Unternehmen selbst entstanden sind, werden wie in Frankreich ebenfalls gesondert ausgewiesen. Sie sind jedoch nach dem hier zugrundegelegten Begriff des technischen Rückversicherungsergebnisses[64] nicht berücksichtigt.

Bedenkt man, daß die französische Regelung lediglich das im Inland übernommene Rückversicherungsgeschäft trennt, so ist die Berichterstattung hier umfassender. Auf der anderen Seite ist in der deutschen Rechnungslegung die Verminderung (Umsatzsaldoprinzip) der bei den Vorversicherern „verbliebenen“ technischen Rückstellungen nicht mit Sicherheit dem Geschäftsbericht zu entnehmen. Zudem läßt sich auf deutscher Seite das Ergebnis aus aktiver Rückversicherung nur brutto ermitteln.

Der Informationsvorsprung der französischen Regelung wird vollends sichtbar, wenn in Deutschland (ausnahmsweise) entweder Wertpapierdepots oder keine Sicherheiten gestellt werden. In den Fällen werden Beiträge und Versicherungsleistungen nach den Regeln des Umsatzprinzips abgegrenzt. Die korrigierenden Rückstellungsvor- und -überträge sind dann jedoch nur unter Zuhilfenahme des jeweiligen Vorjahresabschlusses zu ermitteln[65]. Die anteiligen Vermögenserträge lassen sich nur schätzen.

β) Die Berichterstattung in der Schaden- und Unfallversicherung

Gegenüber der zwar formal komplizierten, materiell jedoch recht umfassenden Darstellung des indirekten Geschäfts in der Lebensversicherung bleibt die Berichterstattung der *Schaden-* und *Unfall*versicherung hoffnungslos zurück. In der Gewinn- und Verlustrechnung werden grundsätzlich die auf aktive Rückversicherung entfallenden Beträge mit den Zahlen des Direktgeschäfts zusammengefaßt. Lediglich für die Beiträge gilt eine *Soll*vorschrift[66], die auf übernommene Rückversicherungen entfallenden Prämieneinnahmen getrennt anzugeben. Nach den Untersuchungen Farnys[67] kommen die Schaden- und Unfallversicherungsgesellschaften dieser Aufforderung „in unterschiedlichem Ausmaß nach. Etwa ein Drittel der Gesellschaften ... gibt den Prämienbetrag aus aktiver Rückversicherung überhaupt nicht an. Einige Unternehmen nennen im Lage- oder Erläuterungsbericht den Gesamtbetrag der Brutto- und/oder Nettoprämien des indirekten Geschäftes, ohne spartenmäßig zu unter-

---

[64] Vgl. S. 100 dieser Arbeit.

[65] Vgl. *Kuschel*, Horst, a.a.O., S. 78 f.

[66] ReV Sch, Besondere Vorschriften für die Erstellung des Druckberichtes, III, Ziff. 26.

[67] *Farny*, Dieter: Der Ausweis des indirekten Geschäftes, S. 870 f.

gliedern. Die übrigen Versicherer geben im Erläuterungsbericht in gleicher Weise wie für das Direktgeschäft die Brutto- und Nettoprämien aus übernommenen Verträgen in den einzelnen Zweigen an".

Mit diesen freiwilligen und nicht eindeutig fixierten Angaben erschöpft sich in Deutschland bereits die Publizität der Schaden- und Unfallversicherer über das indirekte Geschäft, wenn wir von den im Geschäftsbericht (Ziff. 22) aufzuführenden technischen Rückstellungen aus aktiver Rückversicherung absehen. Das Ergebnis des indirekten Geschäfts läßt sich aus diesen wenigen Angaben jedoch nicht ermitteln. Es fehlen vor allem die an Versicherer geleisteten anteiligen Kostenerstattungen und Gewinnanteile und Depotzinsen.

Die Nettoschadenleistungen aus übernommenem Rückversicherungsgeschäft lassen sich bis zu einem gewissen Grad auf recht komplizierten Umwegen ermitteln: Man subtrahiert von den (Netto-) Zahlen des Gesamtgeschäfts in der Gewinn- und Verlustrechnung die entsprechenden Beträge des Direktgeschäfts im Geschäftsbericht gem. Ziff. 27 (gezahlt und zurückgestellt). Das Verfahren führt jedoch nur in der *Sach*versicherung zu genauen Ergebnissen. In den HUK-Zweigen stimmen die Ausgabenposition I der Erfolgsrechnung und die erwähnte Übersicht über die Leistungen für Versicherungsfälle im Geschäftsbericht inhaltlich nicht überein. Die Abweichungen liegen in der Prämienrückgewähr und den Rückkäufen bei Unfallversicherungen mit Beitragsrückerstattung, den laufenden Rentenleistungen und Deckungsrückstellungszuführungen[68]. Die Berücksichtigung dieses Umstandes wird man jedoch kaum von der breiten Öffentlichkeit erwarten können, da sie eingehende Kenntnisse der Rechnungslegungsbestimmungen voraussetzt.

Die weitgehende Zusammenfassung von direktem und indirektem Geschäft ist angesichts der strukturellen[69] Unterschiede, die zwischen beiden bestehen, ein schwerwiegender Mangel gegenüber der klar trennenden Berichterstattung der französischen Schaden- und Unfallversicherer.

Die vom Direktgeschäft beträchtlich abweichenden Schaden- und Betriebskostensätze und die unterschiedliche „*Struktur* der Betriebskosten"[70] haben den französischen Gesetzgeber sogar veranlaßt, das aktive Rückversicherungsgeschäft als „Sparte" zu führen. Diese Lösung sollte, nicht zuletzt ihrer formaltechnischen Vorzüge wegen, bei der anstehenden Re-

---

[68] Vgl. *Kuschel,* Horst, a.a.O., S. 84. Vgl. *Farny,* Dieter: Der Ausweis des indirekten Geschäftes, S. 872.

[69] Vgl. dazu *Gürtler,* Max: Die Erfolgsrechnung der Versicherungsbetriebe, S. 370 ff. Vgl. *Farny,* Dieter: Der Ausweis des indirekten Geschäftes, S. 872. Vgl. *Hofmann,* Erwin, a.a.O., S. 59 f. Vgl. *Riebesell,* Paul: Das einheitliche Rechnungswesen, S. 30. Vgl. *Kuschel,* Horst, a.a.O., S. 121 f.

[70] *Farny,* Dieter: Der Ausweis des indirekten Geschäftes, S. 872.

form der deutschen Rechnungslegung aufgegriffen werden. Da diese Regelung jedoch nicht die Anteile der einzelnen Versicherungszweige am indirekten Geschäft erkennen läßt, wäre eine entsprechende Aufschlüsselung der periodisierten Beiträge und Versicherungsleistungen im Geschäftsbericht eine wertvolle Ergänzung.

c) *Das passive Rückversicherungsgeschäft*

Auch für das abgegebene Rückversicherungsgeschäft erweist sich der Rechnungsabschluß der Lebensversicherer in Deutschland gegenüber dem der Schaden- und Unfallversicherung als aufschlußreicher und formal geschlossener. Die Berichterstattung der Schadenversicherungsunternehmen über das abgegebene Geschäft ist weitgehend in den Geschäftsbericht verlegt, ein zumindest subjektiv erschwerendes Moment. In materieller Hinsicht jedoch wird man das Publizitätsgefälle zwischen den beiden Branchen — verglichen mit dem indirekten Geschäft — als geringer ansehen.

α) Die Berichterstattung in der Lebensversicherung

Betrachten wir zunächst wieder die Situation in der Lebensversicherung, dann lassen sich folgende Erfolgskomponenten unterscheiden:

Einnahmen[71]	
Leistungen der Rückversicherer:	
Anteile an Erhöhung der Deckungsrückstellung (§ 67 VAG) und der Beitragsüberträge	GuV ReV L, Pos. A VII 1
Rückversichereranteile an Leistungen für Versicherungsfälle einschließlich Erhöhung der Rückstellung für noch nicht abgewickelte Versicherungsfälle und Rückkäufe	GuV ReV L, Pos. A VII 2 a
Sonstige Vergütungen (Kostenerstattungen und Gewinnanteile)	GuV ReV L, Pos. A VII 2 b
Ausgaben[71]	
Rückversicherungsbeiträge	
aus selbst abgeschlossenen Versicherungen	GuV ReV L, Pos. B VII 1
aus übernommenen Rückversicherungen	GuV ReV L, Pos. B VII 2
Schuldzinsen (Depotzinsen)	Geschäftsbericht ReV L, Ziff. 32
Sonstige Ausgaben:	GuV ReV L, Pos. B XX bzw. Geschäftsbericht ReV L, Ziff. 31, sofern „größerer Posten“
Verminderung der Rückversichereranteile an der Deckungsrückstellung, den Beitragsüberträgen und der Rückstellung für noch nicht abgewickelte Versicherungsfälle und Rückkäufe	

[71] Zur Benennung der Positionen vgl. Fußnote 63 auf S. 132 der Arbeit.

Im Gegensatz zum indirekten Geschäft wird hier unabhängig von der Art der Depotstellung einheitlich nach dem Umsatzsaldoprinzip abgegrenzt. Bei den anteiligen Vermögenserträgen ist die deutsche Handhabung exakter als die französische. Demgegenüber läßt sich in Deutschland nicht das auf die einzelnen „Lebensversicherungssparten" und das indirekte Geschäft entfallende Rückversicherungsergebnis ermitteln. Zudem sind hier — analog dem indirekten Geschäft — die Verminderungen der auf die Rückversicherung entfallenden Rückstellungsanteile nicht in jedem Falle ersichtlich. Die ebenfalls nicht getrennt ausgewiesenen „Verwaltungskosten" auf abgegebene Rückversicherungen werden gemäß dem in dieser Arbeit verwandten Begriff des Rückversicherungserfolges nicht berücksichtigt.

β) Die Berichterstattung in der Schaden- und Unfallversicherung

Während in Frankreich die Betriebsrechnungen einheitlich brutto im Hinblick auf das passive Rückversicherungsgeschäft konzipiert sind, zeigt die Gewinn- und Verlustrechnung der deutschen Schaden- und Unfallversicherer überwiegend nur um Rückversichereranteile gekürzte Beträge. Die zur Ermittlung des Ergebnisses aus passiver Rückversicherung benötigten Zahlen lassen sich teilweise dem Geschäftsbericht entnehmen. Dadurch läßt sich näherungsweise das Ergebnis aus dem gesamten abgegebenen Geschäft ermitteln. Die auf die einzelnen Sparten und das übernommene Rückversicherungsgeschäft entfallenden Erfolgsanteile sind jedoch im Gegensatz zur französischen Rechnungslegung nicht ersichtlich. Für die Ermittlung der Spartenerfolge fehlen auch bei Zuhilfenahme des jeweiligen Vorjahresdruckberichtes folgende Komponenten[72]:

1. Rückversichereranteile an den im Geschäftsjahr *gezahlten* Versicherungsleistungen der Gewinn- und Verlustrechnung. Die durch Subtraktion aus der Übersicht im Geschäftsbericht Rev Sch Ziff. 27 erhältlichen anteiligen Versicherungsleistungen der Rückversicherer betreffen nur das selbst abgeschlossene Geschäft und sind — wie bereits erwähnt — inhaltlich abweichend von dem entsprechenden Posten in der Erfolgsrechnung definiert.
2. Anteile der Rückversicherer an den *gezahlten* Schadenbearbeitungskosten[73], den (allgemeinen) Verwaltungskosten sowie Gewinnanteile.
3. Anteile der Rückversicherer an Beitragsrückgewährbeträgen sowie die Vor- und Überträge der Rückversichereranteile an den Rückstellungen für Beitragsrückerstattung und die gesetzliche Beitragsermäßigung in der Kraftfahrtversicherung.

[72] Vgl. *Kuschel*, Horst, a.a.O., S. 89 f.

[73] Sofern solche vorgesehen sind.

4. Die Vor- und Überträge des Rückversicherungsanteils an der Deckungsrückstellung für übernommene Rückversicherungen.
5. Anteile der Rückversicherer an den Vermögenserträgen (Depotzinsen).

Selbst für das Gesamtgeschäft bleibt die Rechnung unvollständig. Zwar sind im Geschäftsbericht laut Rev Sch Ziff. 33 und 35 die Kostenerstattungen in ihrer Gesamtheit und die anteiligen Vermögenserträge der Rückversicherer ersichtlich. Die übrigen Komponenten sind jedoch auch für das Gesamtgeschäft nicht aufgeführt.

Gegenüber der Berichterstattung der französischen Schaden- und Unfallversicherer wirkt diese Regelung auch in ihrer ausweistechnischen Gestaltung recht mangelhaft.

Als besonders störend wird die Kürzung der (Brutto-) Verwaltungskosten um die anteiligen Kostenerstattungen (Rückversicherungsprovisionen) in der Gewinn- und Verlustrechnung angesehen. Betrachtet man wie Farny[74] die Rückversicherungsprovision als (kalkulatorisch bedingtes) Preiskorrektiv ähnlich einem Rabatt, so ließe sich betriebswirtschaftlich eher ihr Abzug bei den Rückversicherungsprämien rechtfertigen, wie er von Müller[75] vorgeschlagen wird. Dadurch würden proportionale und nichtproportionale Rückversicherung erfolgsrechnerisch kommensurabel, die Bedenken der Versicherungswirtschaft gegen einen getrennten Ausweis der Rückversicherungsprovisionen wären ausgeräumt.

Die derzeitige Regelung führt dagegen zu Verzerrungen im Erfolgsausweis und macht eine zuverlässige Beurteilung der Kostensituation der Betriebe unmöglich. Je nach Vertragsgestaltung und Höhe des Rückversicherungssatzes kommt es in der Praxis dazu, daß die Rückversicherungsprovisionen die Originalkosten übersteigen, was Zweifel an ihrer Interpretation als „Kosten*erstattungen*" aufkommen lassen könnte. Zudem wären in einem solchen Falle bei konsequenter Aufrechterhaltung des Nettokonzepts negative „Verwaltungskosten" auszuweisen. Daß eine solche Darstellung jedoch kaum auf das Verständnis der Öffentlichkeit rechnen kann, befürchtet Lauinger[76] wohl zu Recht, zumal sie über das Zustandekommen derartiger „roter Zahlen" im Bericht nicht aufgeklärt wird. Aus diesem Grunde werden diese „Übererstattungen" dann häufig unter „Sonstige Einnahmen" aufgeführt[77]. Das beeinträchtigt die zwischenbetriebliche Vergleichbarkeit.

---

[74] Vgl. *Farny,* Dieter: Der „Preis" für Rückversicherung, S. 739 f. Derselbe: Produktions- und Kostentheorie der Versicherung, S. 120 f.

[75] *Müller,* Ulrich, a.a.O., S. 567.

[76] Vgl. *Lauinger,* Artur: Die Vorschriften über die Rechnungslegung aus der Sicht des Publizisten, in: Versicherungswissenschaftliches Archiv, 1955, S. 171.

[77] Vgl. *Bilke,* Günter und *Kirchner,* Erwin: Die Spartenerfolgsrechnungen der Schaden- und Unfallversicherungsunternehmen, in: Rechnungslegung und Prüfung der Versicherungsunternehmen, hrsg. vom Institut der Wirtschaftsprüfer, Düsseldorf 1959, S. 202, Tz 35.

III. Die Erfolgsspaltung — periodenbezogene kontra versicherungstechnische Rechnung

In der Spaltung der Erfolgsrechnung, wie sie in Frankreich auch für die Lebensversicherung gilt, begegnen uns zwei unterschiedliche erfolgsrechnerische Konzeptionen. Ein Vergleich scheint uns nicht nur der Unterschiedlichkeit beider Systeme wegen interessant, sondern auch im Hinblick auf die Reform der deutschen Rechnungslegung, da unter anderem auch die Frage diskutiert wird, ob die versicherungstechnische Erfolgsrechnung in der bisherigen Form beibehalten werden soll[78].

Mit der Konstruktion der *Betriebsrechnung* ist man in Frankreich von der bisherigen Konzeption einer versicherungstechnischen Erfolgsrechnung ähnlich der deutschen Fassung abgerückt zugunsten einer in ihrer Zielsetzung geradezu „dynamisch" anmutenden Erfolgsrechnung.

In zwei Punkten erfüllt sie allerdings wohl nicht die Ansprüche, die an eine auf die Darstellung des ordentlichen Periodenergebnisses bedachte Rechnung zu stellen sind, wenn wir schon die in der Allgemeinen Gewinn- und Verlustrechnung aufgeführten „gewinnabhängigen Aufwendungen" und die übrigen Komponenten als außerordentliche Erfolgsfaktoren akzeptieren.

Verfälschungen des ordentlichen Periodenergebnisses ergeben sich zum einen aus Aufwandantizipationen auf Grund des Vorsichtsprinzips. Das betrifft, wie auch in der deutschen Rechnungslegung, die Behandlung der Abschlußausgaben, die nur beschränkt verteilungsfähig sind, die Mindestpauschalsätze bei der Passivierung der Beitragsüberträge und Sicherheitsmargen bei der Bildung der Schadenrückstellung. Hinzu kommt noch der Einfluß der Rückstellungsabwicklung, wenn auch mit gewissen Modifikationen.

Inwieweit man andererseits in dieser Ausnahme weniger eine „Bestätigung der Regel" als vielmehr einen Anhaltspunkt dafür sieht, daß die Betriebsrechnung des französischen Jahresabschlusses primär den *versicherungstechnischen* Erfolg ausweisen soll, worauf auch ihre Bezeichnung als Compte d'exploitation hinweist, ist eine Definitionsfrage und hängt von dem Gewicht ab, das man den auch bei dieser Deutung vorkommenden „Ausnahmen" beimißt.

Definiert man analog dem Betriebsergebnis den versicherungstechnischen Erfolgssektor inhaltlich weiter als im bisherigen System und in den deutschen Rechnungslegungsvorschriften, so bleibt die Einbeziehung *sämtlicher* Vermögenserträge doch problematisch. Andererseits dürften in der französischen Betriebsrechnung — wenn auch nicht eindeutig er-

---

[78] Vgl. Geschäftsbericht des Gesamtverbandes der Versicherungswirtschaft e. V. 1966/67, S. 40 ff.

kennbar — betriebsfremde (neutrale) Aufwendungen enthalten sein. Zudem werden etwa in den Buchwertveränderungen und den Veräußerungsgewinnen und -verlusten bei Kapitalanlagen — abweichend von der (engeren) Auslegung im deutschen Jahresabschluß — als versicherungstechnisch anzusehende Komponenten nicht in die Betriebsrechnung einbezogen.

In Anbetracht dessen glauben wir mit der eingangs angeführten Interpretation der französischen Betriebsrechnung den konkreten Tatbeständen eher gerecht zu werden.

Ihr versicherungstechnischer Inhalt ist also mit Ausnahme der Schadenabwicklungsergebnisse durch die Kriterien einer auf den ordentlichen Periodenerfolg allgemeiner Definition abstellenden Rechnung bestimmt. Die danach regelwidrige (unsichtbare) Einbeziehung der Abwicklungsergebnisse erscheint u. E. im Hinblick auf die Ermittlung eines vergleichbaren Periodenergebnisses jedoch in einem weniger ungünstigen Licht, wenn man berücksichtigt, daß durch sie unter Umständen ein ausgleichender Effekt auf „außerrechnungsmäßige Schadenquoten" ausgeübt wird, ähnlich einer (unsichtbar wirkenden) Schwankungsrückstellung[79]. Da es aber außerordentlich schwer fällt, hier eine Abgrenzung auch gegenüber willkürlichen Erfolgsmanipulationen zu finden, wäre nach Roos[80] vom rein betriebswirtschaftlichen Standpunkt eine Trennung aus Kontrollgründen vorzuziehen.

Abweichend von der französischen Rechnungslegung wird im Jahresabschluß der deutschen Schaden- und Unfallversicherungsgesellschaften unterschieden in eine „Versicherungstechnische Gewinn- und Verlustrechnung" und eine „Gewinn- und Verlustrechnung für das nichtversicherungstechnische Geschäft".

Der Inhalt der versicherungstechnischen Rechnung bestimmt sich primär nach der direkten Spartenzurechenbarkeit der einzelnen Komponenten. Die Zweiteilung der Erfolgsrechnung erklärt sich also aus der Spartenerfolgsrechnung. Als Indiz für diese Abhängigkeit mag auch die Regelung für die Lebensversicherung in Deutschland gelten; hier gibt es keine Spartenrechnung und demzufolge wohl auch keine zweigeteilte Erfolgsrechnung. Das ist ein wichtiges Unterscheidungsmerkmal gegenüber der französischen Regelung, wo sich die Spartennachweisung inhaltlich nach

---

[79] Zur Ausgleichsfunktion der Schwankungsrückstellung vgl. insbesondere *Karten*, Walter: Grundlagen eines risikogerechten Schwankungsfonds für Versicherungsunternehmen, Berlin 1966 (Schriftenreihe des Instituts für Versicherungswissenschaft an der Universität Köln, N. F. Heft 20). Derselbe: Grundsätzliche Bemerkungen zur neuen Schwankungsrückstellung, in: Versicherungswirtschaft, Jg. 21, 1966 (Sonderbeilage), S. 1038 ff. und S. 1089 ff.

[80] Vgl. *Roos*, Heinz: Zur Neugestaltung des Rechnungswesens der Sachversicherungsbetriebe, Leipzig 1942, S. 63 f.

der Gesamtbetriebsrechnung richtet. Dadurch umgeht die deutsche Regelung zwar für bestimmte Betriebsaufwendungen und das Gros der Kapitalerträge das Problem der Spartenaufteilung, läßt sich infolgedessen betriebswirtschaftlich aber auch nur bedingt als versicherungstechnische Rechnung deuten, „da der größte Teil der in der nichttechnischen Rechnung verbuchten Posten letztlich ebenso aus dem Versicherungsgeschäft resultiert wie diejenigen der technischen Rechnung“[81].

Zudem ist die Spartenzurechenbarkeit kein hinlänglich exakt fixierbares Aufteilungskriterium. Das wirkt sich in der Praxis vor allem bei den „Verwaltungskosten“ aus. Die Aufteilung auf den technischen bzw. nichttechnischen Sektor ist hier recht uneinheitlich. „Einige [Gesellschaften] weisen in der nichtversicherungstechnischen Rechnung mit der nicht von der Hand zu weisenden Begründung, daß schließlich alle Aufwendungen dem versicherungstechnischen Geschäft dienen, überhaupt keine Verwaltungskosten aus, während andere fast sämtliche Kosten der Generalverwaltung zu den nichttechnischen Ausgaben rechnen[82].“ Hier, wie auch in der Behandlung der Leistungen für die betriebliche Altersversorgung, lassen die deutschen Rechnungslegungsvorschriften einen beträchtlichen Spielraum, der den Inhalt der technischen und damit auch der spartenindividuellen Rechnung bei den einzelnen Gesellschaften unterschiedlich definiert und damit einen zwischenbetrieblichen Vergleich beeinträchtigt.

Demgegenüber scheint uns die französische Aufteilungskonzeption auf zuverlässigeren Kriterien aufgebaut. Dieser Vorteil ist zwar um den Preis zusätzlicher Aufteilungsprobleme in der Spartennachweisung erkauft. Doch hat man sich auch hier weitgehend um eine für alle Gesellschaften einheitlich wirkende Regelung bemüht.

Die Ermittlung des versicherungstechnischen Ergebnisses in dem eingangs erwähnten Sinne bleibt auch unter Berücksichtigung der Angaben im nichttechnischen Teil der Erfolgsrechnung im deutschen Jahresabschluß unvollkommen. Mangelhaft ist vor allem die Trennung der aus dem Versicherungsgeschäft resultierenden Aufwendungen. Das betrifft auch die Lebensversicherer[83].

Auch zur Ermittlung des ordentlichen Periodenerfolges ist der deutsche Jahresabschluß nur bedingt brauchbar. Die Unzulänglichkeiten betreffen vor allem — wie im französischen Jahresabschluß — die aus Vorsichtsgründen eingeschränkte Periodisierung der Abschlußausgaben sowie in

---

[81] *Braeß*, Paul und *Farny*, Dieter: Methoden und Technik der externen Erfolgsanalyse in der Schaden- und Unfallversicherung sowie in der Rückversicherung, S. II.

[82] *Bilke*, Günter und *Kirchner*, Erwin, a.a.O., S. 206, Tz 42.

[83] Vgl. *Braeß*, Paul und *Farny*, Dieter: Methoden und Technik der externen Erfolgsanalyse in der Lebens- und Krankenversicherung, S. II.

gewissem Umfang die aperiodischen Aufwendungen und Erträge aus der Abwicklung versicherungstechnischer Rückstellungen, die infolge des Umsatz- bzw. Umsatzsaldoverfahrens nicht getrennt ausgewiesen werden. Soweit im übrigen außerordentliche und aperiodische Aufwendungen anfallen, werden sie im Gegensatz zu entsprechenden Erträgen teilweise unter „sonstige Ausgaben" erfaßt und damit nur mangelhaft sichtbar gemacht[84].

Bezüglich der Abwicklungserfolge aus technischen Rückstellungen gewährt der Jahresabschluß der deutschen Schaden- und Unfallversicherungsgesellschaften allerdings einen besseren Einblick als der französische. Durch Subtraktion der laut ReV Sch, Ziff. 27 im Geschäftsbericht aufgeführten „Leistungen für Versicherungsfälle (gezahlt und zurückgestellt)" für Vorjahre (direktes Geschäft) von den entsprechenden Vorjahresschadenrückstellungen[85] (ReV Sch, Geschäftsbericht Ziff. 22) läßt sich näherungsweise der Abwicklungserfolg — jedoch nur für das *direkte* Geschäft — ermitteln, wobei in der Praxis einige Gesellschaften sich wiederum nur auf die Angabe der Bruttogrößen beschränken. Darüber hinaus wird der Ergebniswert noch dadurch weiter herabgesetzt, daß die Komponenten der obigen Rechnung inhaltlich nicht synchron sind; so enthalten die gem. ReV Sch, Ziff. 27 im Geschäftsbericht anzugebenden Versicherungsleistungen auch Deckungsrückstellungszuführungen. Abgesehen davon ist das so ermittelte Abwicklungsergebnis nur bedingt als realisiert anzusehen. Das hat seinen Grund darin, daß in der obigen Abwicklungsrechnung im Subtrahenden nicht ausschließlich definitive Größen — Ausgaben bzw. fixe Verbindlichkeiten — enthalten sind, sondern auch (in nicht erkennbarem Umfang) weiter zurückgestellte Beträge. Ein danach als realisiert anzusehender Abwicklungserfolg bestünde in dieser Höhe also lediglich dann, wenn in den gem. Ziff. 27 im Geschäftsbericht aufgeführten Leistungen für Versicherungsfälle entweder keine Rückstellungsanteile (mehr) enthalten sind oder diese Rückstellungsanteile für die weiterhin schwebenden Schäden gegenüber ihrem Ansatz in der Vorjahres(gesamt)rückstellung betraglich unverändert angesetzt werden. Darüber gibt der Geschäftsbericht jedoch auch im Rahmen der Erläuterungen nach § 160 Abs. 2 AktG[86] über „wesentliche Änderungen der Bewertungs- und Abschreibungsmethoden" keine Auskunft[87].

---

[84] Vgl. *Deter*, Georg: Sonderfragen der Rechnungslegungsvorschriften, in: Rechnungslegung und Prüfung der Versicherungsunternehmen, hrsg. vom Institut der Wirtschaftsprüfer, Düsseldorf 1959, S. 269 f.

[85] Die Methode ist für die Transportversicherung nicht anwendbar, da hier nach den ReV Sch Beitragsüberträge und Schadenrückstellungen in einem Posten zusammengefaßt werden dürfen.

[86] Nähere Einzelheiten dazu vgl. Rundschreiben des Gesamtverbandes der Versicherungswirtschaft e. V. GVa 4/68 vom 29. 1. 1968.

Da infolgedessen Veränderungen der so ermittelten Abwicklungsergebnisse durch (schätzungsbestimmte) Bewertungsänderungen bei den Rückstellungsanteilen für weiterhin schwebende Schäden betraglich nicht erkennbar sind, ist der nach obigem Verfahren aus dem Geschäftsbericht ermittelte Abwicklungserfolg problematisch[88]. Eine Korrektur der Erfolgsrechnung um die aperiodischen Abwicklungsergebnisse ist auf diese Weise also nur bedingt möglich.

Was die Periodisierung der Abschlußkosten in der Erfolgsrechnung der deutschen Versicherungsgesellschaften anbetrifft, so ist sie nach den Rechnungslegungsvorschriften für Lebens- und Schadenversicherer unterschiedlich geregelt. So dürfen die Lebensversicherungsgesellschaften Abschlußkosten bis zur Höhe von 35 % der Versicherungssumme im Wege der Zillmerung durch Verrechnung mit der Deckungsrückstellung auf die Laufzeit der Verträge erfolgsrechnerisch verteilen.

Für die Schaden- und Unfallversicherung ist nach den Rechnungslegungsvorschriften von 1954 lediglich eine (auf den kalkulatorischen Anteil der Jahresprämie beschränkte)[89] Verteilung im Rahmen der „vorausgezahlten äußeren Kosten", die wie im französischen Jahresabschluß von den Beitragsüberträgen abgesetzt werden, zugelassen.

Die neuere Gesetzgebung im Zuge der Aktienrechtsreform hat jedoch Zweifel an der weiteren Gültigkeit dieser Bestimmungen aufkommen lassen[90]. Das betrifft zunächst die erfolgsrechnerische Behandlung der Abschlußkosten; der im Zuge der Aktienrechtsreform neugefaßte § 56 VAG bestimmt in Abs. 2: „Aufwendungen für den Abschluß von Versicherungsverträgen dürfen nicht aktiviert werden." Wie es im Ausschußbericht dazu heißt, „schließt [diese Bestimmung] hingegen nicht aus, daß die Zuweisungen zur Deckungsrückstellung um die Abschlußkosten gekürzt werden (Zillmer-Verfahren)"[91]. Dieser Passus hat bald zu unterschiedlichen Deutungen des § 56 n. F. VAG geführt; je nachdem ob man in der Anführung der Zillmer-Methode als Passivkürzung eine exemplarische oder enumerative Aufzählung erblickt.

---

[87] Selbst wenn Änderungen im Ansatz der Vorjahresrückstellungsanteile betraglich anzugeben wären, würde diese Information nicht weiterhelfen, da die (weiter) zurückgestellten Beträge in der Übersicht gem. Ziff. 27 des Geschäftsberichts nicht gesondert erscheinen.

[88] Vgl. dazu *Gürtler*, Max: Probleme der Rechnungslegung der Versicherungsbetriebe, in: Zeitschrift für die gesamte Versicherungswissenschaft, Bd. 54, 1965, S. 275 f.

[89] Vgl. *Heinrichs*, Helmut: Die Beitragsüberträge, S. 40 f.

[90] Vgl. *Neubeck*, Johannes: Steuerliche Beurteilung der Kosten im Versicherungsgeschäft, in: Versicherungswirtschaft, Jg. 23, 1968, S. 1147 ff.

[91] *Kropff*, Bruno: Aktiengesetz, Textausg. des Aktiengesetzes vom 6. 9. 1965, Düsseldorf 1965, S. 559 zu Nr. 8 § 37 EG.

Nimmt man wie Prölss[92] den ersten Fall an, so würde danach § 56 n. F. VAG lediglich eine bestimmte *Ausweistechnik* bei der erfolgsrechnerischen Verteilung der Abschlußausgaben auf mehrere Perioden verbieten, nicht jedoch die Verteilung selbst. Diese Interpretation als reine Formvorschrift scheint uns verfehlt. Unserer Auffassung nach ist das in § 56 n. F. VAG ausgesprochene Aktivierungsverbot *materiell* zu verstehen und schließt grundsätzlich auch eine zeitanteilige Verrechnung auf dem Wege indirekter Aktivierung durch entsprechende Verrechnung dieser Vorleistungen mit Passivposten aus. Einzig die Zillmerung läßt sich mit dem Charakter dieser Schutzvorschrift vereinbaren, da hier ein rechtlich begründeter Anspruch des Versicherers auf Verrechnung der in der Deckungsrückstellung verkörperten Verpflichtung mit der „Abschlußkostenforderung" besteht. Soweit hierbei das „Ausnullungsverfahren" angewandt wird, dürfte diese Handhabung mit dem handelsrechtlichen Saldierungsverbot im Einklang stehen. Unstreitig erscheint uns daher, daß eine Kürzung der Beitragsüberträge um Abschlußkostenanteile im Rahmen der „vorausgezahlten äußeren Kosten" nach § 56 n. F. VAG künftig nicht mehr zulässig ist[93]. Zweifelhaft ist allerdings, ob diese Bestimmung auch auf die im indirekten Geschäft vorausgeleisteten Rückversicherungsprovisionen bezogen werden kann[94]. Die Richtigkeit unserer obigen Auslegung unterstellt, würde die damit verbundene weitere Einschränkung der Abschlußkostenverteilung den Umfang der Aufwandantizipationen zumindest im Jahresabschluß der Schaden- und Unfallversicherung erweitern und den Abstand gegenüber den französischen Schadenversicherungsunternehmen vergrößern. In der Lebens-

---

[92] Vgl. *Prölss*, Erich R.: Versicherungsaufsichtsgesetz, Anm. 3 zu § 56 n. F.

[93] Diese Auffassung ist inzwischen teilweise durch die Praxis bestätigt worden. So wird beispielsweise im Druckbericht der COLONIA Versicherungs-AG für das Geschäftsjahr 1967 vermerkt, daß die Beitragsüberträge um vorausbezahlte Inkassoprovisionen gekürzt sind.

[94] Sieht man in der Rückversicherungsprovision eine arteigene Leistung ohne speziellen Abschlußkostenanteil, wird man ihre erfolgsrechnerische Behandlung ebenso wie die der Inkasso- und Bestandspflegeprovisionen allein nach den allgemeinen aktienrechtlichen Bestimmungen über die Rechnungsabgrenzung in § 152 Abs. 9 entscheiden. Inwieweit danach eine aktive Abgrenzung dieser Vorleistungen zulässig ist, richtet sich nach dem Zeitpunkt der Aufwandsrealisation. Bestimmt man diesen allein nach dem betriebswirtschaftlichen Grundsatz strenger Aufwands- und Ertrags-Korrelation, so würde sich an der bisherigen Handhabung nichts ändern.

Die gerade in dieser Hinsicht stärkere Betonung des Vorsichtsmotivs im neuen Aktienrecht spricht jedoch eher für eine einschränkende Auslegung, wonach eine Aktivierung im Rahmen der Posten der Rechnungsabgrenzung generell nur für solche Ausgaben zulässig ist, deren Gegenleistung in einem *bestimmten Zeitraum nach* dem Bilanzstichtag erbracht wird. Danach wären höchstens vorausbezahlte Bestandspflegeprovisionen aktiv abgrenzungsfähig. Durch diese § 56 n. F. VAG unterstützende und ergänzende Auslegung würden die betriebswirtschaftlichen Grundsätze der Periodenerfolgsermittlung eine weitere Beschränkung erfahren.

versicherung dagegen scheinen die Verhältnisse eher umgekehrt: Hier kommen die deutschen Gesellschaften einer periodengerechten Verteilung näher als die französischen.

Daß sich gleichwohl in einer geteilten Erfolgsrechnung die Forderung nach periodengerechter Verteilung der Abschlußkosten auch in der Schaden- und Unfallversicherung realisieren läßt, ohne das mit dem Aktivierungsverbot verfolgte Ziel vorsichtiger Erfolgsermittlung zu gefährden, zeigt der von Braeß[95] entwickelte Vorschlag. Danach wären die nach einem vereinfachten Verfahren ermittelten periodischen Abschlußkostenanteile der technischen Rechnung zu belasten. Die sich gegenüber dem handelsrechtlichen Verrechnungsmodus ergebenden Differenzbeträge wären durch korrespondierende Buchungen in der nichttechnischen Rechnung zu berücksichtigen. Auf diese Weise ließe sich die Aussagefähigkeit der Erfolgsrechnung beider Länder spürbar verbessern.

Gleichgültig welcher Aufteilungskonzeption man den Vorzug gibt, der „periodenbezogenen" Lösung oder der „versicherungstechnischen" in bisheriger Form, für eine wünschenswerte Kenntlichmachung der Überschneidungsbereiche beider Konzeptionen würde das von Braeß vorgeschlagene Verfahren einen entscheidenden Beitrag leisten.

In jedem Falle bedürften die Systeme beider Länder dann mehr oder weniger starker Korrekturen in der einen oder anderen Richtung. Zweifellos wird eine klare Abgrenzung zwischen versicherungstechnischen und nichttechnischen Komponenten im Sinne betrieblicher und neutraler Aufwendungen und Erträge auch theoretisch erhebliche Schwierigkeiten bereiten. Mit Sicherheit wird man jedoch die derzeitige Trennung der den Betriebskosten im Sinne Farnys entsprechenden Aufwendungen im deutschen Jahresabschluß als wenig befriedigend ansehen. Ein dahingehend verfeinerter Ausweis, verbunden mit den erwähnten periodenrechnerischen Korrekturen bei den Abschlußkosten in der französischen Rechnungslegung, ließe diese geeignet erscheinen, als betriebswirtschaftliche Diskussionsgrundlage für eine Gemeinschaftslösung im Rahmen der EWG zu dienen.

B. Die formale Ausgestaltung

Wenn man auch den Jahresabschluß in erster Linie danach beurteilen wird, in welchem Umfang er die an ihn gerichteten Informationsansprüche materiell erfüllt, so hängt seine Eignung als Instrument der *Öffentlichkeitsunterrichtung* doch auch entscheidend von seiner formaltechnischen

---

[95] Vgl. *Braeß*, Paul: Zur „Kalkulatorischen Erfolgsrechnung" nach Max Gürtler — Vereinfachungsmöglichkeiten für die Schaden- und Unfallversicherung, in: Versicherungswissenschaftliche Studien, Festgabe für Max Gürtler zum 70. Geburtstag, Karlsruhe 1969, S. 53 f.

Ausgestaltung ab. „In diesem Fall ist die Formfrage weit mehr als eine Frage der Form", wie Lengyel[96] geradezu aphoristisch formuliert. Allein die unbestreitbaren sachlichen Schwierigkeiten und Besonderheiten der Rechnungslegung von Versicherungsgesellschaften stellen so hohe Anforderungen an den Bilanzleser, daß auf eine möglichst einheitliche und „handliche" Berichterstattung besonderer Wert gelegt werden muß. Es macht daher einen Unterschied, ob der Jahresabschluß für eine mit der Materie, ihren wirtschaftlichen und rechtlichen Hintergründen bis ins einzelne vertraute Expertengruppe bestimmt ist, oder für die breite Öffentlichkeit. In diesem Sinne ist auch die Kritik M. Gürtlers[97] an der deutschen Rechnungslegung aufzufassen, daß „die Druckberichte der Versicherungsgesellschaften ... allzusehr nach den Bedürfnissen der Aufsicht als nach denjenigen des Publikums ausgerichtet" sind. Wohl zu Recht sagt man der breiten Öffentlichkeit mangelhaftes Verständnis der Rechnungslegung von Versicherungsunternehmen nach. Wir sind jedoch überzeugt davon, daß dies zu einem erheblichen Teil auf ausweistechnischen Eigenheiten und Unzulänglichkeiten beruht, die dem nicht einschlägig vorgebildeten Leser beträchtliche „Eindringungswiderstände" entgegensetzen.

Soweit man dem — namentlich auf dem Gebiet der Rückversicherungspublizität — in der deutschen Rechnungslegung entgegenwirkte, geschah das mit Hilfe von Saldierungen und Zusammenfassungen, die meist auf Kosten der materiellen Aussage gehen, jedoch kaum zur Erhellung der sachlichen Tatbestände beitragen. Soweit man jedoch einen bestimmten materiellen Informationsumfang beansprucht, wird man die formale Informationsaufbereitung entsprechend den eingangs bestimmten Prioritäten nur innerhalb dieses Rahmens gestalten können. Daß sich allerdings auch in diesem Raum noch wirksame Möglichkeiten bieten, soll eine Gegenüberstellung der auch auf formaler Ebene recht unterschiedlichen Rechnungsabschlüsse der französischen und deutschen Versicherungsgesellschaften zeigen. Dabei erscheinen uns die ausweistechnische Einheitlichkeit und die erfolgsanalytisch orientierte Aufbereitung der Information als zwei entscheidende Beurteilungskriterien.

I. Die Einheitlichkeit der Ausweistechnik

Da man die Vereinheitlichung der Ausweisgestaltung sowohl auf die verschiedenen Branchen als auch auf die Regelung bestimmter Tatbestände innerhalb der einzelnen Rechnungsabschlüsse beziehen kann, soll in den folgenden Betrachtungen ebenfalls in dieser Weise unterschieden werden.

---

[96] *Lengyel,* Samuel, a.a.O., S. 8.

[97] *Gürtler,* Max: Probleme der Rechnungslegung der Versicherungsbetriebe, S. 264.

In der Branchenvereinheitlichung der Ausweistechnik hat die Rechnungslegung in Frankreich durch die jüngste Reform bei materiell hohem Niveau einen beachtlichen Stand erreicht. Bilanz und Allgemeine Gewinn- und Verlustrechnung sind nunmehr für Lebens- und Schadenversicherung identisch. Soweit man den Besonderheiten in beiden Branchen Rechnung tragen wollte und mußte, haben sie sich ausweistechnisch nur in der Betriebsrechnung niedergeschlagen. Aber auch hier sind Abgrenzung und Gliederung ganzer Aufwands- und Ertragsgruppen einheitlich ausgerichtet, was einen Vergleich der Rechnungsabschlüsse merklich erleichtert. Eine solche Übereinstimmung wird man auf deutscher Seite vergeblich suchen. Hier wird nicht nur in materieller, sondern auch in ausweistechnischer Hinsicht einer „Branchenindividualität" gehuldigt, die dem Leser beim Studium der Jahresabschlüsse von Lebens- und Schadenversicherungsgesellschaften ein ständiges „Umdenken" abverlangt.

Wenn man dagegen einwendet, daß die angesprochenen gestaltungstechnischen Unterschiede durch materiell abweichende Sachverhalte bedingt seien, so trennt man entweder nicht klar die darstellungstechnische Ebene der Berichterstattung von ihrem materiellen Gehalt, oder aber man unterstellt, daß die materielle Einheitlichkeit die formale impliziert — wie durch das französische Rechnungslegungssystem scheinbar bewiesen wird — und umgekehrt. Daß ein solcher Zusammenhang jedoch nicht zwingend ist, beweist in der französischen Rechnungslegung der Ausweis der Rückversicherungsleistungen, die in der Gesamtbetriebsrechnung per Vorspalte, in der Spartennachweisung hingegen als selbständige Aufwands- bzw. Ertragsposten ausgewiesen werden. Diese Regelung hätte ebensogut branchenweise verschieden sein können. Das trifft in der Tat auf die deutsche Rechnungslegung zu, und zwar vor allem auf den Bereich der Rückversicherungspublizität. Wie man den Untersuchungen der materiellen Seite entnehmen kann, werden die gleichen Tatbestände je nachdem in der Bilanz, der Erfolgsrechnung (Umsatzprinzip!) und/oder dem Geschäftsbericht dargestellt. Dieser Wechsel des Ausweisortes im Druckbericht ist um so bedauerlicher, als hier nur schwer — wenn überhaupt — ein System erkennbar ist, nach welchem die verschiedenen Informationsträger des Druckberichtes angesprochen werden. Welche Erleichterungen hier allein Vorspaltenlösungen über das bisher gebräuchliche Maß hinaus brächten, läßt sich am Beispiel der französischen Rechnungslegung ablesen. Bei den derzeitigen Publizitätsbestimmungen in Deutschland hätte eine solche Regelung gegenüber der Erläuterung im Geschäftsbericht zudem den Vorteil, über die Presseveröffentlichungen einem größeren Publikum zugänglich zu sein.

Einen weiteren allergischen Punkt bildet die Technik der Periodenabgrenzung, die in der Rechnungslegung beider Länder branchenweise unterschiedlich gehandhabt wird und je nach Gegenstand zudem auch innerhalb der jeweiligen Jahresabschlüsse variiert. Obwohl damit nicht nur rein formaltechnische Tatbestände angesprochen werden[98], soll sie ihrer besonderen ausweistechnischen Unterschiedlichkeit wegen auch in diesem Zusammenhang behandelt werden, zumal sie unserer Auffassung nach in erheblichem Maße für den esoterischen Charakter der Versicherungserfolgsrechnung verantwortlich sind.

In dieser Hinsicht zeigen beide Länder ein recht abwechslungsreiches Bild, wobei es auf deutscher Seite wiederum schwerfällt, eine Ordnung in der Vielfalt zu finden. Hat man sich in Frankreich bemüht, die versicherungstechnischen Posten des direkten und indirekten Geschäfts sowie die auf das abgegebene Geschäft entfallenden Anteile innerhalb der einzelnen Erfolgsrechnungen nach einheitlichen Methoden aufzuführen, so zeigen die Untersuchungen der deutschen Rechnungslegung Umsatz- und Umsatzsaldoverfahren abwechselnd oder gar nebeneinander wie im aktiven Rückversicherungsgeschäft der deutschen Lebensversicherer. Gilt hier noch die Art der Depotstellung bzw. § 67 VAG als allgemeine Richtschnur, so versagt doch auch diese Regel prompt, nämlich bei der Behandlung der Deckungsrückstellung in der Schaden- und Unfallversicherung.

Damit ist die Variationsskala jedoch noch keineswegs erschöpft. Die aktive Abgrenzung der „Verwaltungskosten“ geschieht teilweise nach dem Erfolgsprinzip (Mieten, Gehälter) außerhalb der Gewinn- und Verlustrechnung wie die „vorausgezahlten äußeren Kosten“ in der Lebensversicherung über die Posten der Rechnungsabgrenzung.

Nach den Rechnungslegungsvorschriften für die Schaden- und Unfallversicherung werden die „vorausgezahlten äußeren Kosten“ jedoch von den Beitragsüberträgen abgesetzt und teilen hinsichtlich der Abgrenzungstechnik deren Schicksal; sie werden also nach dem Umsatzprinzip innerhalb der Gewinn- und Verlustrechnung periodisch abgegrenzt. Ähnlich wird in der Lebensversicherung mit den Abschlußkosten verfahren. Die im Wege der Zillmerung auf die Vertragslaufzeiten verteilbaren Abschlußausgaben werden von den Deckungsrückstellungsbeträgen abgesetzt; die in der Gewinn- und Verlustrechnung ausgewiesenen Ausgaben werden im Rahmen der Deckungsrückstellungsvor- und -überträge analog dem Umsatzprinzip (unsichtbar) auf den erfolgswirksamen Betrag hin korrigiert.

Soweit Ausgaben im Zusammenhang mit nichttechnischen Rückstellungen aufgeführt werden, vollzieht sich deren erfolgsrechnerische Abgrenzung teils nach den allgemeinen aktienrechtlichen Regeln (Erfolgsprinzip), teils nach dem Umsatzsaldoverfahren, also innerhalb der Er-

---

[98] Vgl. S. 72 ff. dieser Arbeit.

folgsrechnung. Ohne mit diesem Katalog Anspruch auf Vollständigkeit erheben zu können[99], glauben wir doch die Notwendigkeit einer Vereinheitlichung auf diesem Gebiet hinlänglich deutlich gemacht zu haben. Die konsequente Übernahme *eines* Abgrenzungsverfahrens würde dieser Vielfalt ein Ende bereiten.

Bei Anwendung des Erfolgsprinzips würde das bedeuten, daß *sämtliche* erfolgsneutralen Vorgänge aus der Erfolgsrechnung zu eliminieren wären. Neben den bereits geschilderten Konsequenzen für die Technik der Periodenabgrenzung — Eliminierung solcher Einnahmen und Ausgaben, die unter dynamischen Aspekten noch nicht bzw. nicht mehr Erträge bzw. Aufwendungen darstellen, und der entsprechenden korrigierenden Vor- und Überträge — ergäben sich auch Änderungen bei solchen Posten, die definitionsgemäß stets erfolgsneutral sind und daher nie über eine dynamisch konzipierte Erfolgsrechnung laufen dürften.

Das betrifft zunächst den Rückversichereranteil an den Schadenleistungen.

Geht man hierbei von den kostentheoretischen Überlegungen Farnys[100] aus, wonach lediglich den *Netto*schadenvergütungen Kostencharakter zugebilligt wird, und transponiert das nach der Gleichung" Grundkosten = Zweckaufwand"auf die in ihren Komponenten dynamisch ausgerichtete Erfolgsrechnung, so würde diese systematisch nur Versicherungsleistungen für eigene Rechnung als Aufwand dulden[101]. Dementsprechend sind die auf den Rückversicherer entfallenden Anteile als durchlaufende Posten anzusehen[102]. Der dadurch bedingte Informationsverlust könnte dessen unbeschadet durch Vermerk der Rückversichereranteile in einer Vorspalte oder im Geschäftsbericht ausgeglichen werden, soll der Erfolg aus passiver Rückversicherung ermittelt werden können.

Auch die Behandlung der Rückversicherungsprovisionen wird dabei grundsätzlich nach analogen Gesichtspunkten entschieden werden müssen. Sieht man wie Farny[103] als Faktorpreis der Rückversicherung nur „die Differenz von Rückversicherungsprämie abzüglich Rückversicherungsprovision und Gewinnanteil“ an, dann wären in einer nach dem Erfolgsprinzip auf Erträgen und Aufwendungen basierenden Rechnung

---

[99] Weitere Einzelheiten vgl. *Kuschel,* Horst, a.a.O., S. 21 f.

[100] Vgl. *Farny,* Dieter: Produktions- und Kostentheorie der Versicherung, S. 142.

[101] Wenn wir bei der Darstellung des Erfolgsprinzips den Ausweis der Schäden (S. 72) nicht darauf abgestellt haben, so deswegen, weil es uns in dem Zusammenhang nur um eine *zeitraum*bezogene Differenzierung der Verfahren ging und eine Differenzierung im obigen Sinne die Vergleichbarkeit beeinträchtigt hätte.

[102] Anderer Auffassung: *Kuschel,* Horst, a.a.O., S. 116.

[103] *Farny,* Dieter: Produktions- und Kostentheorie der Versicherung, S. 119.

— wie sie auch im Aktienrecht verwirklicht ist — jeweils nur diese „Nettorückversicherungsprämien“[104] als Aufwendungen (passive Rückversicherung) bzw. als Erträge (aktive Rückversicherung) anzuführen.

Besondere Probleme würden sich in diesem Zusammenhang jedoch für die Lebensversicherung und da speziell bei der Behandlung der Prämien ergeben. Hier erhebt sich die Frage, ob die Sparprämienanteile und die ihnen entsprechenden Deckungsrückstellungszuführungen Erträge bzw. Aufwendungen im Sinne der dynamischen Bilanzauffassung darstellen. Geht man bei der Entscheidung dieser Frage wiederum von den kostentheoretischen Überlegungen Farnys aus, so fällt die Antwort negativ aus. Farny klammert bei seiner Analyse der Kosteneigenschaft den Sparvorgang in der Lebensversicherung völlig aus; demzufolge sind auch die Zuführungen zur Deckungsrückstellung aus Sparanteilen „in keinem Falle Kosten der *Versicherungs*produktion. Auch die Zahlungen für Rückkäufe sind keine Kosten; es handelt sich vielmehr um die Rückzahlung von angesammelten Sparanteilen, d. h. um die Tilgung von Verbindlichkeiten“[105]. Das bedeutet, auf die dynamische Erfolgsrechnung übertragen, daß der Sparprozeß in der Lebensversicherung wie etwa das Depositengeschäft der Kreditinstitute bezüglich der Ein- und Auszahlungen der „Einlagen“ als erfolgsneutraler Vorgang einzustufen wäre. Ansammlung und Auszahlung der Sparbeiträge schlagen sich demnach lediglich als Bilanzverlängerung bzw. -verkürzung nieder; die Gewinn- und Verlustrechnung bleibt davon unberührt.

Damit beschränkte sich der Ausweis in der Erfolgsrechnung lediglich auf das Risikogeschäft. Soweit hier eine Deckungsrückstellung zu bilden ist, um die Differenzen auszugleichen, die sich aus der Konstanz der tariflichen Risikoprämie während der Vertragsdauer und dem Anstieg der Sterblichkeit erklären, so erkennt Farny[106] auch diesen Rückstellungszuführungen keine Kosteneigenschaft zu. Nach seiner Auffassung handelt es sich hierbei — wie auch bei der Alterungsrückstellung in der privaten Krankenversicherung — um einen passiven Rechnungsabgrenzungsposten für „Einnahme, noch nicht Ertrag“. „Die Zuführungen berühren die Aufwands- und Kostenseite überhaupt nicht, sondern sind Korrekturen zu den Prämieneinnahmen[107].“

Nach dem Erfolgsprinzip wäre diese Abgrenzung der Beitragseinnahmen wie auch die mit Hilfe der „normalen“ Beitragsüberträge außerhalb der Gewinn- und Verlustrechnung vorzunehmen.

---

[104] Vgl. S. 123 dieser Arbeit.

[105] *Farny*, Dieter: Produktions- und Kostentheorie der Versicherung, S. 144.

[106] Vgl. ebenda, S. 143.

[107] Ebenda.

Als Prämienerträge erschienen alsdann die zur „natürlichen" Prämie hin korrigierten Beträge und als Versicherungsleistungen — entsprechend der kostentheoretischen Abgrenzung — „die für Versicherungsfälle gezahlten und zurückgestellten Versicherungssummen, soweit sie unter Risiko standen, d. h. noch nicht durch angesparte Beträge gedeckt waren"[108]. Angesichts dieser Konsequenzen dürfte sich jedoch auch hier eine völlige Übernahme „dynamischer" Grundsätze der Erfolgsermittlung vor allem im Hinblick auf die internationale Vergleichbarkeit bzw. eine spätere Vereinheitlichung — zumindest für die Lebensversicherung — als unzweckmäßig erweisen.

II. Die Informationsaufbereitung

Sieht man in der Gewinn- und Verlustrechnung ein Instrument zur Darstellung des Periodenerfolges, so wird man auch ihre *formale* Aufbereitung wesentlich danach beurteilen, inwieweit sie darauf zugeschnitten ist.

Unter diesem Gesichtspunkt rücken naturgemäß die im vorangegangenen Abschnitt behandelten Periodisierungsverfahren wieder in unser Blickfeld, und zwar wiederum mit verschiedenen Wertigkeiten.

Die Palette der in beiden Ländern angewandten Abgrenzungsverfahren läßt in der Gewinn- und Verlustrechnung Posten mit unterschiedlichem „Gebrauchswert" für (periodenbezogene) Erfolgsanalysen erscheinen.

Den geringsten Aufbereitungsgrad weist in dieser Hinsicht wohl das „klassische" Umsatzprinzip auf, da es den größten Rechenaufwand erfordert, wenn man zu erfolgswirksamen Größen gelangen will. Das Umsatzsaldoprinzip steht bereits eine Stufe höher. Aber auch hier bedarf es zur Ermittlung der erfolgswirksamen Beträge in bestimmten Fällen noch einer Nebenrechnung. Beide Verfahren werden in der deutschen Rechnungslegung — in unterschiedlichem Umfang — bei den Hauptkomponenten (Prämien, Versicherungsleistungen und Abschlußkosten) angewandt. Für diese Größen liefert also die Gewinn- und Verlustrechnung häufig lediglich „Rohprodukte" für erfolgsanalytische Untersuchungen. Welch umfangreicher „Bearbeitungsaufwand" dadurch dem Erfolgsanalytiker aufgebürdet wird, haben einschlägige Untersuchungen in sinnfälliger Weise deutlich gemacht. Bedenkt man, wieviel Arbeitsstunden etwa von der Fachpresse bei den jährlichen Analysen der Druckberichte von Versicherungsunternehmen allein auf solche Vorarbeiten verwandt werden müssen, dann erhält die Frage einer Vereinfachung geradezu einen ökonomischen Anstrich. Hinzu kommt, daß diese Abgren-

[108] *Farny*, Dieter: Produktions- und Kostentheorie der Versicherung, S. 144 f.

zungstechniken gleich einem „Vervielfältigungsverfahren" die Postenanzahl aufblähen und so die Gewinn- und Verlustrechnung überladen, wodurch das Gros der Publizitätsadressaten eher abgeschreckt wird. Soweit die breite Öffentlichkeit, deren Unterrichtung man als integrierenden Bestandteil der Unternehmenskontrolle ansehen kann, überhaupt mit diesen speziellen Abgrenzungsmethoden vertraut ist, wird sie dieser auch mit einer nur grob gerasterten Erfolgsanalyse verbundene Aufwand besonders belasten, da ihr die erforderliche Routine fehlt. In der Regel werden daher entsprechende Untersuchungen von den meisten Außenstehenden überhaupt nicht oder nur sehr fehlerhaft durchgeführt werden können.

In dieser Hinsicht bedeuten die im französischen Jahresabschluß verwandten Modifikationen des Umsatz- und Umsatzsaldoverfahrens, in denen die korrespondierenden Bilanzvor- und -überträge nach Art einer Staffelrechnung bei den Einnahme- und Ausgabeposten angesetzt werden, eine beträchtliche Vereinfachung. Die bezifferten Ergebnisse dieser Staffelblöcke sind explizit erfolgswirksame Größen. Die blockhafte Gliederung und die systematische Zusammenfassung der einzelnen Posten — darauf abgestellt, die wichtigsten Aufwands- und Ertragsgruppen hervorzuheben und auch als solche zu beziffern — verleihen dem französischen Muster einen hohen Aufbereitungsgrad, verglichen mit der deutschen Rechnungslegung. Das gilt besonders auch für die „Betriebskosten". In der Gewinn- und Verlustrechnung der Schaden- und Unfallversicherung sind sie — ohne immer als solche erkennbar zu sein — in 12 Positionen über technische und nichttechnische Rechnung verstreut. In der Lebensversicherung ist der Ausweis „ähnlich verzettelt"[109]. Auch hier wäre eine stärkere Straffung im Interesse der Öffentlichkeit ein ökonomisches Gebot. Daß hier wieder Anleihen beim Geschäftsbericht aufgenommen werden müssen, begünstigt bei seiner oftmals nur mangelhaften Abstimmung[110] mit den Posten der Erfolgsrechnung nicht gerade die erfolgsanalytischen Bemühungen.

Wenn man auch in der anstehenden Reform der deutschen Rechnungslegung aus Gründen der Praktikabilität, der internationalen Vergleichbarkeit und im Hinblick auf eine spätere Vereinheitlichung im Rahmen der EWG nicht konsequent zum Erfolgsprinzip übergehen sollte, dürfte im übrigen eine Anlehnung an das französische Muster, besonders auch in der Informationsaufbereitung, die Publizität der Versicherungsunternehmen in Deutschland zu dem machen können, was sie ihrer Zweckbestimmung nach sein sollte: Ein Instrument zur Information der interessierten Öffentlichkeit und nicht ein Puzzlespiel für Fortgeschrittene.

---

[109] *Farny*, Dieter: Produktions- und Kostentheorie der Versicherung, S. 165.

[110] Vgl. *Gürtler*, Max: Probleme der Rechnungslegung der Versicherungsbetriebe, S. 275 ff.

Chronologische Aufstellung

der gesetzlichen Bestimmungen für die Rechnungslegung der Versicherungsunternehmen in Frankreich

1938

Décret du 30 décembre 1938 portant règlement d'administration publique pour la constitution des sociétés d'assurances et de capitalisation, des tontines et des syndicats de garantie, et pour le fonctionnement et le contrôle de ces organismes (J. O., 31 décembre 1938)

1939

Décret du 23 juin 1939 fixant le montant minimum de la réserve de garantie des sociétés par actions d'assurance et de capitalisation, des sociétés d'assurance à forme mutuelle, des sociétés mutuelles d'assurance, des unions et des syndicats de garantie (J. O., 24 juin 1939), modifié par décret n° 49-1217 du 28 août 1949 (J. O., 7 septembre 1949)

Arrêté du 19 juillet 1939 relatif au calcul du revenu net en vue de la constitution de la réserve de capitalisation (Sociétés d'assurances et de capitalisation) (J. O., 23 juillet 1939) (2)

Décret du 29 juillet 1939 fixant la comptabilité des entreprises d'assurances de toute nature et de capitalisation (J. O., 17 octobre 1939), modifié par décret du 27 mars 1947 (J. O., 28 mars 1947)

1941

Décret du 2 août 1941 fixant les conditions d'expertise de la valeur de l'actif des sociétés d'assurance ou de capitalisation (J. O., 17 août 1941)

Arrêté du 7 août 1941 fixant les règles d'estimation des nues propriétés et des usufruits compris dans l'actif du bilan des sociétés d'assurances ou de capitalisation (J. O., 17 août 1941)

Décret du 17 août 1941 relatif aux cautionnements et aux réserves exigibles des sociétés d'assurances et de capitalisation (J. O., 18 février 1942), modifié par décrets du 25 mai 1952 (J. O., 18 juin 1952) et 15 octobre 1962 (J. O., 17 octobre 1962)

1942

Arrêté du 25 novembre 1942 relatif à la détermination de la réserve pour sinistres graves non réglés judicairement (J. O., 1er janvier 1943), modifié par l'arrêté du 14 janvier 1946 (J. O., 18 janvier 1946)

1952

Arrêté du 27 mai 1952 relatif au fonctionnement du compte spécial des frais d'acquisition à amortir pour les opérations d'assurances sur la vie (J. O., 10 juin 1952)

1954

Arrêté du 7 juillet 1954 relatif au calcul de la réserve mathématique et des capitaux constitués des rentes à servir par les sociétés d'assurances et afférentes aux opérations visées aux paragraphes 9°, 9 bis, 10°, 12° et 17° de l'article 137 du décret du 30 décembre 1938 (J. O., 17 juillet 1954)

1957

Arrêté du 20 mai 1957 fixant pour les assurances en cas de décès de nouvelles règles de calcul au minimum des réserves mathématiques et table de mortalité à employer pour le calcul des primes (J. O., 21 mai) (1)

1958

Arrêté du 9 mai 1958 fixant les taux d'intérêt, la table de mortalité et les chargements à utiliser pour le calcul des primes et des réserves mathématiques des assurances en cas de vie ainsi que les bases de calcul des valeurs de réduction des contrats d'assurances en cas de vie et de décès (J. O., 14 mai 1958) modifié par arrêté du 27 janvier 1967 (J. O., 7 février 1967)

1960

Décret n° 60-822 du 2 août 1960 relatif à la révision des bilans des sociétés d'assurance et de capitalisation soumises à l'impôt sur les sociétés (J. O., 7 août) modifié par le décret du 15 avril 1964 (J. O., 19 avril)

Décret n° 60-1294 du 3 décembre 1960 portant règlement d'administration publique relatif à la révision des bilans des sociétés d'assurance et de capitalisation non passibles de l'impôt sur les sociétés (J. O., 8 décembre) modifié par le décret du 30 décembre 1961 (J. O., 31 décembre 1961)

1962

Décret n° 62-1205 du 15 octobre 1962 portant règlement d'Administration publique et modifiant le décret du 30 décembre 1938 concernant les entreprises d'assurances et de capitalisation (J. O., 17 octobre 1962)

Décret n° 62-1206 du 15 octobre 1962 modifiant et complétant la réglementation concernant les entreprises d'assurances et de capitalisation (J. O., 17 octobre 1962) modifié par le décret du 23 mai 1967 (J. O., 25 mai 1967)

1965

Arrêté du 9 juin 1965 fixant des catégories d'assurance automobile (J. O., 23 juin 1965)

1967

Arrêté du 27 janvier 1967 fixant les conditions de la participation aux bénéfices à attribuer par les sociétés d'assurances sur la vie (J. O., 1er février 1967)

Arrêté du 27 janvier 1967 fixant les taux d'intérêt, table de mortalité et chargement à utiliser pour le calcul des primes et des provisions mathématiques des assurances temporaires en cas de décès (J. O., 7 février 1967)

1969

Décret n° 69-836 du 29 août 1969. Comptabilité des compagnies d'assurances et de capitalisation (J. O., 13 septembre 1969)

Décret n° 69-837 du 29 août 1969. Modifications et compléments au décret du 30 décembre 1938 portant règlement d'administration publique pour la constitution des sociétés d'assurances et de capitalisation, des tontines et des syndicats de garantie et pour le fonctionnement et le contrôle de ces organismes (J. O., 13 septembre 1969)

Arrêté du 1er septembre 1969 relatif aux catégories d'assurance et états à produire par les sociétés d'assurance et de capitalisation (J. O., 20 novembre 1969)

Literaturverzeichnis

A. Bücher und selbständige Schriften

Adler-Düring-Schmaltz: Rechnungslegung und Prüfung der Aktiengesellschaft. Handkommentar. 4. Aufl., völlig neu bearb. von Kurt Schmaltz, Karl-Heinz Forster, Reinhard Goerdeler, Hans Havermann. Bd. 1: Rechnungslegung. Stuttgart 1968

Assurance. — L'Assurance. Théorie, Pratique, Comptabilité. Tome 2. Paris 1965

Berchter, Käthe: Reform der Rechnungslegungsvorschriften für Versicherungsunternehmen. Köln, Wirtschafts- u. Sozialwiss. Diss. 1948

Blondel, Claude: Le Contrôle français des assurances. Paris o. J. [um 1965]

Commentaire technique du Projet de Plan Comptable de l'Assurance. Hrsg. von der Direction des Assurances. Paris 1968

Diehl, Walter: Die Rechnungslegung der privaten Versicherungsunternehmungen unter besonderer Berücksichtigung der staatlichen Aufsicht. Zürich und St. Gallen 1955. (Veröffentlichungen des versicherungs-wirtschaftlichen Seminars an der Handels-Hochschule St. Gallen. H. 4)

Farny, Dieter: Produktions- und Kostentheorie der Versicherung. Karlsruhe 1965. (Veröffentlichungen des Deutschen Vereins für Versicherungswissenschaft. H. 72)

Gürtler, Max: Tehorie und Technik der Versicherungsbuchführung. 2. Aufl. Berlin und Frankfurt/M. 1958

— Die Erfolgsrechnung der Versicherungsbetriebe. Berlin 1931

— Betriebswirtschaftliche Probleme des Versicherungswesens. Wiesbaden 1959

Heimbucher, Hans-Dieter: Ermittlung und Verrechnung von Abschlußkosten im Versicherungsbetrieb. Köln, Wirtschafts- und Sozialwiss. Diss. 1961

Heinrichs, Helmut: Die Beitragsüberträge der größeren Schaden- und Unfallversicherungsunternehmen. Berlin 1961. (Veröffentlichungen der Kölner Versicherungswissenschaftlichen Vereinigung e. V. H. 4)

Helling, Alfons: Die Finanzierung der privaten Lebensversicherungsunternehmen. Köln, Wirtschafts- und Sozialwiss. Diss. 1936

Heun, Heinrich: Die Bilanzierung der Versicherungs-Aktiengesellschaft. Gießen, Phil. Diss. 1934. Gießen 1936

Hofmann, Erwin: Die Publizität der privaten deutschen Versicherungsunternehmungen. Eßlingen 1934

Jenson, Harry: Kommentar zu den Rechnungslegungsvorschriften der Versicherungsunternehmen für die Geschäftsjahre ab 1955. Hrsg. von der Deutschen Gesellschaft für Versicherungsmathematik, Berliner Gruppe. Berlin 1956

Karten, Walter: Grundlagen eines risikogerechten Schwankungsfonds für Versicherungsunternehmen. Berlin 1966. (Schriftenreihe des Instituts für Versicherungswissenschaft an der Universität Köln. N. F. H. 20)

Kaufmann, Josef: Die Beaufsichtigung des laufenden Geschäftsbetriebes der privaten Versicherungs-Unternehmungen unter besonderer Berücksichtigung der gegenwärtigen finanz- und bilanztechnischen Probleme. Köln, Wirtschafts- und Sozialwiss. Diss. 1926

Ketter, Karl: Rechnungslegung und Prüfung der französischen Versicherungsunternehmen im Vergleich zur Regelung in Deutschland. Köln, Wirtschafts- und Sozialwiss. Diss. 1956

Klinkel, Helmut: Die Bewertung in der französischen Jahresbilanz. Wiesbaden 1961

Kriegl, Maximilian: Die Erfolgsbilanz der Lebensversicherungsunternehmung. Köln, Wirtschafts- und Sozialwiss. Diss. 1937

Kropff, Bruno: Aktiengesetz. Textausgabe des Aktiengesetzes vom 6. 9. 1965. Düsseldorf 1965

Kuschel, Horst: Die Publizität der größeren Versicherungsunternehmen über das aktive und passive Rückversicherungsgeschäft. Mannheim, Wirtschaftswiss. Diss. 1962

Lengyel, Samuel: Die Bilanzen der Versicherungsunternehmungen. 2. Aufl. Berlin, Leipzig, Wien 1927

Moxter, Adolf: Der Einfluß von Publizitätsvorschriften auf das unternehmerische Verhalten. Köln und Opladen 1962

Picard, Maurice und André *Besson:* Les Assurances terrestres en droit français. 2., verb. Aufl. Teil 2, Paris 1965

Prölss, Erich R.: Versicherungsaufsichtsgesetz. 5., stark veränd. Aufl. München und Berlin 1966

Rechnungslegung und Prüfung der Versicherungsunternehmen. Hrsg. vom Institut der Wirtschaftsprüfer. Düsseldorf 1959

Rechnungslegung von Versicherungsunternehmen im Ausland. Hrsg. und eingeleitet von Paul Braeß unter Mitwirkung von Johannes Oos. Berlin 1967. (Veröffentlichungen des Deutschen Vereins für Versicherungswissenschaft. H. 74)

Riebesell, Paul: Das einheitliche Rechnungswesen in der Versicherungswirtschaft. Hamburg 1937. (Veröffentlichungen des Reichskuratoriums für Wirtschaftlichkeit. Nr. 115)

Roos, Heinz: Zur Neugestaltung des Rechnungswesens der Sachversicherungsbetriebe. Leipzig 1942

Rünger, Willi: Aufwand, Leistung und Gewinn in der Lebensversicherung. Köln, Wirtschafts- und Sozialwiss. Diss. 1937

Sahut d'Izarn: La Cigale et la Fourmi, ou la sous-tarification en assurance automobile. Rouen 1962

Vorschriften für die Rechnungslegung der größeren Lebensversicherungsunternehmen. Berlin 1954. (Veröffentlichungen des Bundesaufsichtsamtes für das Versicherungs und Bausparwesen. Sonderheft 1/I)

Vorschriften für die Rechnungslegung der größeren Schaden- und Unfallverversicherungsunternehmen. Berlin 1954. (Veröffentlichungen des Bundesaufsichtsamtes für das Versicherungs- und Bausparwesen. Sonderheft 1/III)

B. Beiträge in Sammelwerken

Ackermann, Günther: Rechnungslegung und Statistik in ihrer Bedeutung für die Versicherungsaufsicht — Vorschriften und Handhabung der Rechnungslegung und Statistik, in: Fünfzig Jahre materielle Versicherungsaufsicht nach dem Gesetz vom 12. Mai 1901. Hrsg. von Walter Rohrbeck. Berlin 1952, Bd. 1, S. 246 ff.

Bilke, Günther und Erwin *Kirchner:* Die Spartenerfolgsrechnungen der Schaden- und Unfallversicherungsunternehmen, in: Rechnungslegung und Prüfung der Versicherungsunternehmen. Hrsg. vom Institut der Wirtschaftsprüfer. Düsseldorf 1959, S. 183 ff.

Braeß, Paul: Zur „kalkulatorischen Erfolgsrechnung" nach Max Gürtler. Vereinfachungsmöglichkeiten für die Schaden- und Unfallversicherung, in: Versicherungswissenschaftliche Studien. Festgabe für Max Gürtler zum 70. Geburtstag. Karlsruhe 1969, S. 53 ff.

— Konzentration in der Versicherungswirtschaft, in: Die Konzentration in der Wirtschaft. Hrsg. von Helmut Arndt. Berlin 1960, Bd. 1, S. 407 ff.

Deter, Georg: Die Rechnungslegungsvorschriften für Versicherungsbetriebe, in: Rechnungslegung und Prüfung der Versicherungsbetriebe. Hrsg. von Richter und Weyer. Berlin 1939, S. 57 ff.

— Sonderfragen der Rechnungslegungsvorschriften, in: Rechnungslegung und Prüfung der Versicherungsunternehmen. Hrsg. vom Institut der Wirtschaftsprüfer. Düsseldorf 1959, S. 247 ff.

Farny, Dieter: Einige Bemerkungen zu den innerbetrieblichen Aufgaben des Rechnungswesens im Versicherungsunternehmen, in: Versicherungswissenschaftliche Studien. Festgabe für Max Gürtler zum 70. Geburtstag. Karlsruhe 1969, S. 55 f.

Fritz, Ernst: Die Rechnungslegungsvorschriften des Bundesaufsichtsamtes für das Versicherungs- und Bausparwesen, in: Rechnungslegung und Prüfung der Versicherungsunternehmen. Hrsg. vom Institut der Wirtschaftsprüfer. Düsseldorf 1959, S. 19 ff.

Gürtler, Franz: Die Rechnungslegung von Versicherungsunternehmen in Frankreich, in: Rechnungslegung von Versicherungsunternehmen im Ausland. Hrsg. und eingeleitet von Paul Braeß. Berlin 1967, S. 21 ff.

Hax, Karl: Die allgemeinwirtschaftliche Bedeutung von Rechnungslegungsvorschriften und Statistik, in: Fünfzig Jahre materielle Versicherungsaufsicht nach dem Gesetz vom 12. Mai 1901. Hrsg. von Walter Rohrbeck. Berlin 1952, Bd. 1, S. 269 ff.

Heyer, Günther: Die Erfolgsanalyse in der Sachversicherung, in: Beiträge zur Privatversicherung. Festgabe für Emil Bebler. Hrsg. von Walter Rohrbeck. Berlin 1953, S. 210 ff.

Jäger, Alfred und Hermann *Weihmüller:* Wesen und Prüfung der versicherungstechnischen Posten des Jahresabschlusses, in: Rechnungslegung und Prüfung der Versicherungsunternehmen. Hrsg. vom Institut der Wirtschaftsprüfer. Düsseldorf 1959, S. 79 ff.

Krasensky, Hans: Buchhaltung und Bilanzen nach ihrem Betriebsgegenstand, in: Reisch-Kreibig: Bilanz und Steuer. 5., vollständig neu bearb. Aufl. Wien 1951, Bd. 1, S. 336 ff.

Lauinger, Artur: Versicherungsaufsicht und Publizität, in: Fünfzig Jahre materielle Versicherungsaufsicht nach dem Gesetz vom 12. Mai 1901. Hrsg. von Walter Rohrbeck. Berlin 1952, Bd. 1, S. 284 ff.

C. Laufende Veröffentlichungen

Geschäftsbericht des Gesamtverbandes der Versicherungswirtschaft e. V., Köln. Für das Jahr 1965/66 und 1966/67

D. Aufsätze in Zeitschriften

Angerer, August: Zur Bewertung von Beteiligungen bei Versicherungsunternehmen, in: Die Wirtschaftsprüfung. Jg. 21. 1968, S. 449

Berzel, Wilhelm: Zum Entwurf neuer Rechnungslegungsvorschriften, in: Versicherungswirtschaft. Jg. 9. 1954, S. 154

Braeß, Paul: Finanzplanung in Versicherungsunternehmen, in: Zeitschrift für die gesamte Versicherungswissenschaft. Bd. 54. 1965, S. 19

— und Dieter *Farny:* Methoden und Technik der externen Erfolgsanalyse in der Schaden- und Unfallversicherung sowie in der Rückversicherung, in: Versicherungswirtschaft. Jg. 18. 1963, Sonderbeilage zu Nr. 21

— und Dieter *Farny:* Methoden und Technik der externen Erfolgsanalyse in der Lebens- und Krankenversicherung, in: Versicherungswirtschaft. Jg. 18. 1963, Sonderbeilage zu Nr. 19

Drude, Günther: Bemerkungen zu den Rechnungslegungsvorschriften für Lebensversicherungsunternehmen in westeuropäischen Ländern, in: Blätter der Deutschen Gesellschaft für Versicherungsmathematik. Bd. 6. 1962 - 1964, S. 317

Farny, Dieter: Der Ausweis des indirekten Geschäftes bei den Erstversicherungsunternehmen, in: Zeitschrift für Versicherungswesen. Jg. 15. 1964, S. 870

— Der „Preis" für Rückversicherung in Theorie und Praxis, in: Zeitschrift für Versicherungswesen. Jg. 14. 1963, S. 737

— Die Finanzierung von Versicherungsunternehmen, in: Zeitschrift für die gesamte Versicherungswissenschaft. Bd. 53. 1964, S. 439

— Die Finanzwirtschaft der Versicherungsunternehmen, in: Die Versicherungsrundschau. Jg. 21. 1966, S. 277

Frey, Emil: Aktienrechtsreform und Bilanzen der Versicherungswirtschaft, in: Die Aktiengesellschaft. Jg. 9. 1964, S. 29

Frey, Günther: Ein Vorschlag zur Neugliederung der Gewinn- und Verlustrechnung von Versicherungsunternehmen. Dargestellt am Beispiel der Lebensversicherung, in: Die Wirtschaftsprüfung. Jg. 14. 1961, S. 608

Fritz, Ernst: Die Publizitätspflicht der Versicherungsunternehmen bei ihrer Rechnungslegung, in: Veröffentlichungen des Bundesaufsichtsamtes für das Versicherungs- und Bausparwesen. Jg. 1955 (Sonderdruck)

Fritz, Ernst: Die Vorschriften über die Rechnungslegung der Versicherungsunternehmungen in der Sicht der Versicherungsaufsichtsbehörde, in: Versicherungswissenschaftliches Archiv. Jg. 1955, S. 129

Gürtler, Franz: Problematische Interventionen in der französischen und deutschen Kraftverkehrsversicherung, in: Versicherungswirtschaft. Jg. 18. 1963, S. 332

Gürtler, Max: Probleme der Rechnungslegung der Versicherungsbetriebe, in: Zeitschrift für die gesamte Versicherungswissenschaft. Bd. 54. 1965, S. 263

— Das Risiko des Zufalls im Versicherungsbetrieb, in: Zeitschrift für die gesamte Versicherungswissenschaft. Bd. 29. 1929, S. 209 und 292

Hax, Karl: Die Vorschriften über die Rechnungslegung der Versicherungsunternehmungen in der Sicht des Betriebswirtes, in: Versicherungswissenschaftliches Archiv. Jg. 1955, S. 141

Heinrichs, Helmut: Erfolgsrechnung und Buchungsmethode beim Versicherungspool, in: Zeitschrift für die gesamte Versicherungswissenschaft. Bd. 52. 1963, S. 377

Helpenstein, Franz: Versicherungsbilanz und objektive Erfolgsrechnung, in: Das Versicherungsarchiv. Jg. 4. 1933/34, S. 33

Heubeck, Georg: Die Vorschriften über die Rechnungslegung der Versicherungsunternehmungen in der Sicht des Mathematikers, in: Versicherungswissenschaftliches Archiv. Jg. 1955, S. 157

Karten, Walter: Grundsätzliche Bemerkungen zur neuen Schwankungsrückstellung, in: Versicherungswirtschaft. Jg. 21. 1966, S. 1038 und 1089 (Sonderbeilage)

Lauinger, Artur: Die Vorschriften über die Rechnungslegung der Versicherungsunternehmungen in der Sicht des Publizisten, in: Versicherungswissenschaftliches Archiv. Jg. 1955, S. 169

Lavignon, M.: Le nouveau Plan comptable de l'Assurance, in: L'Argus. Jg. 1969, S. 236

Malinski, M.: La Réforme de 1962 de la réglementation des entreprises d'assurances, in: Revue générale des assurances terrestres. Bd. 33. 1962, S. 460

Matt, Robert: Die Rechnungslegungsvorschriften für die Lebensversicherungsgesellschaften in Frankreich, in: Blätter der Deutschen Gesellschaft für Versicherungsmathematik. Bd. 6. 1962 - 1964, S. 71

Müller, Ulrich: Zu einigen Grundproblemen der Erfolgsrechnung der Schadenversicherung, in: Die Wirtschaftsprüfung. Jg. 22. 1969, S. 565

Münstermann, Hans: Schmalenbachs Bilanzauffassung, in: Die Wirtschaftsprüfung. Jg. 1. 1948, H. 6, S. 33

Neubeck, Johannes: Steuerliche Beurteilung der Kosten im Versicherungsgeschäft, in: Versicherungswirtschaft. Jg. 23. 1968, S. 1146

Olgiati, Pierre: L'Amortissement des frais d'établissement et d'acquisition dans les sociétés d'assurance sur la vie, in: Revue générale des assurances terrestres. Bd. 24. 1953, S. 361

Prölss, Erich R.: Zur Rechtsnatur der laufenden Rückversicherungsprovisionen, in: Zeitschrift für die gesamte Versicherungswissenschaft. Bd. 43. 1943, S. 127

Reichert-Facilides, Fritz: Aktienrechtsreform und Versicherungsunternehmensrecht, in: Zeitschrift für die gesamte Versicherungswissenschaft. Bd. 50. 1961, S. 363

Richter, Horst: Zur Bewertung von Beteiligungen bei Versicherungsunternehmen, in: Die Wirtschaftsprüfung, Jg. 22, 1969, S. 6

Riebesell, Paul: Die Verbesserung der Publizität in der Versicherungswirtschaft, in: Der Wirtschaftstreuhänder. Jg. 4. 1935, S. 433

Welzel, Hans-Joachim: Umsatz- oder Erfolgsprinzip? Zur Neugestaltung der Erfolgsrechnung für Versicherungsunternehmen, in: Versicherungswirtschaft. Jg. 23. 1968, S. 943

Anhang

Bilanz- und Erfolgsrechnungsschemata für die französischen Versicherungsunternehmen nebst Übersetzung

89. — BILAN

ACTIF

	Montant brut.	Amortissements et provisions pour dépréciation.	Montant net.
20. Frais d'établissement et de développement en France :			
Frais d'établissement proprement dits (200 à 203 et 206)			
Frais d'acquisition des contrats (205)			
Frais d'acquisition des immobilisations (204 et 209)			
Total des frais d'établissement en France			
21 et 22. Immobilisations en France :			
Immeubles (210, 212, 213, 2190, 2192 et 2193)			
Matériel, mobilier, installation (214, 215 et 216)			
Immobilisations incorporelles (218 et 2198)			
Immobilisations en cours (22)			
23 à 27. Autres valeurs immobilisées en France :			
Valeurs mobilières admises en représentation des provisions techniques (autres que les titres de participation) (23)			
Prêts et effets assimilés admis en représentation des provisions techniques (24)			
Titres de participation (25)			
Dépôts et cautionnements (26)			
Valeurs garantissant les engagements vis-à-vis des institutions de prévoyance ou couvrant les fonds de placement gérés par l'entreprise (27)			
28. Valeurs immobilisées à l'étranger			
29. Valeurs remises par les réassureurs		× × ×	
A déduire : versements à effectuer sur titres non libérés (4611 à 4618)	—	× × ×	—
Provision pour dépréciation des titres (192 et 197)	× × ×		—
Total des valeurs immobilisées nettes			
39. Part des cessionnaires et rétrocessionnaires dans les provisions techniques :			
Primes (3910, 3920, 3930, 3940, 3950, 3960, 39810, 39820, 39840, 39850)			
Sinistres (3915, 3925, 3935, 3945, 3955, 3965, 39815, 39825, 39845, 39855)			
Total de la part des cessionnaires dans les provisions techniques			
4 et 5. Valeurs réalisables à court terme ou disponibles :			
Comptes courants des cessionnaires ou rétrocessionnaires débiteurs (4000)			
Comptes courants des cédants et rétrocédants débiteurs (4040)			
Comptes courants des coassureurs débiteurs (4080)			
Créances sur les assurés et les agents (41) (1)			
Personnel (42) (1)			
Etat (43) (1)			
Actionnaires (44) (1)			
Filiales (45) (1)			
Débiteurs divers (46) (1)			
Comptes de régularisation (48)			
Comptes d'attente et à régulariser (49)			
Prêts non admis en représentation des provisions techniques (51)			
Effets à recevoir (53)			
Chèques et coupons à encaisser (54)			
Titres de placement divers (55 moins 4619 et moins 195)			
Banques et chèques postaux (56)			
Caisse (57)			
Total des comptes de tiers et des comptes financiers			
17. Compte avec le siège social (créances)			
87. Résultats (perte de l'exercice)			
Total général			
07. Valeurs déposées par des tiers, à restituer			
09. Valeurs appartenant à des institutions de prévoyance régies par l'article L. 4 du code général de sécurité sociale, à restituer			

(1) Total des comptes divisionnaires ou sous-comptes dont le solde est débiteur.

PASSIF

10. Capital social ou fonds d'établissement :		
Capital social (100)		...
Capital appelé (1000)	...	× × ×
Capital non appelé (1001)	...	× × ×
Fonds d'établissement (101)		...
Fonds constitué (1010)	...	× × ×
Part restant à rembourser de l'emprunt (1016) (1)	...	× × ×
Fonds social complémentaire (102) (1)		...
11. Réserve :		
Primes d'émission (110)		...
Réserves statutaires (112)		...
Réserve des plus-values nettes à long terme (113)		...
Réserves provenant de subventions d'équipement (114)		...
Réserves pour plus-values réinvesties, à réinvestir et divers (115)		...
Réserves de renouvellement des immobilisations (116)		...
Réserves spéciales de réévaluation (118)		...
Réserves pour cautionnements à l'étranger (119)		...
13. Réserves réglementées :		
Réserve pour remboursement de l'emprunt pour fonds d'établissement (130)		...
Réserve de garantie (132)		...
Complément obligatoire aux provisions techniques (133)		...
Réserve pour fluctuations de change (134)		...
Réserve de capitalisation (135)		...
12. Report à nouveau		...
Total des capitaux propres et réserves		...
14. Subventions d'équipement reçues		...
15. Provisions pour pertes et charges		...
16 et 18. Dettes à long et moyen terme :		
Emprunts et autres dettes à plus d'un an (16)		...
Dettes pour valeurs et espèces remises par les cessionnaires et rétrocessionnaires (18)		...
Total des subventions, provisions pour pertes et charges et dettes à long et moyen terme		...
31 à 38. Provisions techniques :		
Primes (310, 320, 330, 340, 350, 360, 3810, 3820, 3840, 3850)	...	× × ×
Sinistres (315, 3250 à 3258, 335, 345, 355, 365, 3815, 3825, 3845, 3855)	...	× × ×
Moins : prévision de recours à encaisser (3259)	— ...	× × ×
Engagements envers les institutions de prévoyance ou relatifs aux fonds de placement gérés par l'entreprise (37)	...	× × ×
Total des provisions techniques	× × ×	...
4 et 5. Dettes à court terme :		
Comptes courants des cessionnaires et rétrocessionnaires créditeurs (4001)		...
Comptes courants des cédants et rétrocédants créditeurs (4041)		...
Comptes courants des coassureurs créditeurs (4081)		...
Comptes des agents et assurés créditeurs (41) (2)		...
Personnel (42) (2)		...
Etat (43) (2)		...
Actionnaires (44) (2)		...
Filiales (45) (2)		...
Créditeurs divers (4600, 4601, 4603, 4604, 462 à 468) (2)		...
Comptes de régularisation (47)		...
Comptes d'attente et à régulariser (49)		...
Emprunts à moins d'un an (50)		...
Effets à payer (52)		...
Total des dettes à court terme		...
17. Compte avec le siège social (dettes)		...
87. Résultats (excédent avant affectation)		...
Total général		...

07. Engagements de restitution de valeurs détenues appartenant à des tiers	...
09. Engagements de restitution de valeurs détenues appartenant à des institutions de prévoyance régies par l'article L. 4 du code général de sécurité sociale	...

(1) Emprunts visés par l'article 7 du décret n° 62-1206 du 15 octobre 1962.

(2) Total des comptes divisionnaires ou sous-comptes dont le solde est créditeur. Certains comptes figurent à la fois à l'actif et au passif, leurs soldes pouvant être soit débiteurs, soit créditeurs (418, 428, 436, 438, 445, 446, 450, 455 462 à 468). D'autres comptes se balancent et n'ont pas à figurer au bilan (59...).

Bilanz - alle Branchen

Aktiva	Bruttobetrag	Abschreibung und Wertberichtigung
20. Errichtungs- und Einrichtungskosten in Frankreich:		
Errichtungskosten im engeren Sinne	....	....
Abschlußkosten	....	....
Anschaffungskosten Grundbesitz	....	....
Gesamt	....	....
21. und 22. Immobile Anlagen in Frankreich:		
Grundstücke	....	....
Betriebs- und Geschäftsausstattung	....	....
Immaterielle Anlagen	....	....
Im Bau befindliche Gebäude	....	....
23. bis 27. Übrige Daueranlagen in Frankreich:		
Unbeschränkt zur Deckung versicherungstechnischer Verbindlichkeiten zugelassene mobile Anlagewerte (außer Beteiligungen)	....	....
Darlehen und ähnliche zur Deckung versicherungstechnischer Verbindlichkeiten zugelassene Werte	....	....
Beteiligungen	....	....
Depots und Kautionen	....	....
Werte zur Deckung der gegenüber Sozialversicherungseinrichtungen bestehenden Verpflichtungen oder der von dem Unternehmen verwalteten Fonds	....	....
28. Im Ausland angelegte Werte	....	....
29. Von den Rückversicherern gestellte (unbare) Sicherheiten	....	x x x
Abzüglich: Ausstehende Einlagen auf nicht voll eingezahlte Anteilswerte	-	x x x
(Global-) Wertberichtigung auf Kapitalanlagen	x x x	....
Gesamt: Kapitalanlagen (Netto-) Bilanzwert	....	....
39. Anteil der Rückversicherer an den versicherungstechnischen Rücklagen für:		
Prämien	....	....
Versicherungsleistungen	....	....
Gesamt Rückversichereranteile	....	....

	Bruttobetrag	Abschreibung und Wertberichtigung	Nettobetrag
4. und 5. Kurzfristig realisierbare und verfügbare Aktiva:			
Kontokorrentforderungen gegen Zessionare und Retrozessionare	....	....	....
Kontokorrentforderungen gegen Zedenten und Retrozedenten	....	....	....
Kontokorrentforderungen gegen Mitversicherer	....	....	....
Forderungen:			
gegen Versicherungsnehmer und Vertreter	....	....	....
Personal	....	....	....
Fiskus	....	....	....
Aktionäre	....	....	....
Geschäftsstellen	....	....	....
Sonstige	....	....	....
Abgrenzungskosten	....	....	....
Nicht zur Deckung versicherungstechnischer Verbindlichkeiten zugelassene Darlehen	....	....	....
Besitzwechsel	....	....	....
Schecks	....	....	....
Verschiedene Wertschriften	....	....	....
Bank- und Postscheckguthaben	....	....	....
Kasse	....	....	....
Gesamt Forderungen und Guthaben gegen Dritte			....
17. Konto der Zweigniederlassungen (Forderungen)			....
87. Ergebnis (Verlust des Geschäftsjahres)			....
Insgesamt			....

07. Von Dritten hinterlegte Werte (mit Rückgabeanspruch)	....
09. Sozialversicherungseinrichtungen gehörige Werte (mit Rückgabeanspruch)	....

B i l a n z - alle Branchen

Passiva

10. Grundkapital oder Gründungsfonds:		
Grundkapital		....
eingezahlt	....	x x x
nicht eingezahlt	....	x x x
Gründungsfonds		....
zurückgezahlt	....	x x x
noch zu tilgen	....	x x x
Zusatzfonds		....
11. Rücklagen		
Emissionsagio		....
statuarische Rücklagen		....
Zuschreibungsrücklagen		....
Rücklagen auf Grund von Zuschüssen		....
Rücklagen auf Grund reinvestierter und zu reinvestierender Mehrwerte und sonstige		....
Erneuerungsrücklagen		....
Rücklagen für Auslandskautionen		....
13. Reglementierte Rücklagen:		
Rücklage zur Tilgung der Gründungsfondsanleihe		....
Garantierücklage		....
Ergänzungsrücklage		....
Rücklage für Wechselkursschwankungen		....
Kapitalisationsrücklage		....
12. Gewinnvortrag		....
Gesamtes Eigenkapital		....
14. Empfangene Zuschüsse		....
15. Nichtversicherungstechnische Rückstellungen		....
16. und 18. Lang- und mittelfristige Verbindlichkeiten		
Darlehen und andere Schulden mit mehrjähriger Laufzeit		....
Verbindlichkeiten für von Rückversicherern einbehaltene Sicherheiten		....
Gesamt 14, 15, 16 und 18		....
31. bis 38. Versicherungstechnische Rückstellungen für		
Prämien	....	x x x
Versicherungsleistungen	....	x x x
minus: Rückgriffsforderungen	-	x x x
Verpflichtungen gegenüber Institutionen der Sozialversicherung oder auf Grund von dem Unternehmen verwalteter Fonds	....	x x x
Gesamte versicherungstechnische Rückstellungen	x x x	....

4. und 5. Kurzfristige Verbindlichkeiten

Kontokorrentverbindlichkeiten gegenüber Zessionaren und Retrozessionaren	....
Kontokorrentverbindlichkeiten gegenüber Zedenten und Retrozedenten	....
Kontokorrentverbindlichkeiten gegenüber Mitversicherern	....
Verbindlichkeiten gegenüber:	
Versicherungsnehmern und Vertretern	....
Personal	....
Fiskus	....
Aktionären	....
Geschäftsstellen	....
sonstige	....
Rechnungsabgrenzungsposten	....
Darlehen mit unterjähriger Laufzeit	....
Schuldwechsel	....
Gesamte kurzfristige Verbindlichkeiten	....
17. Konto der Zweigniederlassungen (Verbindlichkeiten)	....
87. Gewinn (oder Verwendung)	....
Insgesamt	....
07. Rückgabeverpflichtungen aus für Dritte verwalteten Werten	....
09. Rückgabeverpflichtungen aus für Sozialversicherungseinrichtungen verwalteten Werten	....

COMPTE 80. — EXPLOITATION GENERALE

(SÒCIETES D'ASSURANCE SUR LA VIE ET SOCIETES DE CAPITALISATION)

DEBIT

	Opérations brutes.	Cessions et rétrocessions.	Opérations nettes.
Sinistres et capitaux échus :			
Sinistres survenus			
Capitaux échus			
Arrérages échus			
Rachats			
Participation aux excédents			
Provisions mathématiques :			
Provisions **mathématiques à la clôture de l'exercice**			
A déduire: Provisions mathématiques à l'ouverture de l'exercice			
A déduire: **Participation aux excédents des exercices antérieurs incorporée dans l'exercice**			
Charges de commissions :			
Commissions		x x x	x x x
A déduire : **frais d'acquisition précomptés portés à l'actif**		x x x	x x x
A ajouter : **amortissement, au cours de l'exercice, des frais d'acquisition précomptés**		x x x	x x x
Commissions de l'exercice		x x x	x x x
Autres charges :			
Frais de personnel		x x x	x x x
Impôts et taxes		x x x	x x x
Travaux, fournitures et services extérieurs, transports et déplacements		x x x	x x x
Frais divers de gestion		x x x	x x x
Dotations aux amortissements (autres que celles afférentes aux placements)		x x x	x x x
Dotations aux provisions (autres que celles afférentes aux provisions techniques et aux placements)		x x x	x x x
Autres charges de l'exercice		x x x	x x x
Commissions et autres charges			
Charge des placements :			
Frais financiers : **Sur titres**			x x x
Frais financiers : **Sur immeubles de placement**			x x x
Frais financiers : **Autres frais**			x x x
Dotation aux amortissements des valeurs de placement			x x x
	x x x		
Intérêts servis à la provision pour participation aux excédents			
Solde créditeur			
Total			

COMPTE 80. — EXPLOITATION GENERALE

(SOCIETES D'ASSURANCE SUR LA VIE ET SOCIETES DE CAPITALISATION)

CREDIT

		Opérations brutes.	Cessions et rétrocessions.	Opérations nettes.
Primes :				
Primes et accessoires (nets d'annulations)		....	....	....
Produits des placements :				
Produits financiers	**Sur titres**	....		× × ×
	Sur immeubles de placement	....		× × ×
	Autres produits	....		× × ×
		× × ×		....
Autres produits :				
Subventions d'exploitation		....		× × ×
Produits accessoires		....		× × ×
		× × ×		....
Travaux faits par l'entreprise pour elle-même. — Charges non imputables à l'exploitation de l'exercice.				....
Solde débiteur				....
Total				....

Intérêts crédités aux provisions mathématiques :

Opérations brutes	....
Cessions et rétrocessions	....
Opérations nettes	....

Gesamtbetriebsrechnung - Leben

Soll

	Brutto	Zessionen und Retrozessionen	Netto
Todesfalleistungen und fällige Kapitalzahlungen:			
Leistungen für Todesfälle	....	....	....
Fällige Kapitalzahlungen	....	....	....
Fällige Rentenleistungen	....	....	....
Rückkäufe	....	....	....
Überschußanteile	....	....	....
	....	....	....
Mathematische Rückstellungen:			
Rückstellungen Ende Geschäftsjahr	....	....	....
minus: Rückstellungen Ende Vorjahr	....	....	....
minus: Überschußanteile aus Vorjahren, in Geschäftsjahresrückstellungen eingestellt	....	....	....
	....	....	....
Provisionsaufwendungen:			
Provisionen	....	x x x	x x x
minus: aktivierte Abschlußkosten	....	x x x	x x x
plus: Abschreibungen auf aktivierte Abschlußkosten	....	x x x	x x x
Provisionen und Abschlußkosten zu Lasten des Geschäftsjahres	....	x x x	x x x
Übrige Aufwendungen:			
Personalaufwand	....	x x x	x x x
Steuern und Abgaben	....	x x x	x x x
Lieferungen und Leistungen Dritter	....	x x x	x x x
Sonstige Verwaltungsaufwendungen	....	x x x	x x x
Wertberichtigungen (außer auf Kapitalanlagen)	....	x x x	x x x
Rückstellungsaufwand (nichttechnisch)	....	x x x	x x x
Gesamt Übrige Aufwendungen	....	x x x	x x x
Gesamt Abschlußkosten und Übrige Aufwendungen	....	....	....
Anlagenaufwand:			
Kapitalanlagekosten auf Wertschriften	....		x x x
Kapitalanlagekosten auf Grundstücke	....		x x x
Kapitalanlagekosten auf sonstige Kosten	....		x x x
Abschreibungsaufwand	....		x x x
	x x x x x		....
Zinsen auf angesammelte Überschußanteile			....
Habensaldo			....
Gesamt			....

Gesamtbetriebsrechnung - L e b e n

Haben

	Brutto	Zessionen und Retrozessionen	Netto
Beiträge:			
Beiträge und Nebenleistungen (ab: Annulierungen)	....	....	......
Vermögenserträge:			
aus Wertschriften	....		x x x
aus Grundstücken	....		x x x
sonstige	....		x x x
	x x x x x		......
Übrige Erträge:			
Ergebniszuschüsse	....		x x x
Nebenleistungen	....		x x x
	x x x x x		......
Aktivierte Eigenleistungen - Abzugrenzende Aufwendungen			......
Sollsaldo			......
Gesamt			......

Zinsen auf mathematische Rückstellungen:

Brutto	....
Zessionen und Retrozessionen	....
Netto	....

COMPTE 80. — EXPLOITATION GENERALE

(ENTREPRISES D'ASSURANCE DE TOUTE NATURE VISEES AU PARAGRAPHE 5° DE L'ARTICLE 1er DU DECRET DU 14 JUIN 1938)

DEBIT

	Opérations brutes.	Cessions et rétrocessions.	Opérations nettes.
Charges de sinistres nettes de recours :			
Prestations et frais payés			
A ajouter : provisions de sinistres à la clôture de l'exercice			
A déduire : provisions de sinistres à l'ouverture de l'exercice			
Prestations et frais de l'exercice			
Charges de commissions :			
Commissions payées ou dues		× × ×	× × ×
A déduire : frais d'acquisition précomptés portés à l'actif		× × ×	× × ×
A ajouter : amortissement, au cours de l'exercice, des frais d'acquisition précomptés		× × ×	× × ×
Commissions de l'exercice		× × ×	× × ×
Autres charges :			
Frais de personnel		× × ×	× × ×
Impôts et taxes		× × ×	× × ×
Travaux, fournitures et services extérieurs, transports et déplacements		× × ×	× × ×
Frais divers de gestion		× × ×	× × ×
Dotations aux amortissements (autres que celles afférentes aux placements)		× × ×	× × ×
Dotations aux provisions (autres que celles afférentes aux provisions techniques et aux placements)		× × ×	× × ×
Autres charges de l'exercice		× × ×	× × ×
Commissions et autres charges			
Charges des placements :			
Frais financiers : Sur titres			× × ×
Frais financiers : Sur immeubles de placement			× × ×
Frais financiers : Autres frais			× × ×
Dotation aux amortissements des valeurs de placements			× × ×
		× × ×	
Solde créditeur			
Total			

COMPTE 80. — EXPLOITATION GENERALE

(ENTREPRISES D'ASSURANCE DE TOUTE NATURE VISEES AU PARAGRAPHE 5° DE L'ARTICLE 1er DU DECRET DU 14 JUIN 1938)

CREDIT

	Opérations brutes.	Cessions et rétrocessions.	Opérations nettes.
Primes :			
Primes et accessoires (nets d'annulations)	....	....	....
A ajouter : provisions de primes à l'ouverture de l'exercice	....	....	....
A déduire : provisions de primes à la clôture de l'exercice	....	....	....
Primes de l'exercice	....	....	....
Produits des placements :			
Produits financiers : Sur titres		....	× × ×
Produits financiers : Sur immeubles de placement		....	× × ×
Produits financiers : Autres produits financiers		....	× × ×
		× × ×	....
Autres produits :			
Subventions d'exploitation		....	× × ×
Produits accessoires		....	× × ×
		× × ×	....
Travaux faits par l'entreprise pour elle-même. — Charges non imputables à l'exploitation de l'exercice.			....
Solde débiteur			....
Total			....

Gesamtbetriebsrechnung - Schaden- und Unfall, Kranken

Soll	Brutto	Zessionen und Retrozessionen	Netto
Aufwendungen für Versicherungsleistungen (ab: Rückgriffe):			
gezahlte Entschädigungen und Kosten	....	....	......
plus: Schadenrückstellungen Ende Geschäftsjahr	....	....	......
minus: Schadenrückstellungen Ende Vorjahr	....	....	......
Entschädigungen und Kosten zu Lasten Geschäftsjahr	....	....	......
Provisionsaufwendungen:			
gezahlte oder fällige Provisionen	....	x x x	x x x
minus: aktivierte Abschlußkosten	....	x x x	x x x
plus: Abschreibungen auf aktivierte Abschlußkosten	....	x x x	x x x
Provisionsaufwand zu Lasten Geschäftsjahr	....	x x x	x x x
Übrige Aufwendungen:			
Personalaufwand	....	x x x	x x x
Steuern und Abgaben	....	x x x	x x x
Lieferungen und Leistungen Dritter	....	x x x	x x x
Sonstige Verwaltungsaufwendungen	....	x x x	x x x
Wertberichtigungen (außer auf Kapitalanlagen)	....	x x x	x x x
Rückstellungsaufwand (nichttechnisch)	....	x x x	x x x
Gesamt Übrige Aufwendungen	....	x x x	x x x
Gesamt Abschlußkosten und Übrige Aufwendungen	....	....	......
Anlagenaufwand:			
Kapitalanlagekosten auf Wertschriften	....		x x x
Kapitalanlagekosten auf Grundstücke	....		x x x
Kapitalanlagekosten auf sonstige Kosten	....		x x x
Abschreibungsaufwand	....		x x x
	x x x x x		......
Habensaldo			......
Gesamt			......

Gesamtbetriebsrechnung - Schaden- und Unfall, Kranken

Haben

	Brutto	Zessionen und Retrozessionen	Netto
eiträge:			
Beiträge und Nebenleistungen (ab: Annulierungen)	....	....	....
plus: Beitragsüberträge Ende Vorjahr	....	....	....
minus: Beitragsüberträge Ende Geschäftsjahr	....	....	....
Beitragsertrag des Geschäftsjahres	....	....	....
ermögenserträge:			
aus Wertschriften	....		x x x
aus Grundstücken	....		x x x
sonstige	....		x x x
	x x x x x		....
brige Erträge:			
Ergebniszuschüsse	....		x x x
Nebenleistungen	....		x x x
	x x x x x		....
ktivierte Eigenleistungen - Abzugrenzende Aufwendungen			....
ollsaldo			....
Gesamt			....

ETAT A 1

Compte d'exploitation par catégories ou sous-catégories.

SOCIETES D'ASSURANCE SUR LA VIE

Cet état n'est pas rempli par les sociétés de capitalisation (00), de dépôts (05), d'assurances nuptialité, natalité (17), d'acquisition d'immeubles au moyen de la constitution de rentes viagères (18), ni par les tontines (19).

Pour les entreprises qui y sont assujetties, il comporte les colonnes suivantes :

Assurances grande branche (10) ;

Assurances populaires et autres assurances à primes mensuelles ou plus fréquentes (12) ;

Assurances collectives (14) ;

Autres affaires (opérations non régies par le décret du 14 juin 1938) ;

Assurances complémentaires (16) ;

Nuptialité, natalité (17) ;

Total affaires directes France métropolitaine (plus Monac

Acceptations en France ;

Départements d'outre-mer ;

Territoires d'outre-mer ;

Etranger (assurances directes et acceptations).

Total général.

Les opérations réalisées dans les départements et les terri d'outre-mer peuvent être groupées en une seule colonne ; peuvent également être incorporées dans la colonne Etranger. T fois les entreprises ayant leur siège social ou spécial outr devront au contraire ventiler la colonne Outre-mer suivan catégories prévues ci-dessus pour la France métropolitaine.

Sauf indication contraire, les différents postes de cet état constitués par les mêmes comptes que ceux du compte 80.

L'état comporte les lignes suivantes :

DÉBIT

Sinistres survenus.

Capitaux échus.

Arrérages échus.

Rachats.

Participations aux excédents liquidés.

Sous-total : prestations échues.

Provisions mathématiques à la clôture de l'exercice :

A déduire : provisions mathématiques à l'ouverture de l'exercice.

A déduire : participation aux excédents des exercices antérieurs incorporée dans l'exercice.

A déduire : intérêts crédités aux provisions mathématiques brutes de cessions.

Virements de provisions mathématiques (3105, 3305).

Sous-total : charge des provisions.

Commissions échues (651 à 657, 6950, 6957).

A déduire : commissions à amortir portées à l'actif (6590, 6593, 6597, 6959).

Amortissement, dans l'exercice, des commissions portées à l'actif (6580, 6583, 6587, 6958).

A déduire : inscription au compte spécial des frais d'acquisition à amortir (6591).

Amortissement, dans l'exercice, du compte spécial des frais d'acquisition (6581).

Sous-total : commissions de l'exercice.

Autres charges nettes (*).

Primes cédées aux réassureurs.

Solde créditeur.

Total.

(*) « Autres charges » du compte 80 diminuées des « produits accessoires » et des « travaux faits par l'entreprise pour elle-même » et y compris le loyer des immeubles d'exploitation dont la société est propriétaire.

CRÉDIT

Primes émises (7010 à 7013, 7030 à 7033, 704, 706, 7901, moins 73 et 793).

A déduire : annulations (7019, 7039).

Sous-total : primes nettes.

Produit des placements nets des charges (**).

A déduire : intérêts crédités aux provisions math tiques nettes de cessions.

Sous-total : produits financiers nets.

Subventions d'exploitation.

Part des réassureurs dans les sinistres et capitaux :

Part des réassureurs dans les provisions mathémati à la clôture de l'exercice.

A déduire : part des réassureurs dans les provis mathématiques à l'ouverture de l'exer

A déduire : intérêts crédités aux provisions math tiques sur cessions.

Commissions des réassureurs.

Sous-total : sinistres et charges incombant aux réassureurs.

Solde débiteur.

Total.

(**) « Produits des placements » au sens du compte 80 dimin des « charges des placements » ainsi que des « intérêts servis provision pour participation aux excédents » et y compris le lo des immeubles d'exploitation dont la société est propriétaire.

SOCIETES D'ASSURANCE DOMMAGES, RC ET RISQUES DIVERS

(Catégories 2 à 7.)

Les entreprises d'assurance de toute nature visées à l'article 1er (5°) décret du 14 juin 1938 présentent cet état avec les colonnes vantes :

Accidents corporels (accidents du travail 20, autres accidents corporels 21, 22 et 23).

Maladie (24 et 25).

Incendie (30, 31 et 32).

Autres dommages aux biens (35 et 36).

Dommages subis par les corps de véhicules terrestres à moteur et protection juridique (40 à 45).

RC des véhicules à moteur (46 à 49).

Ensemble des véhicules terrestres à moteur (4).

Transports (5).

RC générale (6).

Divers (7).

Total affaires directes France métropolitaine (plus Monaco).

Acceptations en France.

Départements d'outre-mer.

Territoires d'outre-mer.

Etranger (assurances directes et acceptations).

Total général.

Les opérations réalisées dans les départements et les territoires d'outre-mer peuvent être groupées en une seule colonne; elles peuvent également être incorporées dans la colonne Etranger. Toutefois les entreprises ayant leur siège social ou spécial outre-mer devront au contraire ventiler la colonne Outre-mer suivant les catégories ou groupes de sous-catégories prévus ci-dessus pour la France métropolitaine.

L'état comporte les lignes suivantes :

DEBIT	CREDIT
Sinistres payés (6020 moins 6021, 6024, 6040 à 6044, 6050, 6060 à 6064, 6902, 6904, 6905). Frais accessoires (6026). Participations aux excédents (6025, 6045, 6055, 6065). A déduire : recours (6029). Arrérages après constitution (6023).	Primes et accessoires (7022 à 7024, 704 à 706, 7902, 7904, 7905, moins 73 et 793). Rappels (7025 et 7026). A déduire : annulations (7029).
Sous-total : prestations et frais accessoires payés.	Sous-total primes nettes.
Provision pour sinistres (3250, 355, 3825, 3855) : — au 31 décembre précédent. + au 31 décembre.	Provision pour risques en cours (3200, 3201, 340, 350, 360, 3820, 3840, 3850). + au 31 décembre précédent. — au 31 décembre.
Provision pour participation aux excédents (3258) : — au 31 décembre précédent. + au 31 décembre.	Autres provisions de primes (3205 à 3208) : + au 31 décembre précédent. — au 31 décembre.
Prévision de recours à encaisser (3259) : + au 31 décembre précédent. — au 31 décembre.	Provision pour annulations (3209). + au 31 décembre précédent. — au 31 décembre.
Provision mathématique et divers (3254, 3257) : — au 31 décembre précédent. + au 31 décembre.	
Sous-total : dotation aux provisions pour prestations et frais à payer.	Sous-total : dotation aux provisions de primes.
Commissions (651 à 657, 6950, 6957) : Frais d'acquisition précomptés (659 et 6959) : + au 31 décembre précédent. — au 31 décembre. Amortissement des frais d'acquisition (658, 6958).	Produits financiers nets (**). Subventions d'exploitation reçues (71).
Sous-total : commissions à la charge de l'exercice.	
Autres charges (*). Primes cédées (709, 7909). Provisions de primes à la charge des réassureurs (3920, 3940, 3950, 3960, 39820, 39840, 39850). + au 31 décembre précédent. — au 31 décembre.	Part des réassureurs dans les prestations (609 et 6909). Part des réassureurs dans les provisions pour prestations (3925, 3955, 39825, 39855). — au 31 décembre précédent. + au 31 décembre. Commissions des réassureurs (75, 795).
Sous-total : primes acquises aux réassureurs.	Sous-total : part des réassureurs dans les charges.
Solde créditeur.	Solde débiteur.
Total.	Total.

(*) « Autres charges » du compte 80 diminuées des « produits accessoires » et des « travaux faits par l'entreprise pour elle-même » et y compris le loyer des immeubles d'exploitation dont la société est propriétaire.

(**) « Produits des placements » au sens du compte 80 diminués des « charges des placements » et y compris le loyer des immeubles d'exploitation dont la société est propriétaire.

Etat A-1 - Spartenbetriebsrechnung - Leben

SOLL

Leistungen für Todesfälle

Fällige Kapitalzahlungen

Fällige Rentenleistungen

Rückkäufe

Gewährte Überschußanteile

Zwischenergebnis:
gezahlte Versicherungsleistungen

Mathematische Rückstellungen
Ende Geschäftsjahr:
minus: mathematische Rückstellungen Ende Vorjahr
minus: Überschußanteile aus Vorjahren, in Geschäftsjahresrückstellungen eingestellt
minus: Rechnungszins auf Bruttorückstellungen

Rückstellungsumbuchungen

Zwischenergebnis:
Rückstellungsmehrbetrag

Provisionen
minus: aktivierte Provisionsanteile

Abschreibung auf aktivierte Provisionsanteile
minus: sonstige aktivierte Abschlußkosten

Abschreibung auf sonstige aktivierte Abschlußkosten

Zwischenergebnis:
Provisionen zu Lasten des Geschäftsjahres

Übrige Betriebsaufwendungen

Rückversicherungsbeiträge

Habensaldo

Total

HABEN

Beitragseinnahmen
(abzüglich Ermäßigungen und Rückgewährsbeträge)
minus: Annulierungen

Zwischenergebnis:
Nettovermögenserträge

Ergebniszuschüsse

Anteile der Rückversicherer an den Versicherungsleistungen (gezahlt)

Anteil der Rückversicherer an den mathematischen Rückstellungen Ende Geschäftsjahr
minus: Anteil der Rückversicherer an den mathematischen Rückstellungen Ende Vorjahr
minus: Rechnungszins auf abgegeben mathematische Rückstellunge

Rückversicherungsprovisionen

Zwischenergebnis:
Schäden und Betriebsaufwendungen zu Lasten der Rückversicherer

Sollsaldo

Total

Etat A-1 - Spartenbetriebsrechnung - Schaden- und Unfall, Kranken

S O L L

Schadenzahlungen
"Abwicklungskosten"
minus: Rückgriffe
Renten

Zwischenergebnis:
Versicherungsleistungen und "Abwicklungskosten" gezahlt

Schadenrückstellungen
minus: Stand 31.Dez. Vorjahr
plus: Stand 31.Dez. Geschäftsjahr

Rückstellungen für Überschußbeteiligungen:
minus: Stand 31.Dez. Vorjahr
plus: Stand 31.Dez. Geschäftsjahr

Ausstehende Rückgriffe:
plus: Stand 31.Dez. Vorjahr
minus: Stand 31.Dez. Geschäftsjahr

Mathematische und sonstige Rückstellungen:
minus: Stand 31.Dez. Vorjahr
plus: Stand 31.Dez. Geschäftsjahr

Zwischenergebnis:
Mehrbetrag der Rückstellungen für Versicherungsleistungen und Abwicklungskosten

Provisionen
Vorausbezahlte Abschlußkosten, aktiviert
plus: Stand 31.Dez. Vorjahr
minus: Stand 31.Dez. Geschäftsjahr
Abschreibungen auf aktivierte Abschlußkosten

Zwischenergebnis:
Provisionen zu Lasten des Geschäftsjahres

Übrige Betriebsaufwendungen (brutto)
Rückversicherungsbeiträge
Rückversichereranteile an den Beitragsüberträgen
plus: Stand 31.Dez. Vorjahr
minus: Stand 31.Dez. Geschäftsjahr

Zwischenergebnis:
Abgegrenzte Rückversicherungsbeiträge

Habensaldo

Total

H A B E N

Beiträge und Nebenleistungen abzüglich Ermäßigungen und Rückgewährsbeträge
Nachschüsse
minus: Annulierungen

Zwischenergebnis:
Beitragseinnahme, effektiv

Beitragsüberträge
plus: Stand 31.Dez. Vorjahr
minus: Stand 31.Dez. Geschäftsjahr

Andere Prämienreservierungen:
plus: Stand 31.Dez. Vorjahr
minus: Stand 31.Dez. Geschäftsjahr

Rückstellungen für Prämienausfälle
plus: Stand 31.Dez. Vorjahr
minus: Stand 31.Dez. Geschäftsjahr

Zwischenergebnis:
Zuführungen zu Prämienrückstellungen

Nettovermögenserträge
Erhaltene Ergebniszuschüsse
Anteil Rückversicherer an Versicherungsleistungen (gezahlt)
Anteil Rückversicherer an Rückstellungen für Versicherungsleistungen
minus: Stand 31.Dez. Vorjahr
plus: Stand 31.Dez. Geschäftsjahr

Zwischenergebnis:
Aufwendungen zu Lasten des Geschäftsjahres

Sollsaldo

Total

COMPTE 87. — COMPTE GENERAL DE PERTES ET PROFITS

DEBIT

Pertes d'exploitation de l'exercice		80
Pertes sur exercices antérieurs		820
Provisions pour moins-values, à la clôture de l'exercice:		
Pour garantie des moins-values sur titres gérés	150	
Pour dépréciation des immobilisations et titres	19	
Pour dépréciation des valeurs déposées chez les cédants	26.301 et 286.301	
	× × ×	
Dotation de l'exercice aux réserves diverses (à détailler)		831
Dotation de l'exercice aux réserves réglementaires:		
Réserve pour remboursement de l'emprunt pour fonds d'établissement	8330	
Fonds d'établissement constitué	8331	
Réserve de garantie	8332	
Complément obligatoire aux provisions techniques	8333	
Réserve pour fluctuations de change	8334	
Réserve de capitalisation	8335	
	× × ×	833
Dotation aux provisions pour pertes		835
Dotation aux provisions pour dépréciation		839
Pertes exceptionnelles:		
Moins-values sur cessions d'éléments d'actif	840	
Pertes de change	841	
Subventions exceptionnelles accordées	843	
Autres pertes	844	
	× × ×	
Impôts sur les bénéfices		85
Bénéfice ou excédent net total (solde créditeur)		
Total		

88. — RESULTATS EN INSTANCE D'AFFECTATION

DEBIT

Report à nouveau de l'exercice précédent	
Perte de l'exercice	
Dividendes	
Tantièmes	
Affectation à la réserve pour plus-values réinvesties et à réinvestir, et plus-values à long terme	
Affectation aux autres réserves (*à détailler*)	
Autres répartitions (*à détailler*)	
Report à nouveau (bénéfice)	
Total	

COMPTE 87. — COMPTE GENERAL DE PERTES ET PROFITS

CREDIT

Profits d'exploitation de l'exercice		80
Profits sur exercices antérieurs		822
Provisions pour moins-values, à l'ouverture de l'exercice:		
Pour garantie des moins-values sur titres gérés	150	
Pour dépréciation des immobilisations et titres	19	
Pour dépréciation des valeurs déposées chez les cédants	26.301 et 286.301	
	× × ×	....
Reprise sur provisions antérieures		828
Utilisation des provisions précédemment constituées pour couvrir des pertes sur exercices antérieurs et des pertes exceptionnelles		829
Profits exceptionnels:		
Plus-values sur cessions d'éléments d'actif	845	
Profits de change	846	
Profits résultant de subventions d'équipement	847	
Subventions d'équilibre reçues	848	
Autres profits	849	
	× × ×	....
Insuffisance ou perte nette totale (solde débiteur)		....
Total		....

88. — RESULTATS EN INSTANCE D'AFFECTATION

CREDIT

Report à nouveau de l'exercice précédent	....
Bénéfice de l'exercice	....
Prélèvement sur les réserves (*à détailler*)	....
Report à nouveau (perte)	....
Total	....

Allgemeine Gewinn- und Verlustrechnung - alle Branchen

Soll

Verlustübertrag aus Gesamtbetriebsrechnung

Periodenfremde Aufwendungen

Globalwertberichtigungen, Ende Geschäftsjahr:

auf für Dritte verwaltete Wertschriften
auf selbst gehaltene Kapitalanlagen
auf gestellte Wertpapierdepots (indirektes Geschäft)

x x x

Zuführungen zu den verschiedenen Rücklagen (zu spezifizieren)

Zuführungen zu den reglementierten Rücklagen:

Rücklage zur Tilgung der Gründungsfondsanleihe
Gründungsfonds, gezahlt
Garantierücklage
Ergänzungsrücklage
Rücklage für Wechselkursschwankungen
Kapitalisationsrücklage

x x x

Zuführungen zu Verlustrückstellungen

Wertberichtigungen

Außerordentliche Aufwendungen:

Veräußerungsverluste
Wechselkursverluste
Zuerkannte außerordentliche Zuschüsse
sonstige Aufwendungen

x x x

Gewinnsteuern

Gewinn

Gesamt

Allgemeine Gewinn- und Verlustrechnung - alle Branchen

Haben

Gewinnübertrag aus Gesamtbetriebsrechnung

Periodenfremde Erträge

Globalwertberichtigungen, Ende Vorjahr

auf für Dritte verwaltete Wertschriften
auf selbst gehaltene Kapitalanlagen
auf gestellte Wertpapierdepots (indirektes Geschäft)

	x x x	....

Überdeckungen nichttechnischer Rückstellungen (Betriebsrechnung)

"Rückgriff" auf sonstige nichttechnischen Rückstellungen

Außerordentliche Erträge:

Veräußerungsgewinne
Wechselkursverluste
Ausrüstungszuschüsse
Ausgleichszuschüsse
sonstige Erträge

	x x x	....
Verlust		....
Gesamt		....

DEFINITION DES CATEGORIES ET SOUS-CATEGORIES

Il est défini, pour les assurances directes en France, des catégories (un chiffre) et des sous-catégories (deux chiffres) d'opérations.

Les sociétés qui pratiquent plusieurs catégories d'opérations doivent, dans leur comptabilité, ventiler par catégorie les éléments suivants de leurs affaires brutes de cessions et de leurs affaires cédées : primes, sinistres, commissions, provisions techniques. Les sociétés d'assurance sur la vie qui opèrent dans plusieurs sous-catégories sont astreintes aux mêmes ventilations en ces sous-catégories.

Lorsqu'une prime couvre un ensemble de risques appartenant à des catégories ou sous-catégories différentes et que la ventilation de la prime se révèle difficile ou sans intérêt, l'affaire est en comptabilité ou en statistique rattachée à la catégorie ou sous-catégorie principale.

La liste des catégories et sous-catégories est la suivante :

0. Capitalisation et dépôts.
   - 00. Capitalisation.
   - 08. Dépôts (décret du 14 juin 1938, art, 1er, § 6).

1. Vie.
   - 10. Assurances grande branche.
   - 12. Assurances populaires et autres assurances à primes mensuelles ou plus fréquentes.
   - 14. Assurances collectives.
   - 16. Assurances complémentaires.
   - 17. Nuptialité, natalité.
   - 18. Acquisition d'immeubles au moyen de la constitution de rentes viagères.
   - 19. Opérations tontinières.

2. Dommages corporels.
   - 20. Accidents du travail.
   - 21. Autres accidents corporels, personnes transportées dans un véhicule terrestre à moteur.
   - 22. Autres accidents corporels, assurances individuelles.
   - 23. Autres accidents corporels, assurances collectives.
   - 24. Maladie, chirurgie, assurances individuelles.
   - 25. Maladie, chirurgie, assurances collectives.

3. Incendie et éléments naturels. — Autres dommages aux biens.
   - 30. Incendie, explosions et éléments naturels : bâtiments à usage d'habitation.
   - 31. Incendie, explosions et éléments naturels : bâtiments à usage industriel ou commercial.
   - 32. Incendie, explosions et éléments naturels autres que la grêle : risques agricoles.
   - 35. Autres dommages aux biens (dégâts des eaux, vol, dommages agricoles autres que la grêle, divers).
   - 36. Grêle.

4. Véhicules terrestres à moteur.
   - 40. Dommages subis par les véhicules à quatre roues Paris (à l'exclusion de ceux affectés à des transports publics).
   - 41. Dommages subis par les véhicules à quatre roues province (à l'exclusion de ceux affectés à des transports publics).
   - 42. Dommages subis par les véhicules de moins de quatre roues (à l'exclusion de ceux affectés à des transports publics).
   - 43. Dommages subis par les véhicules affectés à des transports publics.
   - 44. Incendie, vol, bris de glace.
   - 45. Protection juridique.
   - 46. RC des véhicules à quatre roues Paris (à l'exclusion de ceux affectés à des transports publics).
   - 47. RC des véhicules à quatre roues province (à l'exclusion de ceux affectés à des transports publics).
   - 48. RC des véhicules à moins de quatre roues (à l'exclusion de ceux affectés à des transports publics).
   - 49. RC des véhicules affectés à des transports publics.

5. Transports.
   - 50. Dommages subis par les corps d'aéronefs.
   - 51. Dommages subis par les corps maritimes, fluviaux et lacustres.
   - 54. Marchandises transportées.
   - 56. RC des aéronefs.
   - 57. RC des corps maritimes, fluviaux et lacustres.

6. Responsabilité civile générale.
   - 60. Particuliers (RC autres que chasse).
   - 61. Chasse.
   - 62. Professions libérales.
   - 63. Collectivités publiques.
   - 64. Entreprises.
   - 65. Agricole (sauf accidents du travail).

7. Divers.
   - 70. Crédit.
   - 71. Caution.
   - 72. Pertes pécuniaires diverses.

KATALOG DER SPARTEN UND UNTERSPARTEN

(Anhang zum Erlaß vom 1. 9. 1969)

1 Leben
   - 10 Großleben
   - 12 Kleinleben und andere mit unterjähriger Prämienzahlung
   - 14 Gruppenversicherungen
   - 16 Zusatzversicherungen
   - 17 Aussteuer-, Geburtenversicherung
   - 18 Leibrenten in Verbindung mit Grundstückskauf
   - 19 Tontinengeschäfte

2 Personenschäden
   - 20 Arbeitsunfall
   - 21 Reiseunfall (Landfahrzeuge)
   - 22 Andere Personenschäden, Einzelversicherungen
   - 23 Andere Personenschäden, Gruppenversicherungen
   - 24 Heilkosten, Einzelversicherungen
   - 25 Heilkosten, Gruppenversicherungen

3 Feuer-, Elementar- und übrige Sachversicherungen
   - 30 Feuer-, Explosions- und Elementarschäden: Wohngebäude
   - 31 Feuer-, Explosions- und Elementarschäden: Industrie- und Geschäftsgebäude
   - 32 Feuer-, Explosions- und Elementarschäden, außer Hagel: landwirtschaftliche Risiken
   - 35 Andere Sachschäden (Wasser-, Diebstahl-, landwirtschaftliche Schäden außer Hagel, sonstige)
   - 36 Hagel

4 Landfahrzeuge mit Motor
   - 40 Schäden an vierrädrigen Fahrzeugen, Paris (außer öffentlichen Verkehrsmitteln)
   - 41 Schäden an vierrädrigen Fahrzeugen, Provinz (außer öffentlichen Verkehrsmitteln)
   - 42 Schäden an Fahrzeugen mit weniger als vier Rädern (außer öffentlichen Verkehrsmitteln)
   - 43 Schäden an öffentlichen Verkehrsmitteln
   - 44 Feuer, Diebstahl, Glasbruch
   - 45 Rechtsschutz
   - 46 Haftpflicht von vierrädrigen Fahrzeugen, Paris (außer öffentlichen Verkehrsmitteln)
   - 47 Haftpflicht von vierrädrigen Fahrzeugen, Provinz (außer öffentlichen Verkehrsmitteln)
   - 48 Haftpflicht von Fahrzeugen mit weniger als vier Rädern (außer öffentlichen Verkehrsmitteln)
   - 49 Haftpflichtversicherung von öffentlichen Verkehrsmitteln

5 Transport
   - 50 Schäden an Luftfahrzeugen
   - 51 Schäden an See-, Fluß- und Binnenseeschiffen
   - 54 Warentransport
   - 56 Luftfahrthaftpflicht
   - 57 Haftpflicht von See-, Fluß- und Binnenseeschiffen

6 Allgemeine Haftpflicht
   - 60 Privathaftpflicht (außer Jagdhaftpflicht)
   - 61 Jagdhaftpflicht
   - 62 Berufshaftpflicht
   - 63 Öffentliche Körperschaften
   - 64 Betriebshaftpflicht
   - 65 Landwirtschaftliche Haftpflicht (außer Arbeitsunfall)

7 Sonstige
   - 70 Kredit
   - 71 Kaution
   - 72 Sonstige monetäre Verluste

Kolibri 360 GmbH
Ferdinand-Jühlke-Straße 7
99095 Erfurt, Deutschland
produktsicherheit@kolibri360.de

Druck:
CPI Druckdienstleistungen GmbH
im Auftrag der
Kolibri 360 GmbH
Ferdinand-Jühlke-Str. 7
99095 Erfurt